国家社科基金丛书
GUOJIA SHEKE JIJIN CONGSHU

海德格尔存在论的科学哲学思想

Heidegger's Thought about
Ontological Philosophy of Science

王颖斌 著

人民出版社

责任编辑：段海宝　刘志江
封面设计：石笑梦
版式设计：胡欣欣

图书在版编目（CIP）数据

海德格尔存在论的科学哲学思想/王颖斌 著. —北京：人民出版社，2021.12
ISBN 978－7－01－024421－1

Ⅰ.①海…　Ⅱ.①王…　Ⅲ.①海德格尔（Heidegger，Martin 1889－1976）－
科学哲学-思想评论　Ⅳ.①B516.54②N02

中国版本图书馆 CIP 数据核字（2021）第 277873 号

海德格尔存在论的科学哲学思想
HAIDEGE'ER CUNZAILUN DE KEXUE ZHEXUE SIXIANG

王颖斌　著

人民出版社 出版发行
（100706　北京市东城区隆福寺街 99 号）

北京汇林印务有限公司印刷　新华书店经销

2021 年 12 月第 1 版　2021 年 12 月北京第 1 次印刷
开本：710 毫米×1000 毫米 1/16　印张：20.25
字数：275 千字

ISBN 978－7－01－024421－1　定价：70.00 元

邮购地址 100706　北京市东城区隆福寺街 99 号
人民东方图书销售中心　电话（010）65250042　65289539

目　　录

导　言　科学及其和哲学的关系

　　我们的主题是"海德格尔存在论的科学哲学思想",由此,我们首先要知道的是:科学到底是什么? 海德格尔是如何看待科学和哲学的关系的? 他关于科学的理解的立足点何在?

一、科学的内涵

　　"科学"一词的英语 Science 来自拉丁语名词 Scientia,本义是"学问"或"知识",其词根是动词 scio,指的是"我知";其德语 Wissenschaft 源于 Wissen,意思同样是"知"。所以,科学原本是指真正的知识。甚至在 20 世纪前期,在德语中,"科学"一词仍然等同于"真的东西",指包括自然科学、社会科学和人文学科等在内的所有系统的学问,因而也指"分科之学"。后来,科学演化为对各种知识进行细化分类并加以研究,构成完整的知识体系。日本学术界首先以词语"科学"去翻译英文"science"和别的欧洲语言里的相应语词。在现代,科学的外延变得较窄了,如果不加以说明,通常指的是自然科学,侧重于关于自然的学问。进一步说,现代被人们称作新时代,它的一个重大思想事件就是自然科学的出现,它对西方命运乃至全世界命运的改变起了决定性的作用。因此,学术界长期理解的科学就是自然科学,即使是人文社会科学,也被以自然科学作为标准去看待,由此,科学甚至被提升到自然"主义"的层面。

　　人们通常认为,科学与文学、艺术、宗教和伦理等相区别,指人们运用概念、判断和推理等思维形式认识客观世界万物运动变化规律的知识体系的总称,但又不泛指一切关于客观世界的知识。或者说,科学指在理性和客观的前提下,通过理论与实验等证明了的真理,是人们把相关的知识由严密的逻辑组合而成的系统化和公式化的体系,目的是发现并积累公认的普遍真理。达尔文给科学下的定义是:科学是从事实的整理中发现规律并得出结论。这一定义道明了科学最重要的因,即事实和规律。科学自认不是脱离现实进行纯思维的空想,而是首先去探求相关事实,并将其作为依据。规律反映自然界中事物之间的因果关系,表明了事实之间内在本质的必然联系。根据大量事实及其现象,经过分析和归纳,找到规律,下定结论,这就是科学。法国的《百科全书》是这样界定科学的:科学和常识有区别,科学对事物加以分类,寻找其中的条理。而且,科学以对支配事物之规律的揭示,去说明事物。因此,科学是对事物的形式和运动等加以预测的有序的知识系统。在《辞海》中,科学不是零散的知识,而是按照范畴、定理和定律等形式如实反映现实世界的规律的知识体系。所以,科学具有总结世界的知识并使之系统化的功能。总之,科学是建立在事实的基础上、通过事实的检验与严密的逻辑论证形成的知识体系,关注准确性、可验证性和普遍公认性。

　　也有人认为,科学是以求真务实的态度和严谨的思维去研究问题的方法,其获取信息的途径是组织一个经严格验证确实可信的解决问题的方案。而将科学作为方法运用需要假设一些前提:所观察的自然中的事件有自己的特殊原因;这些原因能够得到确定;存在着能够描述自然中所发生的事件的一般性的法则或模式;重复发生的事件可能有同样的原因;一个人所理解的东西,别人也能理解;自然中同一个根本法则无论在什么地方、什么时间都可以运用。由此,科学具有可重复验证和自身没有矛盾等特点。科学崇尚真理,永远都在探索和实践,阶段性地揭示真理,不断逼近真理,要做到不自相矛盾,表现的是科学对完美的追求。但是,随着科学范围的拓展,它仅仅在某种情境下近似,而被推广到其他领域时,就可能会发生矛盾。科学会力图解决这个矛盾,使科学进一步向前发展。科学就是通过这样的方法取得进展的。

除此之外,人们关于科学的观点还有:第一,科学是人类和科学家群体、科学共同体对自然、社会、人类自身规律性的认识活动,是人类活动的一个范畴,是获得新知识的活动,是获取知识的过程,而非知识本身。第二,在现代社会,科学是一种建制。第三,科学技术是生产力。第四,科学是一个超越了正确和错误本身的社会问题。贝尔纳将科学主要概括为六个方面:第一,科学是一种建制;第二,科学是一种方法;第三,科学是一种积累知识的传统;第四,科学是维持和发展生产的主要因素之一;第五,科学构成人们的信仰与对宇宙以及人类的态度;第六,科学与社会之间有各种相互关系。

由于"科学"从来没有被统一地、严格地定义过,所以,引起了许多歧见与争论,主要围绕科学和伪科学之间的区别、科学和宗教之间的区别等。哲学家以及科学家试图从本质主义角度为科学下一个定义,但却失败了。按照尼采的观点,科学本身实际上是人的一种社会、历史与文化活动,其作用是"发明"而不是"发现"自然规律,但人们却经常忘记这一点。他认为,人们愚蠢地落入了科学主义的窠臼,坚信科学最终能够解决人类的一切问题,能够发现隐藏在人们感觉经验到的世界背后的真实世界的真理。他支持把科学看作一种现象学的、实用的活动的观点,一些后现代主义哲学家如费耶阿本德与罗蒂都赞同他的这一看法。[①] 当然,后现代主义对科学的定义仍然存在很大的争议。

而根据海德格尔,"我们今天使用科学一词,其意思与中世纪的 doctrina[学说]和 scientia[科学]是有区别的,但也是与古希腊的ἐπιστήμη[知识]大相径庭的"[②]。他把伽利略之前的科学称作古代科学和中世纪科学,认为它们同样是科学,不过是和现代科学完全不同的另一种形态的科学。胡塞尔称伽

---

① 参见曹纯俊:《科学理论思维之我见》,2014 年 9 月 12 日,见 https://wenku.baidu.com/view/9a152ab25ef7ba0d4a733bel.html。

② [德]海德格尔:《林中路》,孙周兴译,上海世纪出版集团 2008 年版,第 67 页。

利略之前的科学为"前科学",认为它并非科学,还停留在日常的意识中。在他看来,是"理念化"把现代科学和前科学区别开来,而现代科学就是被理念化了的科学。所以,海德格尔和一些科学哲学家都把由伽利略、笛卡尔和牛顿等近代科学家所创建的科学以及由玻尔、薛定谔和海森堡等建立的量子力学与爱因斯坦的相对论统称为现代科学。格莱兹·布鲁克在其著作《海德格尔的科学哲学》中认为,海德格尔主张,科学是现代的本质。海德格尔认为,通常关于现代科学的看法是逻辑实证主义的进步观,这种观点只从时间上离现在的远近来区分古代科学和现代科学,认为现代科学和古代科学相比较而言更精确,而且更接近真理。但是,在海德格尔看来,因为古代科学和现代科学的基础不同,"范式"不同,科学家的信仰不同,所运用的语言不同,因此,两者是不能进行比较的,没有通约性。而海德格尔所批判的科学,就限于现代科学。①

二、科学和哲学

按照海德格尔的观点,哲学与科学之间是奠基的关系,前者将后者化育出来始终贯穿于后者之中。由于科学以哲学为基础,因此,科学就应该开启回乡之旅,去寻找这一基础。总之,哲学和科学是化育和复归的双向关系。

海德格尔认为,一切科学都没有能力去真正认识自身。科学关心的只是自身研究领域内的存在者,对其运动、位置和时间等基本概念的规定只限于自己研究领域的范围之内,而不去对它们进行反思。而这一点却极为重要,因为决定一门科学发展的不是新事实,而是新概念——对研究领域中存在者之本体论结构的体认。② 他说:"每一门科学本身,作为它所是的这门科学,都无法

---

① 参见 Trish Glazebrook, *Heidegger's Philosophy of Science*, New York: Ford Ham University Press, 2000, p.2。

② 参见[德]海德格尔:《演讲与论文集》,孙周兴译,生活·读书·新知三联书店2005年版,第66页。

达到它的基本概念以及这些基本概念所把握的东西;与这一点紧密联系在一起的是,没有一门科学能够凭它自己的科学手段对自身作什么陈述。什么是数学,是绝不能以数学的方式来确定的;什么是语文学,是绝不能以语文学的方式来探讨的;什么是生物学,是绝不能以生物学的方式来加以说明的。"①科学活动于其中的本质领域,绝不能由科学本身设立和论证,而只能被科学所预设、接受和证实;科学所研究的存在事实,也绝不能由科学本身决断,相反,科学只能运用已经发生了的决断,而这种运用对科学而言必不可少。总之,科学对自身是什么以及前提并不加以追问,也无法加以追问,这超出了科学的范围,是另一门学问即哲学的事,哲学能够超出相关领域去思考存在者整体。

就此,海德格尔指出,虽然科学没有深思自己是什么,但"一种本质上具有不同特性的思想对于一种有关区域的沉思所提出的要求,却并不意味着哲学对各门科学的谴责,而倒是相反地,是对一种在每一门科学中隐含着的更高知识的承认,而一门科学的尊严就是以这种更高的知识为基础的"②。具体而言,"科学是什么"这一问题根本不是科学能回答的问题。"如果生物学家作为这个特定的人作出一种关于什么叫生命体的决断,那他就不是作为生物学家来完成这种决断的,也不是借助于他自己这门科学的手段、思想方式和证明方式来完成这种决断的;不如说,他在这里是作为形而上学家来讲话的,是作为一个超出相关领域来思考存在者整体的人来发言的。"③所以,如果有人提出关于一般科学的问题,他就会进入到一个具有和科学完全不同的证明要求和证明形式的全新领域即哲学的领域之中。"只要科学根据一种与知识的原始关联进行回溯性思考,思入它本身的起源之中,从而使得研究工作的每个进步都从中得到规定,则科学就能成为哲学的了。"④其实,"早在希腊哲学时代,

---

① ［德］海德格尔:《尼采》(上卷),孙周兴译,商务印书馆 2003 年版,第 362—363 页。
② ［德］海德格尔:《尼采》(上卷),孙周兴译,商务印书馆 2003 年版,第 511 页。
③ ［德］海德格尔:《尼采》(上卷),孙周兴译,商务印书馆 2003 年版,第 509 页。
④ ［德］海德格尔:《尼采》(上卷),孙周兴译,商务印书馆 2003 年版,第 364 页。

哲学的一个决定性特征就已经显露出来:这就是科学在由哲学开启出来的视界内的发展"①。正是在这个意义上,海德格尔说,科学的基础只能是哲学,是哲学所表明和论证的东西,即关于存在者之为存在者的真理,而这一点适合于所有的科学。②

在海德格尔看来,哲学能追问"科学是什么",是因为科学中包含着能够进行这种追问的可能性。也就是说,哲学就隐藏在对"科学是什么"的追问之中,隐藏在不为科学所知的根本处。科学只能在哲学追问"科学是什么"这种更高的知识中建立起来,并由此而获得自身的独立性。因此,"哲学幽闭于科学本身的最内在领域中,以至于我们可以提出如下命题:惟当一门单纯的科学是哲学的,它才是科学的,这就是说,它才越出单纯的技术而成为真正的知识"③。海德格尔认为,伽利略、牛顿、海森堡和玻尔等人所做的都是哲学而不是单纯的科学。④

海德格尔说:"一门科学就可能通过两个途径成为哲学的:其一,通过某种哲学所特有的思想。当这种哲学思想的领域(而不是它的命题和公式)有朝一日直接对科学的追问作出反应,并且逐步使科学的追问得以改变其通常的研究工作的视野时,这门科学就接近于哲学思想了。其二,通过科学本身的内在的问题力量。只要科学根据一种与知识的原始关联进行回溯性思考,思入它本身的起源之中,从而使得研究工作的每个进步都从中得到规定,则科学就能成为哲学的了。因此之故,在哲学思想与科学研究之间就可能有一种深刻的一致性,即使两者根本就没有表面上的和机构上的相互接触和相互关心。一位思想家与一位研究者之间,尽管在工作方式和工作领域上有很大的距离,却可能有某种最清晰的信赖关系,亦即一种基于内在的具有相互促进作用的

---

① 孙周兴选编:《海德格尔选集》(下),上海三联书店1996年版,第1244页。
② 参见[德]海德格尔:《尼采》(上卷),孙周兴译,商务印书馆2003年版,第363页。
③ [德]海德格尔:《尼采》(上卷),孙周兴译,商务印书馆2003年版,第363页。
④ 参见Joseph Rouse, *Heidegger on Sciena and Naturalism*, Wesleyan University, 2005。

共属一体状态的信赖关系;那是一种共同存在(Miteinandersein),它比人们多有张扬的一种临时协作团体的表面上的'合作'更有效果。"①

　　海德格尔反对科学惯常的突出地位。他认为,哲学不是从科学中或者经由科学而产生的,相反,科学是由哲学所派生的僵化的形式。他坚持,科学和形而上学同源,是形而上学的完成。②"虽然现代科学作为欧洲科学在此期间已经全球化了,但它的本质依然建立在希腊人的思想基础之上——自柏拉图以降,这种思想被叫作哲学。"③因此,科学是哲学发展到一定阶段的产物。但是,起源于、派生于哲学的科学在思维方式上却和哲学本身有显著的区别,它已忘记进而否认源于哲学,完全脱离甚而取代了哲学,哲学终结了。原因在于,科学虽然居于哲学领域,却使科学与哲学的原初关系被颠倒,破坏了对批判的哲学的思考,使哲学运用科学的语言和方法并归结、消解为科学,最终彻底毁灭了哲学,导致海德格尔所说的"哲学的终结"。也就是说,终结并不意味着结束,而是完成,即哲学以转变为科学而完成了自身,进入其发展的顶点。"终结作为完成乃是聚集到最极端的可能性中去……哲学转变为关于人的经验科学,转变为关于一切能够成为人所能经验到的技术对象的东西的经验科学……哲学之发展为独立的诸科学……乃是哲学的合法的完成。哲学在现时代正在走向终结,它已经在社会行动着的人类的科学方式中找到了位置。"④

　　面对科学对哲学的限制,欧陆哲学界的学者开始反对哲学的科学化倾向。在他们看来,哲学和科学具有本质的差异,哲学不能被科学化。甚至晚年的胡塞尔也觉得,哲学作为严肃的、严格的科学的梦已经破灭了。20世纪中期后,

---

①　[德]海德格尔:《尼采》(上卷),孙周兴译,商务印书馆2003年版,第364页。
②　参见[德]海德格尔:《面向思的事情》,陈小文、孙周兴译,商务印书馆1996年版,第60页。
③　[德]海德格尔:《演讲与论文集》,孙周兴译,生活·读书·新知三联书店2005年版,第40页。
④　[德]海德格尔:《面向思的事情》,陈小文、孙周兴译,商务印书馆1996年版,第60—61页。

英美哲学界也有人反对把哲学同化为科学。后现代主义哲学在反对哲学科学化方面更是激烈。到目前,被公认为科学的哲学非但没有,这一追求还从根本上遭到质疑。

三、科学和生存论—存在论

随着科学的发展,出现了形形色色的观点以及相互之间的争论,给哲学提出了关于科学认识的诸多问题,引发了对科学本身的各种思考:科学是如何得以可能的? 科学的可靠结果如何才能得出? 等等。这就导致认识论和方法论的产生和发展。这种认识论和方法论最初仅仅是哲学的事情。19 世纪中期以后,认识论和方法论越来越将注意力集中在关于自然科学的问题上。在 20世纪,转变为一门新的学科,即科学哲学,使科学成为哲学的专门研究领域之一。由于科学哲学直接产生于关于科学的认识论和方法论问题,所以,起初首先是围绕科学的认识论和方法论问题进行的。其实,从 20 世纪开始,科学就很快成为一种对人而言最重要的现象,越来越深刻而广泛地影响着人的生存,成为最大程度地支配人之生存的因素,使人追求以科学的方式去生活。在这种情况下,人们在研究科学时就不再局限于从认识论和方法论的层面,而是深入到人的生存,从生存论的层面加以研究,如研究关于科学的社会、环境和伦理等问题。另外,科学在支配人的生存的同时,也支配着世界万物乃至存在本身。于是,对科学的研究因此而深入到存在论的层面。从生存论—存在论的层面理解科学日益成为哲学家关注的焦点。

"海德格尔曾企图建立一套与科学、认识论或笛卡尔的确定性寻求毫无关涉的新哲学范畴"①,对科学与人的生存、存在之间关系的思考贯穿于海德格尔的整个学术生涯中。在海德格尔思想的早期,他已经对这一关系做了大量的思考和论述,提出了与众不同的观点,在 20 世纪 30—50 年代之间其思想

① [美]罗蒂:《哲学和自然之镜》,李幼蒸译,商务印书馆 2004 年版,第 3 页。

逐步趋于完善。在《存在与时间》中,具有代表性的提法是存在论区分,即区分了存在和存在者,并相应区分了生存论与具体的生存,进而在此基础上区分了哲学和实证科学。与哲学对存在和生存论的追问不同,实证科学研究的是存在者和具体的生存。老年的海德格尔曾多次阐述自己的观点:"科学……历史性地建立在一种确定地存在解释的当下支配地位上,并且始终活动于一种关于真理之本质的确定观点的支配范围之内。"①"存在的问题在现代的具体化就是科学和技术的问题,因为它们的种种创制和态度已经深入到现代人类生存的构造中,持久地标志着我们的生活方式,驱动和拥有我们的存在。所以,存在的问题现在实际上是在一个科学技术时代存在意味着什么的问题。"②

海德格尔认为,澄清存在的意义是哲学要解决的根本问题,科学就是由这一根本问题衍生而来、由这一问题所决定的,如没有对这一问题的追问,科学就不可能建立起来。哲学最先发现了存在的结构,使其成为实证科学展开研究的指导线索。科学作为揭示此在之生存的一种可能性,根据其与此在相关的一般观念,会沿着两个方向向前行进。③"科学必然具有两种基本可能性,即,关于存在者的各门科学(存在者状态上的各门科学)和关于存在的这一门(存在学上的科学,亦即哲学)。……关于存在的科学,即存在学,原则上需要调整那种以存在者为标的的目光:从存在者转向存在,而在那里,存在者恰恰还被保持在目光中——这当然是对一种已经改弦易辙的态度来说的。"④后者实际上是海德格尔本人所追求的存在的科学真理。"这门科学有意识地因而有所探问地把自身置回到存在者之为存在者的整体之中,并且追问存在者真理;这门科学活动于我们对于存在者的基本态度中,并且使这种基本态度在它

① [德]海德格尔:《尼采》(上卷),孙周兴译,商务印书馆2003年版,第511页。
② 张汝伦:《二十世纪德国哲学》,人民出版社2008年版,第390页。
③ 参见[德]海德格尔:《存在与时间》(修订译本),陈嘉映、王庆节合译,生活·读书·新知三联书店2006年版,第11页。
④ [德]海德格尔:《路标》,孙周兴译,商务印书馆2000年版,第54—55页。

的研究工作中发挥作用。"①"哲学在其历史进程中试图在某些地方(甚至在那里也只是不充分地)表达出来的东西,也即关于存在者之不同区域(自然、历史、法、艺术等)的存在论,现在被诸科学当作自己的任务接管过去了。"②所以,如果就海德格尔的整个思想而言,他所批判的科学指的是前者,即关于存在者的科学。这一意义上的科学并不是严格的存在论的知识,而不过是存在性的知识,是以存在者为对象的知识。或者说,这种科学是以存在者的本质为其内在因素的知识体系,这一对科学的解释在海德格尔科学哲学思想的整个主题中占据着重要的地位。

海德格尔在早期坚决反对科学至上主义,努力重建存在论的哲学,试图使科学保持对"存在本身"的真正的敞开,但这一哲学任务并没有完全摆脱科学的模式,在一定程度上有着自然主义的倾向。具体来说,自然主义者主张,哲学与科学具有连续性;自然主义的反对者则坚持,哲学与科学不同,其主要研究的是认识论、逻辑和先验意识等。海德格尔的基本本体论更倾向于前者。就此而言,他对存在的追问可能会遭到严重曲解,甚至会被认为转向了形而上学,并因而不能解决科学问题。事实上,哲学的沉思不应该使人们远离科学这一主题,反而应该将人们重新带回到科学之本质中所揭示的存在本身,使人们严肃地去反思科学的两种悲剧:其一是推行唯一的科学标准所导致的单一的严重后果;其二是任意扩张科学领域带给人类的人道主义灾难。

总之,海德格尔不是立足于理论的层面审视科学,也不是就科学的某个单一的或孤立的方面讨论科学。在他看来,科学从其产生的基础到其本质,直到其所产生的危机以及救赎,目标都是追问存在的意义。除了海德格尔之外,雅斯贝尔斯、伽达默尔等哲学家也曾经从生存论—存在论层面对科学予以阐释,在此不再赘述。

---

① [德]海德格尔:《尼采》(上卷),孙周兴译,商务印书馆 2003 年版,第 363—364 页。
② 孙周兴选编:《海德格尔选集》(下),上海三联书店 1996 年版,第 1245 页。

第一章　科学的植根之本

　　胡塞尔曾经说过,科学是有前提的,其所谓的自明性是虚假的。海德格尔也认为,科学绝不是无前提的东西,要对科学作出深思,了解科学展开所需要的特定视野、探究方式和概念工具等,就必须首先剖析其建立的基础。[①] 他思考科学的植根之本,寻求科学之所以可能的条件与根据,认为科学只是由哲学的运思所衍生的与固定化了的形态。他从批判传统形而上学入手,建立存在论的科学思想,既追问科学的形而上学前提,也追问科学的存在论—生存论根源,对科学的本体论基础进行反思和重建,由此为科学重新奠基。在他看来,科学在发展的每个阶段都始终携带着其开端。他点明了科学的在世基础,以及科学先行筹划的、一开始就预设了的揭示存在者的方式,阐释了由操劳活动演化出科学的过程,"力求就现代科学的基本结构阐明其本质性构建能力"[②]。海德格尔并不是要说明存在者层次上的科学史或科学发展,也不是科学的具体状况与切近目标,而是理论态度和科学起源的存在论条件,探求"蕴含于此在存在状态的哪些方面使此在必然以科学研究方式去生存。提出这一问题的

---

① 　参见李章印:《海德格尔对科学与哲学关系的思考》,《自然辩证法研究》2001 年第 6 期。
② 　Heidegger,David Farrell Krell (eds),*Basic Writings*,New York:Harper & Row,1977,p.278.

目的在于瞄准科学的生存论概念"①。

第一节　对科学之形而上学基础的消解

现代科学不同于前现代科学。之所以如此,海德格尔认为,必须从根本上去找,即从现代科学的奠基处发掘,看到从古代科学到现代科学的转变事实上是以科学所关注的关于物之物性即以实在为核心的形而上学的转变。笛卡尔曾把自己的哲学体系比作一棵树,其中,"形而上学"是树根,"物理学"是树干,其他各门具体科学则是树上的枝叶,认为科学植根于形而上学。海德格尔则把科学首先看作是一个形而上学的问题,认为"在各门科学所有原则性的自身沉思中,始终都贯穿着一种或者早已作出或者正在酝酿之中的形而上学决断"②。他将科学锁定在整个形而上学历史中,使科学显现出和形而上学的内在关系。在他看来,形而上学具有生成性,科学是在形而上学的语境中分化、产生和独立出来的,其发展也追随着形而上学的历史,"没有形而上学从古代到近现代的产生和发展,就不可能有精确科学的产生和发展。……形而上学是科学的开端"③。而且,"形而上学一向标榜科学,或者说它的最高理想就是成为科学乃至'科学之科学'"④,科学接过了形而上学的未竟之志。

进一步说,形而上学对科学的奠基是多重的。科学所依赖的研究对象领域的界定和对象存在方式的设定都是由形而上学完成的,形而上学把实在看作存在者的根据和原因,将存在者之所是纳入表象思维方式中,并寻求其必然规律,由此为科学开辟了视界。即形而上学所关注的问题如世界的"本体"、

---

① Heidegger,John Macquarrie,Edward Robinson(trans),*Being and Time*,New York:Hagerstown,San Francisco,London:Harper & Row,Publishers,1962,p.408.

② [德]海德格尔:《尼采》(上卷),孙周兴译,商务印书馆 2003 年版,第 511 页。

③ 李章印:《海德格尔对科学与哲学关系的思考》,《自然辩证法研究》2001 年第 6 期。

④ 张志伟主编:《西方哲学史》(第 2 版),中国人民大学出版社 2010 年版,第 391 页。

"基本结构"和"因果性"等是科学的根基,形而上学的概念如"本质"和"原因"等成为科学的基本概念,形而上学的追问方式如"是什么"和"为什么"等为科学提供了进行研究的程式。它们都先于科学,在实证考察之前就得到阐释而成为根据,对科学以之为基础的事质领域取得先行的认识,引导实证科学,决定着科学对对象的显现方式、理解方式和表达方式。总之,形而上学的理念和理解模式等路径支配着科学,科学的"知"是从形而上学中引申和发展出来的,作为科学之根的形而上学总是或隐或显地内含于一切科学中,成为科学的前提和本质因素。

一、实在——科学确定性的形而上学基础

科学是关于某一领域存在者的学问,是关于具体存在者的存在的,科学给予存在者以现存的分析。所以,科学限于存在者的领域,"各门科学千差万别。……然而,在一切科学中,当我们探索其根本的旨趣的时候,我们是和存在者本身打交道"①。"有一种和世界的关联渗透于一切科学本身,它使得一切科学去探求存在者本身,为的是依照存在者的特定内容和存在方式,让存在者成为科学研究的对象,并查明它们在一切情况下存在的根据。"②这种与世界的关联就是形而上学。科学仅仅就具体的存在者予以探究,并不关注存在者整体,形而上学则将存在者视为整体性存在,"其驱动都在于力图把各种事物综合成一个整体,提供出一种统一的图景或框架"③,并对具体存在者进行规定,将其划入相应的领域,从而为科学寻求最终的根据,科学只能被动地接受由形而上学规定了的相关存在者。也就是说,科学所涉存在者区域的界定和设立依赖于形而上学。形而上学对存在者的归置为科学划界:"每一门科

---

① 孙周兴选编:《海德格尔选集》(上),上海三联书店 1996 年版,第 136 页。

② Heidegger,William McNeill（eds）,*Pathmarks*,Cambridge,New York:Cambridge University Press,1998,p.83.

③ ［美］M.W.瓦托夫斯基:《科学思想的概念基础——科学哲学导论》,求实出版社 1989 年版,第 19 页。

学都立身于一些关于某个存在者领域的命题;它的每一种研究都逗留和活动于这个存在者区域内。这些界定和设立区域的关于存在者的命题——关于存在者之所是的命题——就是形而上学命题。"①各门科学所研究的存在者领域各异,但每个特殊领域及其可敞开性和结构都是由形而上学界定的。形而上学先行于科学而进入存在领域,对存在进行构建,从而对存在进行重新揭示,将其构建出来的存在供实证科学使用,为科学打开特定领域,为科学奠基,让科学在这个领域中开展有根据的活动。形而上学对存在者进行规定,科学的研究领域、范围和结构正是由形而上学界定的。

进一步说,科学总是要施行实证的研究,总是关乎具体的存在者,或者说,总是关乎特殊的领域如自然。海德格尔就科学给出一个定义:"科学是为被揭示状态本身(Enthülltheit)之故对某个向来自足的存在者领域或者存在领域的有所论证的揭示(begründende Enthüllung)。……存在者状态上的科学向来把某个现成的存在者当作课题,这个现成存在者总是已经以某种方式在科学的揭示之前被揭示出来了。关于某个现成存在者的科学,即关于某个实在(Positum)的科学,我们称之为实证科学(positive Wissenschaften)。"②科学研究的是实在事物,实在的层面并不是在先的和原初的东西,其对存在的思考停留于表层,也就是说,科学的实在给出的只是关于存在是什么的表层意义,即存在之物理上的描述。科学家在观察液体的沸点时,不可能去解释液体的本体论存在,因为其存在对他来说是无可置疑的。由此,实证科学不会划分并架筑其活动于其中的实在领域,而是已有相关预设。"实在"也被称作"实体",即"存在之所是",关涉哲学问题的核心——本体论。实在是人们为了认识世界而在逻辑上所做的基本预设,而"以往的哲学家们研究本体论问题的目的是为一切科学知识提供坚实的基础,为宇宙万物确立统一的根据,在他们看

---

① [德]海德格尔:《尼采》(上卷),孙周兴译,商务印书馆2003年版,第508页。

② [德]海德格尔:《路标》,孙周兴译,商务印书馆2000年版,第54—55页。

来,本体论显然应该是'科学的科学'或'最高的科学'"①,黑格尔就是典型的例子。所有科学的基础都会涉及形而上学的本体论,科学的各个基本概念都和所涉领域的存在者的本体论结构有关。"创建基本概念的先行研究无非就意味着:按存在者的基本存在建构来解释存在者。这种研究必须跑在实证科学前头:它也能够做到这一点。"②"它仿佛先行跳进某一存在畿域,率先展开这一畿域的存在建构,把赢获的结构交给诸门实证科学,使实证科学能够把这些结构作为透彻明晰的对发问的提示加以利用。"③在此,海德格尔要求思考实在之可能性的条件。

具体而言,形而上学要寻求使存在者成其所是的根据,从而使"真正的存在"得到揭示。按照亚里士多德的说法,就是"作为存在的存在"。在《形而上学》中,他首先将存在作为一个专门考究的领域,提出了存在论的问题,即"存在的意义",然而,存在的基本意义被置于存在者,由实体及其性质加以定义,被规定为量和质等,并在《范畴篇》中制定了关于存在的范畴表,存在论由此而成为本体论。具体而言,亚里士多德区分了两种存在:"由于偶性的存在"和"由于自身的存在"。在他看来,前者是指某种属性偶然而不是必然地属于某一事物,后者指的是在本性上属于主体自身的东西。形而上学不研究前一种存在,而只研究后一种存在。后一种存在包括十个范畴:实体、数量、性质、关系、地点、时间、姿态、状况、活动、受动,它们囊括了事物由于自身的所有存在方式,其中实体是第一位的。形而上学不可能也不应该研究所有的这些存在,它研究的是存在本身及其本质属性,其他科学研究存在的某个部分或方面及其某一属性。所谓"存在本身"("作为存在的存在")即实体就是宇宙的本

---

① 张志伟等:《西方哲学问题研究》,中国人民大学出版社 1999 年版,第 11 页。
② [德]海德格尔:《存在与时间》(修订译本),陈嘉映、王庆节合译,生活·读书·新知三联书店 2006 年版,第 13 页。
③ [德]海德格尔:《存在与时间》(修订译本),陈嘉映、王庆节合译,生活·读书·新知三联书店 2006 年版,第 13 页。

体,是存在其他意义的依据和支撑者,具有独立自存性、不变性或稳定性。这样的实体是存在的首要意义,它在认识上是最初的东西,具有优先性,因为,认识存在首先是指出它是某一个东西,然后进一步认识这个东西有什么属性。后来的哲学家们都沿袭了亚里士多德规定存在的这一方式。如笛卡尔从普遍怀疑出发,由"我思故我在"得出了精神的实在性,并以此为基础,最终得出了物质世界的实在性。

这就会导致以下结果:虽然形而上学哲学家从不同角度回答了什么是真正的存在,但都无一例外地将它们作为确定的存在者。所以,他们所看到的绝非存在本身,而是在其他存在者之外的独立的实体——最高的存在者,它是通过对所有的存在者进行综合归纳而抽象出来的,表示不同存在者所具有的本质同一性,从而成为绝对的存在者。换言之,千变万化的存在被形而上学设置于某一特殊形态中,表现为稳定不变的东西,于是,存在本身变身而为存在者,使对存在的考察被转化为对存在者之本质的究问。而且,这样的存在者被看作是自明而毫无疑问的东西,因为,在形而上学的视域中,不是这个存在者存在,就是那个存在者存在,存在者的存在总是显现为恒常的在场,保持着持续不变的特性,而这是预先被给予的、现成的供人研究的事实。

科学真正想要认识的恰恰就是这样的存在者,特别是想获取这些存在者所具有的确定特性。正是实体这种现成的、固定的存在者,而不是处于不断的运动变化之中的、无法把捉的存在,才使得知识的确定性成为可能,使科学知识有了立足的依据。科学是处理实在的一种方式,对实在的揭示表明的是科学之认识的完成的当下性,围绕着这个统一的实在,科学便可展开多层次、全方位的系统性研究。

人们对实在之解释通常以"世界"为范例,这种状况长期支配着西方思想,并被认为是理所当然而无需证明的。而科学的本体论基础就具体化为外部世界的实在性,即在外部世界的存在问题上,科学一般是以实在论为根据的,后者是科学产生的终极根据,在科学那里,外部世界的实在性总是被设为前提。外部世界的实在性问题,即我们周围的世界是否独立于人的意识而存在。实在论认为,外部世界是实在的眼前存在,是一切存在物的总和,它使得人的感觉得以产生,这一关联使人们获得关于外部世界的知识成为可能。海德格尔把这样的世界称作日常流俗的世界概念,是在存在者层面上而言的,是容纳了各种存在者之领域的名称,意指实在性的现成存在者整体。这一基本概念预先规定着科学对其专题领域的理解,为科学的基本概念奠定了基础,这种先行的理解因而也支配着所有的实证考察,并使其以相应的方式研究自己的专门领域。进一步说,由于其专门领域来自存在者,研究因而也只能就这些存在者的基本存在状态去对之加以解释。科学所指向的就是这种具体存在者,开启了与此相联系的对确定性的需要,其目的是探究和论述这种实在层面的实际存在物,揭示作为当前事物的实在。由此,科学是关于存在者整体状态这一实在即世界的理论,全力追问世界的本质,其以下定义而得出概念的方式去界定具体事物的本质就源于此。

　　海德格尔认为,外部世界的实在问题是认识论的唯一问题。[①] 但海德格尔与孔德、波普尔等人不同,他没有致力于解答这一问题,相反,他要将这一问题消解掉。根据海德格尔的看法,所谓外部的"自在"世界只是一种虚构,如果人们非常清楚此问题之能提出的存在者存在的结构,那么,外部世界存在的问题就会立即消失,而再去寻找这一问题的答案自然也会显得十分荒谬。海德格尔对科学就实在展开研究这一方式持批判态度,坚持"我们没有权利诉诸教条的结构并将任何关于存在和现实性的观念运用到这个实体上,不管那个观念是多么'不证自明'"[②]。关于认识的未经检验的假设错误地认为,事物的"存在"即其可理解性就是实在,认识者和被认识者都是一种特殊的实

---

　　① 参见[德]海德格尔:《存在与时间》(修订译本),陈嘉映、王庆节合译,生活·读书·新知三联书店 2006 年版,第 238 页。

　　② Joseph Rouse, *Heidegger on Science and Naturalism*, Wesleyan University, 2005.

在,认识就是实在之间的关系,他则寻求避免这种将事物的可理解性(存在的意义)本身看作实在的假设。

二、主客二分及表象——科学思维方式的形而上学基础

和形而上学对存在之本质即实在的规定以及外部世界的探询相伴随的是科学认识的发生过程。科学认识之所以可能,一个重要的因素是以主客二元分立之预设下的表象性思维为前提,即把存在者整体分裂为人和世界两个独立的现成的领域,确立人的主体地位,成为认识的主观方面,而人之外的存在者则成为客体,成为认识的客观方面,通过和主体的关联而存在。正如海德格尔所言:"只要一涉及'对世界的认识'这一现象,存在之领会总是陷入'外在的'、形式上的解释。这种情况的标志是:如今人们习以为常仍把认识当作是'主体和客体之间的一种关系'。"①

"主体"一词源于希腊文的"基体""基底",意即"在前面的东西",它作为基础的东西而把一切聚集于自身。这一概念最初没有突出任何与人的关系,不是专属于人的哲学范畴。在亚里士多德哲学中,"主体"是同"属性"或"偶性"相对应的东西,这样的主体其实就是"实体",主体和实体的区别在于其能动性和独立性,而一切事物都能够作为主体。甚至在中世纪,主体也并非特指人,而是指一切自为地现存的事物,人不过是其中之一,没有优越于其他存在者的地位。这样,人对物的认识关系就表现为源始观照,在其中,人和物都保持着自身性和独立性。到了笛卡尔,以"我思"保证人本身之无可置疑的在场性,"与人的思维同时相随(共同地和同样地持续着),人本身无可置疑地也一道在场着"②。"我"由此成为绝对的和唯一的主体,主体这个概念的外延被限制在人身上,和人、自我等同起来。之后,莱布尼茨的单子、康德的先验自

---

① [德]海德格尔:《存在与时间》(修订译本),陈嘉映、王庆节合译,生活·读书·新知三联书店 2006 年版,第 70 页。

② [德]海德格尔:《林中路》,孙周兴译,上海译文出版社 2004 年版,第 110 页。

我、黑格尔的绝对精神乃至尼采的超人等,无一不是笛卡尔主体的变体,都保持并强化了这一基本立场。由此,人的本质从根本上发生了变化,成为所有存在者的主人和中心,成为具有奠基性作用的存在者。

随之,人对其他存在者的理解也相应地发生了根本变化,后者在本质上作为他者与人这个主体相对,建基于人这种主体之上,根据主体获得自身的规定性,是在对象化活动中被人设置的东西,从而被看作依靠人的认识而显现的"客体"。也就是说,存在者是否存在取决于主体对它的对象化或客体化。这就使存在者固定为人的对象,存在者的现实性被规定为对象性,被规定为通过主体并为了主体而被理解却又与主体相对立的东西。这样,形而上学主客二元对立的认识论规定了认知框架,人和事物的理解框架得以形成,人与世界原本相融相依的一体关系被打破,但主客分离却为科学的建构提供了可能。

对存在者的对象化或客体化实现于"表象"。"形而上学以论证性表象的思维方式来思考存在者之为存在者"①,它把存在者的本质看作人的对象,规定为表象的对象性,看作表象着的主体的被表象状态,与之相对,人成为世界的表象者和说明者。这就在人和世界之间建立了一种认知性关系。具体而言,"表象"指的是"摆放""带上前来""把……摆在面前",它"把现存之物当作某种对立之物带到自身面前来,使之关涉于自身,即关涉于表象者,并且把它强行纳入到这种与作为决定性领域的自身的关联之中"②,纳入和表象者相关联的领域之中。在这里,人作为进行认知的"主体",具有表象能力,其作用就是表象,而认识就是表象,它意味着把人设置为设置本身,把存在者设置在人面前,使存在者只能在这种设置中呈现自身,使一切都变成在表象状态中被设置的东西。由此,存在者的存在是在其被表象状态中被追问和发现的,"只有就存在者被具有表象和制造能力的人摆置而言,它们才能被看作是存在着

---

① ［德］海德格尔:《面向思的事情》,陈小文、孙周兴译,商务印书馆1996年版,第58页。
② ［德］海德格尔:《林中路》,孙周兴译,上海译文出版社2004年版,第93页。

的"①。存在者只能以由人表象的方式向人显现,表象的人成为判定存在者存在与否的尺度。或者说,当存在者的存在变为由人的表象活动摆放出来的东西,存在者就被带到了构造它的人面前,被摆置到由人所决定的领域之中。总之,形而上学规定了人和存在者的本质,将二者分别标识为对象意义上的表象者和被表象者。

海德格尔认为,主客二分及其表象思维的历史与现代科学的诞生、发展是同一个过程,影响到现代科学看待世界的方式,是现代科学产生的直接根源,科学对世界的探索就基于此。② 因为,表象确立了科学研究的对象,为存在者的揭示提供了条件。即表象构成了科学产生的本质过程,只有存在者成为对象,立于科学的询问面前,科学才能产生。形而上学的这一基本立场构成了现代科学特有的认识论基础,现代科学正是奠基于对事物的设置性表象之上才成为可能。这一思维方式决定了以伽利略和牛顿为创始人的整个现代科学的产生,决定了科学在由形而上学开启出来的视域中的发展,现代科学是这一思维方式的具体表现。"唯当存在者之存在于这种对象性中被寻求之际"③,"当而且只有当真理已然转变了表象的确定性之际,我们才达到了作为研究的科学"④。因此,形而上学确立之初,科学就已经内含于其中了,科学的思维方式是从形而上学中派生出来的。

或者说,传统形而上学依照表象性思维方式,把一切都当作对象加以认识。由此,表象成为人和存在者打交道的中心,它将存在者"摆置到自身面前和向着自身而来摆置。由此,存在者才作为对象达乎持存,从而才获得存在之镜像(Spiegel des Seins)"⑤。"当在场在现实的对置性中展现自身之际,科学

---

① Heidegger, *Holzwege*, Frankfurt am Main: Vittorio Klostermann, Auflage, 1957, p.83.
② 参见[德]海德格尔:《林中路》,孙周兴译,上海译文出版社 2004 年版,第 87—88 页。
③ [德]海德格尔:《面向思的事情》,陈小文、孙周兴译,商务印书馆 1996 年版,第 82—83 页。
④ 孙周兴选编:《海德格尔选集》(下),上海三联书店 1996 年版,第 895 页。
⑤ [德]海德格尔:《林中路》,孙周兴译,上海世纪出版集团 2008 年版,第 80 页。

的本质就为在场者之在场所需要。"①"认识对存在者作出说明,说明存在者如何和在何种程度上能够为表象所支配"②,"向科学的转变则是早先已有的表象方式的平稳展开"③。所以,正是从对象性方面保证所有实在物的表象,使存在者受到摆置而成为表象的对象,保证了科学研究的开展。进一步说,现代科学的实在出自人们对在场者的设置,对实在所进行的设置活动就是使实在成为科学表象的对象化过程,即向科学开放前来照面的在场者,使其成为科学的对象。这种表象化方式是现代科学所独有的基本特征,是现代科学产生的关键环节。海德格尔认为,在科学史上,物理学虽然在物质自然的具体的对象性联系上发生了变化,但是,"从古典几何物理学到核物理学和场物理学的变化中,没有发生变化的东西是:自然从一开始就必须受到作为理论的科学所实行的追踪性确保的摆置"④。这实质上是说,实在已变成科学表象的对象和结果,对象成为科学必不可少的东西,科学始终追踪着实在的对象状态。

也可以说,科学和对置性运作相适应,根据对象性摆置实在,把实在的本质设置为对象性,仅仅把被主体加以表象的"存在者"看作实在,由此产生出科学观察得以按照自身的方式进行研究的领域。"倘若这种对置性被放弃掉,则科学的本质也就会遭到摒弃。"⑤这样一种表象在任何科学中完成的最关键工作是把实在在对象性中的在场带向持立,改造为对真理而言的对象。"实证科学"之 positive 的词根 pose 即设定。"表象活动……是首先摆在我们面前并且不断地在我们面前被预先设定的东西,即 positum。在感官感觉中被

---

① ［德］海德格尔:《演讲与论文集》,孙周兴译,生活·读书·新知三联书店 2005 年版,第52 页。

② ［德］海德格尔:《面向思的事情》,陈小文、孙周兴译,商务印书馆 1996 年版,第 82—83 页。

③ Heidegger, *Nietzsche*(Volume 3) , San Francisco:Harper & Row Publishers Inc. ,1987,p.43.

④ ［德］海德格尔:《演讲与论文集》,孙周兴译,生活·读书·新知三联书店 2005 年版,第56 页。

⑤ ［德］海德格尔:《演讲与论文集》,孙周兴译,生活·读书·新知三联书店 2005 年版,第52—53 页。

给予的东西,即感性之物,就被视为这样一种东西。"①总之,与表象性相对应的观念即是科学,科学把实在确保在表象性中,以表象的方式对实在作出说明。

这样的表象乃是心灵活动,是一种心理行为,由此,思维可以通过想象,使本已消失的事物重新映入脑海,但并非简单地将其重现出来,而是进行了加工,是对事物的设置性把握,因而根本不是事物本身,而是对事物做了某些选择,获得其中可被说明的方面。所以,"表象……是'对……的把捉和掌握'。……由此,表象把万物纠集于如此这般的对象的统一体"②。于是,作为存在者整体的世界就成了"图像"。"'图像'(Bild)一词意味着:表象着的制造之构图。在这种制造中,人为一种地位而斗争,力求他能在其中成为那种给予一切存在者以尺度和准绳的存在者。"③因此,就本质而言,世界图像不能被简单地看作客观地摆在主体面前的关于世界的图画,它不是客观自在世界的映射和复制,而是世界被把握和构造为图像。海德格尔说:"我们用世界图像一词意指世界本身,即存在者整体,恰如它对我们来说是决定性的和约束性的那样。'图像'在这里并不是指某个摹本,而是指我们在'我们对某物了如指掌'这个习语中可以听出的东西。"④由此,世界成为由人制作的创造物,沦为填塞着存在者之表象的毫无意蕴的、平面的和可切割又可拼接的图画。而这个由主体构筑和表现的世界图像只对主体有意义,是世界被人表象和掌握的根本方式,是设置于人面前的有结构的统一体,它表现出现代人和世界之间的一种特殊关系。也就是说,世界不是从自身得到说明和规定,而是从能够表象的人即主体处得到规定。现代实证科学恰恰就是世界图像的反映,是世界图像完成其本质的一条道路和形式。无独有偶,叔本华的表象世界就是在主体

---

① [德]海德格尔:《尼采》(上卷),孙周兴译,商务印书馆2003年版,第167页。
② [德]海德格尔:《林中路》,孙周兴译,上海世纪出版集团2008年版,第95页。
③ 孙周兴选编:《海德格尔选集》(下),上海三联书店1996年版,第904页。
④ [德]海德格尔:《林中路》,孙周兴译,上海世纪出版集团2008年版,第90页。

的意识中所呈现的世界,是对象在意识中的表现;尼采也认为现象世界是相对于主体而存在、由主体赋予意义的世界。

综上所述,作为一种先验的东西,奠基性的形而上学先行一步,把存在的敞开领域规定为对象领域,使人们活动于其中。科学实施形而上学的理念,最终使表象性思维的模式获得了统治地位。一句话,表象性思维是现代科学的基本思维方式,现代科学将知识建立在主体的表象之中,是表象性思维的产物,只有主体的表象性思维才会导致现代科学的产生。

三、因果性——科学规律的形而上学基础

在对存在者领域对象化之后,接下来就是对这些存在者及其整体从不同方向做相应研究,对存在者的基本存在方式形成概念性把握,展开并联络在一起加以表达。科学通过认知性的把握获得普遍有效的终极法则,把它作为真理性认识,而认识必须将其专题设定为可作因果说明的对象。牛顿认为:"真正的哲学①,其职责在于由真正存在的原因去追寻事物的本性,去发现伟大的造物主实际上选定的建立这个最美好的宇宙结构的规则。"②于是,他致力于描述事件在自然界中出现时的有规律的秩序,把自然现象因果地联系在一起,因果性也最终成为他的自然观乃至整个经典物理学的前提和基础。与此相应,近代科学家们坚持的观点是:"科学与原因有关,与机遇无涉。"③在他们看来,"因果性是表示事物关系之中的必然性,而机遇则恰恰相反地意味着完全的不确定性"④,既不符合自然的一致性原则,也不能满足科学的确定性要求。

---

① 这一时期自然科学刚刚从哲学中分化出来,习惯上还把科学称作哲学或自然哲学。

② [英]牛顿:《自然哲学之数学原理》,王克迪译,陕西人民出版社、武汉出版社 2001 年版,序言第 15 页。

③ [比利时]普利高津:《确定性的终结》,湛敏译,上海科技教育出版社 1998 年版,第 2 页。

④ [德]玻恩:《关于因果和机遇的自然哲学》,侯德彭译,商务印书馆 1964 年版,译者序第 v—vi 页。

总之,因果性成为现代之前一切自然科学的终极的基本假设,被奉为颠扑不破的信仰,人们深信因果律的普遍作用,将其看作科学的本性,由此着眼于对理论的追踪,并据此思考和观察事物。在科学眼中,对象"实在""在被设定的原因的一目了然的结果中呈现出来。……在其结果中变得可追究的和可综览的"①,而且,"只有立足于因果关系,我们才能建立从一个对象到另一个对象的推理"②。总之,每一个事物都必然有一个原因,因果性也就"变成了一切知识领域中科学解释的一种典型"③,被看作首要的能力和无限的向导而指引着科学的道路,要求人们根据它来描述一切在场者,进行科学的研究与发现。这样,一切事物都可以由因果性而得到合理的说明,所有的知识都被框定在因果模型之中,都要诉诸因果性的考量。

海德格尔看到,因果性关切到科学对世界图像的设立与探究,是科学探索世界图像的前提。"唯有 petereprincipium(对原理的寻求),即对根本原因的寻求……才是开启着突进入那个领域(指实在事物或具体存在者)之中——而唯有在此领域中,科学才能安营扎寨。"④也正因为如此,科学追寻一切存在者的行为的基础,即已经敞开的存在者之联系的"原因"或者"运动根据"(动因),从而获得存在者状态上的真理的可能性——一切存在者状态上的揭示都必须在因果性中得到论证。而这源于形而上学对本体的思考。爱因斯坦也曾经说:"当亚里士多德和经院哲学家们给他们所谓的原因下定义时,科学意义上的客观实验这观念还没有产生。因此,他们就满足于关于原因的形而上学概念的定义。康德也是这样。"⑤

---

① [德]海德格尔:《演讲与论文集》,孙周兴译,生活·读书·新知三联书店 2005 年版,第51 页。
② 徐竹:《因果知识的德性转向:重审休谟主义与反休谟主义之争》,《学术月刊》2018 年第2 期。
③ [丹麦]玻尔:《玻尔哲学文选》,戈革译,商务印书馆 1999 年版,第 182 页。
④ [德]海德格尔:《路标》,孙周兴译,商务印书馆 2000 年版,第 282 页。
⑤ 许良英、范岱年编译:《爱因斯坦文集》(第一卷),商务印书馆 1976 年版,第 301 页。

　　在现代科学产生之前，人们基本上都是从形而上学的、本体论的而非科学的、认识论的层面谈原因问题的。希腊早期的自然哲学家们就把终极的本原看作宇宙万物存在的原因。如德谟克利特认为，什么东西都不是凭空产生的，事物存在的原因是原子。苏格拉底也研究事物的原因，他批判自然哲学家们不关心自身而去关心自然，并且在对宇宙万物本原的探讨上以感官物为依据，以自然物作原因，并没有回答事物的真正原因，而是把条件当成事物的原因。在他看来，自然万物的真正原因和主宰并不是物质性的本原，而是它的内在目的，即"善"，它是说明事物"为什么"的原因。柏拉图继承了苏格拉底的概念论，把抽象的一般性共相即理念看作是事物世界存在的原因。亚里士多德对原因做了系统的研究，将其看作一切事物存在和生成的全部条件，并对之前的原因理论进行了总结和概括，提出了四因说：质料因、形式因、动力因、目的因。宗教信仰者把上帝看作存在物的终极原因，托马斯·阿奎那就认为，上帝是世界上一切事物得以存在的初始因，也是其具有完善性的原因。①唯物论者则从物质的角度寻找事物的原因，如培根主张"原初物质"是一切事物的原因。

　　海德格尔认为，哲学家们之所以寻找原因，其目的主要有两个：

　　第一，为事物的存在提供根据。"这个 principium rationis［根据原理］持存着，因为倘若没有它的持存，存在者就会是必定无根据地存在的东西了。"②而在古希腊人那里，表示原因的词语是 ἀρχή，即起始、本源之意，所以，"原因（Ur-sache）在此必须在字面上来理解，理解为构成某个实事（Sache）之实事性的原始者（das Ur-tümliche）"③。在海德格尔看来，此处的原始者就是 φύσις，即存在本身，它是某物由之而取得其起始和开端的那个东西，也就是本原性的东西。而且，"哲学家们试图将科学方法推广到人类知识的一切领域，他们相信无论自然、社会还是人类自己统统服从于统一的法则，那就是自然的因果

---

①　参见张志伟主编：《西方哲学史》，中国人民大学出版社 2002 年版，第 255—256 页。
②　［德］海德格尔：《路标》，孙周兴译，商务印书馆 2000 年版，第 150 页。
③　［德］海德格尔：《路标》，孙周兴译，商务印书馆 2000 年版，第 284 页。

律,一切事物都可以因此而得到合理的说明"①。在形而上学的视域中,"自然是由最广泛意义上的因果性所规定的"②,所以,"自然界的规律是这样的,根据世界在某一时刻的状态,应当无歧义地推出它在过去和未来的其他一切状态"③。即事物在任何时刻的状态都处于一种必然的因果链条之中,它的每个细节都是确定的,呈现为一个被决定的体系,人也不例外,同样遵循、服从统一的、严格的因果法则,以确定的方式显露出来。总之,"原始的思想之事情呈现为原因,呈现为第一原因,后者符合于那种对终极理由的论证性追溯"④。它表现为原因之形而上学的本原走向,而这一解释原因的路径成为后来科学的原因概念形成的条件,决定着科学对规律性的追求。

第二,为了说明宇宙和世界的秩序。古希腊人认为,宇宙和世界是有秩序的,不同于混沌。赫拉克利特认为,世界秩序是由永恒不变的逻各斯规定的,逻各斯是支配万物运动变化的法则和规律。⑤ 苏格拉底认为,整个宇宙服从一个目的即"善"的原则,它使世界万物设计得如此之好,成为一个有秩序并且发展得完满无缺的统一整体。⑥ 对于柏拉图来说,自然只有分有超越的理念世界才存在,只能作为以理念为原因的、可用规律把握的系统的整体而存在。亚里士多德相信宇宙是一个以"善"为目的因的有秩序的整体。中世纪则一般把世界的规律归于上帝的等级系列中的秩序和法则。康德认为,科学的规律是由先验性保证的,为了理解自然,必须由知性将"法"或秩序给予自然。⑦ 而事物之间之所以具有秩序甚至存在意义,就是因为存在因果性。所以,秩序必然要求终极有效的原因,而这正是科学的终极目的。科学作为有机

---

① 张志伟主编:《西方哲学史》,中国人民大学出版社 2002 年版,第 390 页。
② [德]海德格尔:《时间概念史导论》,欧东明译,商务印书馆 2009 年版,第 253 页。
③ 许良英、范岱年编译:《爱因斯坦文集》(第一卷),商务印书馆 1976 年版,第 237 页。
④ 吴增定:《自因的悖谬——笛卡尔、斯宾诺莎与早期现代形而上学的革命》,《世界哲学》2018 年第 2 期。
⑤ 参见张志伟主编:《西方哲学史》,中国人民大学出版社 2002 年版,第 33—34 页。
⑥ 参见张志伟主编:《西方哲学史》,中国人民大学出版社 2002 年版,第 74 页。
⑦ 参见张志伟主编:《西方哲学史》,中国人民大学出版社 2002 年版,第 550 页。

的知识体系,必然关联于因果性规律。科学搜集并整理已有的成果,构造和证明经验难以认识的规律。孔德主张,实证科学是对能够观察到的事物与现象进行研究,目的在于揭示它们的规律,探求其产生的原因及因果联系,寻找世界的秩序。胡塞尔认为,在近代认识论语境下,物体被规定为各种因果性的载体,物体之间也是因果性关系。而"一切关于规律的知识只能是作为按照所掌握的规律对实际的和可能的经验现象的过程作预言的知识"①,它可以使人"摆脱"变化不测的自然暴力。

按照海德格尔,科学在形而上学支配下通过对原因的追寻所获取的关于事物必然规律的认识,其实是一种机械的决定论,导致对存在者的强制和消极被动的宿命论,取消了偶然性和自由,否定了意志的自主权,并窄化了科学的研究,妨碍了科学成就的获得。如现代物理学就发现了不确定性和偶然性等现象,正像爱因斯坦指出的:"按照现代理论,自然规律的基础不是因果性的,相反,本质上具有统计性质。……这意味着原则上拒绝因果性。"②不过,量子力学虽然冲击了严格的因果决定论,但爱因斯坦依旧坚持决定论,其相对论虽然挑战了牛顿经典力学的基本结构,要把事物的关联如其所是地展现出来,但是,相对论所指向的却并非相对主义,而是相反,企图通过将一切都规定为相对的,去保证运动规律的不变性,获得一种绝对的法则。此前,尼采就认为,人们要解释一切和自己相关的东西及自己驱动力的意图,这使得原因的概念盛行开来,并从这个单一的方向去错误地认识世界和自己。他把科学规定为把不熟悉的东西归结到熟悉的东西上,从而终结了神秘,减轻了对无知的不满,但这不过是幻象而已。海德格尔追随尼采,找到了一条理解科学规律的全新道路,对因果关系作出解释——通过将事物置于常见的和熟悉的事物中去说明之并使之清晰,即认为形而上学的这种理解要求存在者达到整体的规律性,

---

① [德]胡塞尔:《欧洲科学危机和超验现象学》,张庆熊译,上海译文出版社1988年版,第60页。

② 许良英、范岱年编译:《爱因斯坦文集》(第一卷),商务印书馆1976年版,第239页。

不管是什么样的存在者,都以相同的方式活动,在面对明显不同的结果时,也要阐明和坚持这种规律性,维护规律的稳定性,确保认识的真理性。

海德格尔认为,为科学奠基的形而上学绝非在科学产生之际即消退而任其发展,而是始终寸步不离,出没于科学深处,指引着科学的走向。形而上学虽然在具体的实证科学中不显现,但在科学发生根本变化的时候,就会赫然跃于科学面前。"只有当科学是从形而上学中生存起来时,科学才能不断获得新的基础任务,其基本任务不在于积累与整理知识,而在于对自然与历史的真理的整个空间永远要进行新的开拓工作。"①科学的进步必然依赖形而上学,形而上学通过质疑所有领域的基本结构成为科学前行的主导力量,科学的很多领域所发生的基本概念的变革都以形而上学转向中对概念基础的重新思考为前提。科学家伽利略、牛顿、爱因斯坦和海森堡等都思考过形而上学,倘若他们漠视先行的形而上学,必然会限于细微的东西,不可能切实促进科学的发展。

第二节　对科学之存在论根基的构建

由上可知,使科学得以可能的不是具体的实证研究,而是为科学提供支撑的形而上学。但是,在海德格尔看来,现代科学的问题不是它没有被足够地建基,而是被不正确地建基。对于科学而言,形而上学不是最本源的,反倒将本源的东西遮蔽了,由此使存在和科学走上了歧途。现在,科学的构造极其成问题,亟须来自存在论的新动力。海德格尔反对科学赖以存在的形而上学,特别是其"无根的"本体论,认为其太肤浅,没有抓住根本,不能通达本体论上的问题,因而对其进行批判和超越。同时,他认为,对形而上学的批判绝不能全数否定,实证主义哲学对形而上学的彻底拒斥是目光短浅的,以经验科学反对形

---

① 孙周兴选编:《海德格尔选集》(上),上海三联书店 1996 年版,第 151—152 页。

而上学如同站着把自己的双脚搬起,是不可能成功的。那么,从更源始的层面说,科学归属于什么呢? 按照海德格尔,科学的创建发生在存在论—生存论机制的敞开与筹划中。"一方面,由于科学只研究存在者,而存在论更深入讨论存在者的存在,且存在决定存在者的基本意义;另一方面,由于科学的改变奠基在其对象的存在意义之改变。因此,各范围内的存在者之存在论优先于它们的科学。"①所以,正确的解决之道是深入到科学发生的存在论—生存论根基和源头中,追问"科学的存在论概念",通达存在的一般意义,通过此在这一特殊存在者,以此在的"在世"为中心,扎根于此在生存论的境遇之中,构建基础存在论,将科学看作此在的一种生存方式,在存在论—生存论的园地中探寻科学发生的根源。

一、存在之不确定性

对海德格尔而言,实证科学关乎具有实在性的存在者,但实在的层面不是原初的,科学在考虑被揭示的实在之存在的过程中,并未关注更深层的东西。他认为,科学对某个领域存在者的揭示依赖于对存在的理解,所以,科学的改善必须是存在的改善,对存在意义的存在论解释先于对存在者的实在论解释。只有对存在进行上下求索,才能深入到事情本身的最为原初之处。如果科学脱离了作为自身之根的存在问题,即使表现得非常强盛,具有宏伟的理论体系,也不能在根本上显现出真正的意义。海德格尔要构建新的存在,并由此探寻科学的存在论根据,将科学中固定不变的实在还原为不断生成的存在,使科学植基于存在中。所以,尽可能地厘清存在的意义对科学而言是非常重要的,是存在论需要首先予以解决的最基本的任务。

海德格尔区分了存在和实在、存在论和实在论。形而上学始终认为自己在探讨"存在",没有意识到真正关注的不过是"存在者"即实在,从而不自觉

---

① 陈荣华:《海德格存有与时间阐释》,台湾大学出版中心 2006 年版,第 16 页。

地离开了具有源始意义的存在,使得存在者失去了根基。进一步说,形而上学对存在意义的探究仅限于一个层次或方面,只揭示了存在显现过程中的一个环节,但却由此以偏概全,从而导致存在本身的遮蔽。在此土壤中生长出来的科学越发加深了其程度,将存在进一步固定下来。为了纠正形而上学的舛讹,指引其走出歧途,海德格尔提出了"存在论区分",要求搞清楚存在和存在者之间的区别,由对存在者的研究返回到对存在的探问。

海德格尔首先要摆脱形而上学的最高概念"存在",置身于这一中心范畴之外,因为存在要求一种本己的有别于存在者的展示方式。他反对形而上学给"存在"下定义,认为正是这样的方式使存在转换为存在者,走向了片面。在他看来,要从知识论转向存在论,对一般本质的追问并不完全合法,它是流于表面而无价值的,甚至还是武断和错误的。进一步说,存在不是最普遍的概念,因为它不是存在者层次上普遍类属意义的东西,所以,存在是无法用"种加属差"的方式加以定义的,这种定义方式是针对存在者的本质规定性的。他说:"作为哲学的基本课题的存在不是存在者的族类,但却关涉每一存在者。须在更高处寻求存在的'普遍性'。存在与存在的结构超出一切存在者之外,超出存在者的一切存在者状态上的可能规定性之外。"①因此,要摆脱一切抽象概念,追问存在是怎样存在和显现的,即追问存在的意义,"如其所是"地描述存在展现的过程,让存在自身运作、显现出来。如果说存在具有"本质",那只能是"存在着""存在起来"这个事实。对存在的追问"并不是以获得某种体验性处境的具体知识为目的,而是寻求存在适度性[Seinsgemaessheit]。这种存在适度性(相应于存在的东西)与达到成功的生活为目的的纯粹知识完全无关"②。因此,存在不属于认识所及的知识和科学

---

① [德]海德格尔:《存在与时间》(修订译本),陈嘉映、王庆节合译,生活·读书·新知三联书店 2006 年版,第44—45 页。

② [德]吕迪格尔·萨弗兰斯基:《海德格尔传——来自德国的大师》,靳希平译,商务印书馆1999 年版,第141 页。

范围。

　　海德格尔考察了前苏格拉底的哲学,追溯存在的源始意义。他认为,原初的存在不是任何存在者,其本身指的是 φύσις,即自然的"涌现""绽开"。早期希腊哲学家大都从显露、生成等意义上使用存在,把存在理解为事物和现象的展示。存在是"使显现,走入产生中,展示自身,把某物提供出来"①。这既非人力所为,也非神的推动,而是出于自身原因,是依靠自己的力量自然而然的"产生",它是自身绽出、自我展开的,因而是最源始的。另外,海德格尔也以 Ereignis(发生、生成)去诠释存在。所以,存在不再作为一个普遍概念而永恒自在地在场,而是"去存在",即 to be,也就是"成其本质",即 to essence。由于存在本身不断地显现出来,在多义而变动不居的道路上行进,人只能在存在的显现过程中去领悟和接纳它,而不能主宰它。存在本身没有任何规定性,是无定型的,处于不断的运作过程中,具有本质的丰富性,可以表现为任何存在者,任何一个直接在场的东西都以无限的存在本身为根源。"一切存在者,无论是已知的和已经验的存在者,还是未知的和有待经验的存在者,都是从存在这种丰富性而来才获得它们的存在的各个本质方式的。"②存在多姿多彩、幻化无穷、生动活泼地展现着,蕴含着无限的可能性。这表现在两个方面:一方面,它既是天又是地,既是山又是水,其表达形式为"既是……又是……",是亦此亦彼;另一方面,它既不是天又不是地,既不是山又不是水,其表达形式为"既不是……又不是……",是非此非彼。它的特点在于,无论从哪方面看,它都"是其所是",又"不是其所是"。由此,海德格尔针对存在得出了"比现实性更高的是可能性"的思想。

　　这样的存在不同于静态的存在者即实在,具有动态的含义。它不是具体的、确定的存在者,不是现成的,也不能作为对象被加以认识。它是确定存在

---

　　①　Heidegger,Gregory Fried and Richard Polt(trans),*Introduction to Metaphysics*,New Haven & Lodon:Yale University Press,2000,p.108.

　　②　[德]海德格尔:《尼采》(下卷),孙周兴译,商务印书馆 2003 年版,第 882 页。

者之为存在者的那种东西,是使所有存在者得以成为其本身的先决条件,或者说,是所有存在者得以存在的源泉,因而在地位上优先于所有存在者。所有存在者必须存在才能成为现实的、确定的存在者,没有存在就没有存在者。即存在者源于存在,存在是存在者作为其本身而存在的根据,但不是超越、原因等意义上的根据,而是显现、出场意义上的根据,只有在存在自我显现的过程中,存在者才能进入和获得其具体的存在状态。存在本身总是在不断地涌现,从隐处走出来,这时,它就表现为一种外观、现象。它自行开启并驻立于自身,在展开中进入某一现象并保持和停留于这一现象中,进入常住状态,即存在者的在场状态。所以,存在本身还有"持存"和"逗留"等意义,这使得存在者到场并作为在场者存在着,使得具体的存在者得以显现出来,所以它本质上必然处于一种存在者的可能性之中。海德格尔将存在本身比作光亮之处,存在者之所以能成其本身,之所以能"存在",就是因为存在本身的照亮和敞开作用,是存在把它保持在其"存在"中。"那么结果就是:te phusei(从自然、涌现出发),存在是proteron,即先于存在者的,而存在者是usteron,即晚迟的东西。"①也就是说,存在是从自然出发的早先的东西,而自然存在者乃是后来的东西。存在作为先的东西不仅走向存在者,而且还支配存在者,显示为某种超出自然存在者之外的东西。这似乎没有说明某个具体事物的任何特征,但却为其具体特征提供了基础,某物只有存在着,才有可能谈得上具体特性。总之,在海德格尔那里,存在本身不是实在,而是对实在的揭示,他要使人们从一种描述处于不变中的存在(始终如一的在场只是不变的另一种方式)的实在理论中摆脱出来,返回到对通向变化着的事物的存在的理解。

　　一个存在者之所以成为可通达的,不是因为作为主体的自我表象着客体,而是预先已经有一个敞开领域起着支配作用。只有在这个敞开领域的范围内,某物才有显现的可能,才能作为对于主体而言的客体成为可通达的,这种

① [德]海德格尔:《尼采》(下卷),孙周兴译,商务印书馆2003年版,第847—848页。

可通达性才能进入人们的视域之中而被感觉和经验。进一步说,存在总是显现着,正是由于存在本身的运作,存在者才成为并保持为可被观察到的对象。对象化本身始终依赖于存在本身,对象性只是存在本身的一种意义,也就是存在将自身展现出来并投给科学的方式,"科学的表象从它这方面来说决不能决定:自然是否通过其对置性更多地隐匿自身,而不是把它隐蔽的本质丰富性显现出来"①。存在者所植根于其中的存在本身是无限的,它总是在不断地生成、馈赠、给出。作为由存在显现的东西,存在者是固定不变的,具有确定可察的特征,这就使人获得了某种确定性,可以清楚地判断存在者。科学的对象"实在"正是受到非概念的存在领悟的照亮和指引,作为到场者从存在本身中显示出来,对存在者的认识就是科学,具有确定性的存在者只能由一种思考着存在之特征的知识所把握。

存在论知识包括科学对存在的领会。"这种就存在者之存在的预先筹划被置于我们早已关涉的自然科学之基本的概念与原理中。所以,一切使关于存在者的陈述即存在性的知识得以可能的东西,实际上都是先行的对存在机制的领会即存在论的知识。"②科学"不是对存在者之存在的明晰的理解。……我们把对存在的理解——它揭示并引导一切趋向于存在者的行为——叫作存在之前存在论的理解,因为它是前概念的,不能被对象化"③。基于这样的理解,科学的基本概念及原理得以产生。

总之,存在才是更为源始的,是一切可能存在的东西的渊源,"所以存在问题的目标不仅在于保证一种使科学成为可能的先天条件(科学对存在者之为如此这般的存在者进行考察,于是科学一向已经活动在某种存在之领会

① [德]海德格尔:《演讲与论文集》,孙周兴译,生活·读书·新知三联书店 2005 年版,第58 页。

② Heidegger, Richard Taft(trans), *Kant and the Problem of Metaphysics*, Indiana: Indiana University Press, 1990, p.7.

③ Heidegger, Parvis Emad and Kenneth Maly(trans), *Phenomenological Interpretation of Kant's Critique of Pure Reason*, Indiana: Indiana University Press, 1997, p.17.

中),而且也在于保障那使先于任何研究存在者的科学且奠定这种科学的基础的存在论本身成为可能的条件"①。"科学与对其特定领域的沉思都历史地基于对存在的特定解释的实际支配地位"②,科学不过是从存在的源泉中淌出的一条河流而已,不管是古代科学、中世纪科学还是现代科学都是如此。

二、此在在世及意向性

现代科学依照对实在物的分类,构造出关于它们的空洞、抽象因而无世界的概念框架,而不会考虑现实存在的实在不是单纯的"物体"。对此,海德格尔阐述了科学存在的可能性条件即生存论。他重新规定了心与物这两极及其关系,认为认识者(此在)、被认识者(世界)和认识都奠基于"在世"。"生存论概念把科学领会为一种生存方式,并从而是一种在世方式:对存在者与存在进行揭示和开展的一种在世方式。"③所以,科学的最初源头就在于人的生存,生存本身蕴含着被人们忽视或否定的源始认识。

1. 此在

海德格尔认为,"诸种科学都是人的活动,因而都包含有这种存在者(人)的存在方式"④,科学是人特殊的生存方式,根本上是活动在人对存在之领会中的。所以,要想分析科学的本源,就要回到人的生存论分析,通过此在建立起"基础存在论",分析此在的生存结构,展现科学的运作生发机制。

---

① [德]海德格尔:《存在与时间》(修订译本),陈嘉映、王庆节合译,生活·读书·新知三联书店 2006 年版,第 13 页。

② Heidegger, *Nietzsche* (Volume 3), San Francisco: Harper & Row Publishers Inc., 1987, p.44.

③ [德]海德格尔:《存在与时间》(修订译本),陈嘉映、王庆节合译,生活·读书·新知三联书店 2006 年版,第 405 页。

④ [德]海德格尔:《存在与时间》(修订译本),陈嘉映、王庆节合译,生活·读书·新知三联书店 2006 年版,第 14 页。

具体而言,海德格尔指出,存在论只能从存在者入手。[①] 因为,存在不是处于存在者之外的独立的东西,而总是存在者的存在,所以,只能经由存在者通达。然而,普通的存在者是完全封闭的,不会觉知和关注自身和他者的存在。因此,存在论的起点必定是一种特殊的存在者,即人。他的存在是其他存在者存在的基础,把存在与存在者沟通起来。他能够透出存在的消息,是通向一切其他存在者的门户,是展示存在的存在者,在研究其他存在者之前,必须首先追问领悟这些存在者之存在的人。

海德格尔认为,如何看待人会把对存在的理解导向不同的路径。如社会动物、人格、意识和两足无羽毛的动物等将人导向人类学、心理学和生物学等科学的分析,其实质是对人进行属性上的规定,表示人始终如一的恒常本质,简单地停留在实在之具体存在者状态的水平上,是在主客分立的条件下所做的经验性分析,抹去了存在的意义,变成科学领域中的一种确定对象,是理论性的,属于具体科学的范围,不能真正达到人。

海德格尔打破了形而上学和科学支配的格局,将人称作"此在",做了存在论的解释,意在将其和存在的意义联系起来,以此来恢复人的本真存在。在他看来,非此在的存在方式是现成存在,拥有稳固的本质,一直是其所是地存在着;此在则不同,它有着存在论层次上的独特存在即"生存"——"去存在",即此在的存在更多的是一种"变动",表现为一个动态的过程。如果非要说它的规定性的话,那就只能是可能性,它总是在不断地筹划和创造自己的本质,所以是一种"能在",它不是固定不变的实在,也不是现成摆在那里的东西,而是隐含着超越构造的可能性,并使一切超越构造得以可能。不管把此在看作什么,都穷尽不了其存在的可能性。对于它,人们不能得到具体而确定的感觉,也不能知悉一般和抽象的概念,而只能获得原始与混沌的领会。它摆脱了

---

① 参见[德]海德格尔:《存在与时间》(修订译本),陈嘉映、王庆节合译,生活·读书·新知三联书店 2006 年版,第 8 页。

理论,是对主体人的解构。科学的主体首先不是意识的主体,而是此在存在的一种可能方式,是生存的、"有血有肉之躯的、实践地与世界发生关系的人"①。

此在本己的生存是由敞开性来标识的。"此在最本己的存在就具有启封锁闭状态的特质。'此'字在本质上就指敞开状态。"②因此,人处于和存在敞开之境的关联之中,总是向着作为到场者的存在者敞开自身,并"参与"存在者的揭示。即此在在生存的过程中不断领悟着自身的存在而成其所是,同时也使自身以外的所有存在者得到揭示,获得其存在方式。也就是说,对其他存在者之存在的理解只能通过独特意义上的存在——此在的生存——而引致,此在以外的所有存在者的存在在本体论上都源于此在的领悟,植根于此在的生存,此在的生存是别的存在者得以存在的先行条件。"之所以能够发展出科学,其最初的根源也正在于作为此在,人自身的存在就是'此'在,就是展开敞开着的存在,就是敞亮着的存在。这种展开和敞亮是揭示和照亮一切事情的源泉。"③总之,此在是构造性的,构造性塑造了经验性,科学立基于构造性。

2. 世界

人们习惯按形而上学的框架,从存在者方面说明世界。海德格尔认为,这是以客体为方向的,实际上,这样的世界离不开本源性的此在的世界。他排斥任何对世界之参与的悬搁,这是他排斥认识论的重要原因。胡塞尔也坚持,生活世界前科学地构成主体理解实在世界的根基,实在世界虽然具有和主体无关的意义,却只是被科学化了的穿着理念化外衣的生活世界,是从生活世界中开展和构造出来的。同样,海德格尔反对背离主体居于其中的特定世界,批判

---

① 张汝伦:《历史与实践》,上海人民出版社 1995 年版,第 3 页。

② Heidegger,John Macquarrie and Edward Robinson(trans),*Being and Time*, New York:Hagerstown,San Francisco,London:Harper & Row,Publishers,1962,p.171.

③ 李章印:《经典现象学家对科学发生过程的考察》,《淮阴师范学院学报》(哲学社会科学版)2006 年第 1 期。

科学源于"世界的自然概念"的观念,认为现在的"自然"不过是科学化的自然图像。① 在他看来,和此在一样,世界绝非现成的存在者,不是各种各样存在者的单纯集合,不是存在者的极限范围即"客观自然界",也不是人对现成事物之总和的表象框架,因而绝不是立于人面前、由人设立的可以把握和觉知的对象。世界在本质上是此在本身的一种规定,而不是非此在的存在者的规定,必须被纳入到此在之生存论分析中。

进一步说,世界是一种生存现象,它首先显现为此在的生存世界,而不是客观实在世界。世界本身具有开放而多元的意义结构,是在此在的生存中得到领悟和解释的,是此在存在的如何,意味着存在者和此在处于某种存在关系中。即世界是从此在的生存活动获得意义从而获得"存在"的。而这样的生存世界只是对此在而言的,其他存在者如动物、植物等没有自己的生存意义世界。就此而论,世界是此在的一个建构要素,具有先验性,表示此在生存于其中的意义整体。"世界属于一个关联性的、标志着此在之为此在的结构"②,如果没有世界,此在就不能展开自己的生存。世界是此在和所有存在者相关联而形成的当下整体性,这种整体性是由此在通过生存活动开拓出来的,表明此在生存的为何,随着此在活动所关涉的存在者的出现而出现,是存在者整体在其中展现自身的所在,也是存在的所在。或者说,世界是此在生存在其中的处所,包括由人组成的"公众世界"和由物组成的"周围世界",即此在式的存在者和非此在式的存在者,它们是同一世界的两个方面,都是此在的世界。同时,世界是此在进行超越的何所往,是此在和存在者关系的基础,包括和此在遭遇的非此在的存在者以及对此在自身与他人的领悟。所以,世界是由此在领悟的世界,是此在对存在的源始筹划,是此在存在的敞开状态,也是别的存在者可敞开状态的条件,存在者如果未能进入一个世界,就绝不能得到揭示。

① 参见 Joseph Rouse, *Heidegger on Science and Naturalism*, Wesleyan University, 2005。
② [德]海德格尔:《路标》,孙周兴译,商务印书馆 2000 年版,第 182 页。

这样,海德格尔就将生存论和实在论意义上的世界区分开来。前者更源始,只有它得到展现时,后者才是可把握的。世界的样式是多样的,如"科学的世界""学术的世界""事务的世界"以及无数其他的世界。世界不是和其他实在同类的实在对象,而是此在的兴趣和情感等指向的可能视域,是实在之可理解性的领域,是实在发现的可能条件。此在之所以能发现实在,只是因为此在理解世界本身的存在,所谓的外部实在世界是派生的,是在和此在的联系中由此在领悟和揭示的。即世界本身是此在理解行为在其中发生的情境,此在让实在在世界中被遭遇。因此,生存论的世界是理解外部世界、世界图像的前提,现代的世界概念是世界本身的一种敞开状态。当世界的意义得以清晰显现而非发生变异甚或湮佚时,世界的实在问题就会荒诞不经,而真正解决这一问题的方式是,看到其原本不是问题。

3. 在世

人们通常把人和世界的关系理解为两个具有广延性的存在者之间的空间相容关系,世界像一个容器,将物和人都囊括在内。这是一种"在世界之内"的关系,是两个现成存在者的存在结构,实际是把原本统一的作为整体的存在领域简单地划分为心理的和物理的东西并加以固定,这势必造成人和世界的二元分立,从而以对世界的科学认识为范本说明人和世界的关系。

导致这一状况的关键在于:没有将世界和人的生存联系在一起。海德格尔对此予以批判性回应:此在最源始的存在建构是"在世界之中存在",即"在世"。具体而言,此在和世界都不是世内存在者,二者的关系不能简单地按照现成存在者的模式去理解,把它们联系在一起的不是认识关系,而是存在论—生存论关系。此在不能孤立地存在,而是和世界同时出现、同时在此,始终归属于世界,处于在世界之中生存的整体性意蕴中,与世界不分轩轾。"'在之中'不是此在时可有时可无的属性……此在绝非'首先'是一个仿佛无需乎'在之中'的存在者,仿佛它有时心血来潮才接受某种对世界的'关系'。"①"在之中"是此在的先天结构,是此在的生存论环节,它必须被看作整体,此在只要生存着,就存在于一个世界之中。同时,它是此在和世界及世内存在者的关联方式,意指此在介入世界,向来融身、溶浸于其中,与世界发生各种联系,亲熟、照料世界。"在世"就是生活于世界之中,居于世界境域可敞开、可揭示的存在者整体之中,同世界相互依靠。此在先验地有一个他生存于"其中"的世界,因而才同时有了他处身"在内"的世界,此在和世界本就没有主客之别,二者是相互协调而非对立的关系,因而也不存在独立的外部世界的问题。所以,在世是此在的生存论性质,表示先于主客分离的一元现象——此在和世界源始共属一体的相处情形。

海德格尔对在世的考察,本意是让人们重视此在和世界先行的源始关系,表明对这种关系的领悟既是此在和世界保持主客关系的前提,也是认识论产生的前提,还是对世内存在者进行理论揭示的科学的前提。他认为,此在是"在世界之中"认识着,"认识在在世这种存在建构中有其存在者层次上的根苗"②。由于此在不是从存在论、从其所是的存在方面领会自身的在世,而是在存在者层次上经验着在世,因而错会和否认在世,根据惯常的主客关系去看待,从而使科学认识凸显出来。另外,由于人们固执于存在者,由此去理解"心灵"和"世界"之间的关系,把这一关系误解为"在之中"的认识活动。于是,认识独立的世界就成为在世的首要样式而发挥作用。"通过认识,此在对在它自身中一向已经被揭示了的世界取得了一种新的存在之地位;这种新的存在可能性可以独立地组织起来,可以完成任务,可以作为科学承担起在世的领导。"③所以,在世是科学的生存论条件,就对象获取科学知识的活动、对事

<hr>

① [德]海德格尔:《存在与时间》(修订译本),陈嘉映、王庆节合译,生活·读书·新知三联书店 2006 年版,第 67 页。

② [德]海德格尔:《存在与时间》(修订译本),陈嘉映、王庆节合译,生活·读书·新知三联书店 2006 年版,第 71 页。

③ [德]海德格尔:《存在与时间》(修订译本),陈嘉映、王庆节合译,生活·读书·新知三联书店 2006 年版,第 73 页。

物的理论性把握仅仅是在世的一个环节、一种非本真样式,根源于在世这种存在建构中的一个方面。"只有当一个存在者本来就具有'在之中'这种存在方式,也就是说,只有当世界这样的东西由于这个存在者的'在此'已经对它揭示出来了,这个存在者才可能接触现成存在者在世界之内的东西。"①只有事先领会"在之中"这种存在建构,世内存在者才能与此在遭遇和照面,才能被科学地揭示。

4. 意向性

海德格尔探讨在世时侧重于源始的超越即意向性,意在反对独立的主体指向独立的客体的主张,解决形而上学知识论的困境,即内在的意识如何超越而进入外在实在的范围。由于人们看到此在总是伴随在别的存在者左右,因而将超越归属于存在者。实际上,超越所要达到的何所往是世界而非存在者,表明的是此在朝向世界而生存,因此,超越不只是也不首先是对客体的理论把握。海德格尔特别强调生存的"超越"含义,认为生存的本义就是站到存在的敞开状态中,向存在持"开放"态度,作为接受者去接受自行显现的东西。事物并不在意识之中,而是在世界之中。此在生存蕴含着"指向……"和"站出到……"等意义,"不但有'自身指向某物'以及对其指向的事物的存在领会,还有对自身行为的'相关展现'"②,具有无需外求性。这就是意向性。

关于意向性通常有两种看法:第一种主张知觉的意向活动和意向对象之间的意向性关系是两个现成存在者即心理主体和物理客体之间的关系,而意向性并非主体所具有,而是由客体加给主体的,没有看到意向性是先天具有的东西。第二种根据主体可靠的内在领域和客体可疑的超越领域的区分描摹意

---

① [德]海德格尔:《存在与时间》(修订译本),陈嘉映、王庆节合译,生活·读书·新知三联书店 2006 年版,第 65 页。

② Heidegger, Albert Hofstadter, Bloomington(trans), *The Basic Problems of Phenomenology*, Indiana: Indiana University Press, 1982, p.158.

向性,将构设的理论强加于现象,而不是把现象如其是地呈现出来,如康德将所有的经验都看作单纯的表象而非物自身;胡塞尔认为,意识总是关于对象的意识,总是指向对象并意指对象的意义。因此,意向性是意识的本质特征,对世界的构造起着奠基作用,知觉物和物理物都是由意向性构成的。① 上述形而上学的表象看不到:"意向行为本身总是趋向于现成的存在者。我不需要先追问内在的意向体验何以达到超越的有效性,而必须明白,意向性就是超越性的处所,此外别无其他。"②

海德格尔批判一切感知表象理论,认为意向性本身就是超越的,感知所直接指向的并非事物的表象,而是事物本身。他说:"'意向性的'(intentional)必须完全在形式上被理解,必须被理解为对一种得到特别强调的理论上的关联意义的摆脱,后者的特殊含义特别容易诱发人们把意向性理解为'关于……的意指'(Meinen von)或者相关地把它理解为'被人臆指为……'(Vermeintsein als)。"③因为这时所指的物不是自身被给予之物。

海德格尔认为,要获得意向性的确切理解,就要将其置于此在的存在论建制中。意向性基于此在的生存,而"生存"就是"绽出""出离自身"。即此在不是被封闭在自身之内的,其本性就是从常住于自身的状态中走出去,不断地向着自身之外超越,向着存在的可能性出行并筹划自身,站到自身之外去追问自身和他物的存在,进入到存在的真理中。绽出的生存不是对人的科学式的规定,而是就其发生方面而言的。此在虽然像一切其他存在者一样存在着,却以超越存在者整体而跃入存在本身的方式存在着。所以,意向性不是作为现成存在者的主体的本质特征,而是非现成在场的存在者即此在的存在方式和本质,此在的一切行为都是意向性的。

---

① 参见刘丽霞:《心物关系问题的解决:从胡塞尔到海德格尔》,《中南大学学报》(社会科学版)2013 年第 5 期。

② Heidegger, Albert Hofstadter, Bloomington(trans), *The Basic Problems of Phenomenology*, Indiana: Indiana University Press, 1982, p.158.

③ [德]海德格尔:《路标》,孙周兴译,商务印书馆 2000 年版,第 26 页。

当此在指向某物并予以把捉时，并不是要从它被囚闭其中的内在范围走出来。相反，"按照它本来的存在方式，此在一向已经'在外'，一向滞留于属于已被揭示的世界的、前来照面的存在者"①。此在寓于世界的在内就是出离自身的在外。"即使在知觉的收藏和保存中，进行认识的此在依然是作为此在而在外"②。即知觉的形成并不是先出去抓住外在的对象，再带着它返回到内在的意识的过程。作为此在的一种行为，具有意向性的知觉活动是此在由以趋向现成存在者的活动。此在始终外在于世界中，所以，当此在和加以理论认识的存在者同在并规定它们时，并不离开"内在"范围，作为理论地存在的此在本身就"外在地"和存在者同在，不存在主体怎样从其"内在"抵达异于自身的"外在"客体的难题，它不过是一个假问题。

三、自由

海德格尔反对因果决定论的机械的自然观，主张跳出这一框架，其关于真理的核心词语是"自由"。在这里，他要说的是，原初的存在作为自然的"涌现"和"绽开"，是自我敞开、自我显现，没有为什么，就如玫瑰，它不为什么开放，只为自身开放自身。

具体而言，要真正理解自由，就必须去除一些先入之见，"其中最为顽冥不化的是：自由是人的一个特性"③。这里的自由首先不是指人的属性，在根本上并不是人的自由，与意志毫无关系，它不是指作为主体的人的随心所欲，不是对行为的不加约束，不是任意妄为。自由是人力所不能及的存在的状态，是涌现着的让存在者存在。自由的意义主要有以下五点：

第一，自由首先是从敞开状态的分析中得出来的。自由指一种作用，由于

---

① ［德］海德格尔：《存在与时间》（修订译本），陈嘉映、王庆节合译，生活·读书·新知三联书店 2006 年版，第 73 页。

② ［德］海德格尔：《存在与时间》（修订译本），陈嘉映、王庆节合译，生活·读书·新知三联书店 2006 年版，第 73 页。

③ ［德］海德格尔：《路标》，孙周兴译，商务印书馆 2000 年版，第 215 页。

这种作用,使人和存在者处于一种关系中,即敞开出来。由此,敞开领域被打开,存在者开放出自己,为存在的自由留出广阔的空间。这是一种"林中空地",是自由的敞开,给予了通向在场的道路的可能性,使那个在场本身的在场成为可能。这种"林中空地"从根本上包含和约束着一种从现成之物而进入未来的创造,从这里,人们在其纵横交错的多样性去遭遇存在,为照面者备下自由的眼光,在不同的视野内,显示出存在的全部丰富性。世界内实在的发现基于世界的揭示状态,实在被揭示在它们的可能性中,永远都朝向可能性。简单地说,认识是在我们揭示世界内周围实在的可能性中被给出的。也正是在这里,人的本质找到其本真的处所,物的物性得到了彰显。由自由所开放出来的"敞开状态"是使科学得以可能的基础,"只有通过行为的开放状态,可敞开者才能成为表象性适合的标准"①。

第二,自由是"让存在"(Sein-lassen),"让"的行为体现了自由的特征。自由让敞开出来的东西在敞开的领域里,让存在者成其所是,即让存在者作为其自身而如其所是地自由存在,让事物自立、自足地安于自身,而不是把事物作为对象,去粗暴地主宰和干预。海德格尔说:"向着敞开域的可敞开者的自由让存在者是其所是。于是,自由便自行揭示为让存在者存在(das Seinlassen von Seiendem)。"②这样的自由实际上是让某物处于其自身的本质,尤其是使某物隐匿于它的本质处,是把自由之物放回到合适的、正当的东西中去,放入其本质中去,就是让存在者归入它的本质之家,以便将其本质带入真正的显现。自由使人自身的一切行为和存在者整体处于应和状态,或者称协调状态。在这里,协调状态指的是人对于存在者整体的绽出的展开状态,人总是被嵌入到一种揭示着存在者整体的协调状态或对存在者整体的应和状态中。人和存在者整体之间的协调状态不是通过作为主体的人对存在者进行科学理性的认识而实现的,相反,人的行为完全是由存在者整体之敞开状态来调谐的。于

---

① [德]海德格尔:《路标》,孙周兴译,商务印书馆 2000 年版,第 213 页。
② [德]海德格尔:《路标》,孙周兴译,商务印书馆 2000 年版,第 216 页。

是,此在敞开自己,让存在者如其所是而存在,并据此领会自己的可能性存在。如让树这一存在者作为一棵大树显现出来,人据此而领会到:他可逍遥侧卧其下,或者伐之以为栋梁。在其中,人和万物无所滞碍地结合在一起。

　　第三,自由不是放任、放弃、疏忽和冷漠,而是"活动着的参与",是一种开放行为,它参与到存在者整体本身那里,参与到其敞开域及其敞开状态中,积极地让存在者存在出来,让存在者置身于这种敞开状态中。"参与到存在者之被解蔽状态中,这并不是丧失于这一状态中,而是自行展开而成为一种在存在者面前的隐退,以便使这个存在者以其所是和如何是的方式公开自身。"①在这里,人作为此在向存在持"开放"态度,参加到存在者本身的敞开过程中,让存在者以自己在着的方式公开自身。人的这种让存在,本身就是人向存在者展开自身,就是人把自己的一切行为置入那个敞开领域中,置于存在的涌现之中。换言之,作为让存在,人本身就是开放着的,人开放为让存在者敞开,源始地处于与涌现着的存在的关联之中。进一步说,此在之所以能揭示存在者,并自由地向存在者开放,是因为此在和存在者都已经进入到敞开领域之中,由此,此在才敞开自身并持驻于其中,自由地向着存在者存在,存在者也才作为自身而显现出来。这种就根本意义上而言的自由,其本身就是出离自身的,因而是"绽出的"(ek-sistent)。"由于每一种人类行为各各以其方式保持开放,并且与它所对待的东西相协调,所以,让存在之行为状态,即自由,必然已经赋予它以一种内在指引的禀赋,即指引表象去符合于当下存在者。于是,所谓人绽出的生存(ek-sistieren)就意味着:一个历史性人类的本质可能性的历史对人来说被保存于存在者整体之解蔽中了。……由于真理在本质上乃是自由,所以历史性的人在让存在者存在中也可能让存在者不成其为它所是和如何是的存在者。……不过……绽出的自由作为真理的本质并不是人固有的特性,倒是人只有作为这种自由的所有物才绽出地生存出来。"②人只能在一个给定

---

① [德]海德格尔:《路标》,孙周兴译,商务印书馆2000年版,第217页。
② [德]海德格尔:《路标》,孙周兴译,商务印书馆2000年版,第220页。

的敞开领域内才有其生存的自由境界,这个敞开领域为人提供了选择的可能性,人不能想揭示什么就揭示什么,而只能揭示存在的天命已经投入敞开领域中去的那些东西。

第四,自由是一个展现的过程。自由"向存在者本身展开自身,并把一切行为置入敞开域中。……自由,本身就是展开着的(aus-setzend)……着眼于真理的本质,自由的本质显示自身为进入存在者之被解蔽状态的展开"①。在其中,存在永远不是一个固定的已经完成了的东西,而是无时无刻不在自由地创造或生成着。

第五,自由是向存在超越的基础。真理不唯一地持守于存在者,也不允许任何主体性的外在的强制性命令,而是使其完满无缺的丰富本质进入到自由的敞开领域中,从而获得本真的存在,让存在者作为如其所是的存在者整体而存在。在其中,存在者在它的真理中得到理解,自我变成了真实的自我,自由变成了一种本真的可能性。

第三节　对科学之"前理论"基调的奠定

人对存在不能以理论的方式把握,而只能以前理论的方式领会或理解。此在生存于对存在的源始而混沌隐晦的理解中,这种理解规定着存在者的存在,但不会形成存在意义的清晰概念。传统的知识论因为关注理性而聚焦于理论认识,无视前理论的东西,将实在对象看作是自然地直接给予科学的。事实上,科学揭示的东西是以先行筹划存在者的前理论为基础的。前理论活动意味着和存在者打交道并据此揭示和解释它们,实在就是这样成为科学理论的课题的。"这个现成的实在(Positum)在某种特定的前科学与存在者的通达和交道方式中是可发现的;在此交道方式中,这一领域的特殊的实际性(Sach-

---

① ［德］海德格尔:《路标》,孙周兴译,商务印书馆 2000 年版,第 217 页。

haltigkeit)和有关存在者的存在方式已经显示出来,也即说,已经在所有理论把握面前显示出来,尽管是不明确地和未经意识地被揭示出来的。"①在科学中,与世界相亲熟的操劳、寻视、概观、领会等前理论的揭示被遮蔽着,这些源始的形态是理论和科学认识发生的生存论—存在论上的基础和源头。科学的对象"是一种已经实存着的对这一存在者的前科学态度的继续推进"②和展开。在科学发生前,其领域的基本概念和构架已经由人对存在做了前理论的体验,为科学研究提供了基本的脉络。科学研究的基础、方法和论证等都取决于这个"先验"的方面,甚至科学的经验都扎根于其中,科学是被建立起来的、非原初的方式。在此,海德格尔以非对象性的方式,为科学提供一种新的构成性解释。

一、前理论的东西及其体验

海德格尔将人们说的"东西"分为"理论的东西"和"前理论的东西",并将它们分别分为两种。

"理论的东西"分为"对象性的形式逻辑的东西"和"客体性质的东西",二者都关联于实在,是理论的"相关项",由理论对象的确定内容所决定,经由初等的普遍性一步步提升到普遍性的顶峰——"一般对象",形成一个由实在裁夺的等级序列,如属和种。"对象性的形式逻辑的东西"是一种"形式理论化的东西",是"形式存在论"的概念,指示着形式科学(形式存在论、形式逻辑、几何学等)的领域,极尽追求"形式的普遍性"之能事,具有理性主义的特质,把握它用的是"形式科学"或者作为本质科学的一般哲学的基本方法。"客体性质的东西"是由人的意识构造的,与"客体化的意识行为"相关,是一种"按照种类的普遍化",具有经验主义的特质,把握它用的是经验科学和经验哲学的基本方法。

---

① 孙周兴选编:《海德格尔选集》(下),上海三联书店 1996 年版,第 735 页。
② [德]海德格尔:《路标》,孙周兴译,商务印书馆 2000 年版,第 55 页。

"前理论的东西"包括"前世界的东西"和"世界性质的东西"。它们不是现成摆着的实在之物，也不是超越于生命之外的虚无之物，而是成为其自身的东西，是生命所具有的倾向，要使之在实际生命的实行处境中发动起来。所以，它们是理论化的科学不能接近的，不能通过某种理论构造出来，不能在理论中发现，而只能纯粹地被直观到，不能加以"把握"，只能"进入"和"通达"。"前世界的东西"指示着原始的存在领域，是原东西，是一般生命的基本要素。"它伸展于生命领域，而在生命领域中，还没有什么东西被差异化……生命的基本特征，向着某个东西生活，进入特定的体验世界活出世界（auswelten）。"①"前理论的东西"以"前世界的东西"为基础，是特定体验领域的基本要素，是"真正的体验世界"，是在真正的实际世界中显现出来的被体验的要素，是"生命之东西"，指示着生命体验领域，即生命世界领域。

海德格尔非常注重"前理论的东西"，为了进一步阐明其原始特征，他详细分析了贯穿其中的"体验"。体验不是物理事件，也不是心理过程，不是物和物化的东西，不被置入实在联系中。体验不以科学意愿为动因，而是质朴而原始地观审、显现事物自身的意义。它是一种前理论的东西，是一种缘于生命当下的惊讶，一种人身处其中的状况，一种以人的生命活力进行的事件。它比任何理论化的行为都原始，虽然表现为人的经验，但体验者并非先验设定的自我和主体，也看不到和自己对立的客体，因而也没有作为对象的事物，只有向着某物的经历。"它属于我的生命，但实际上按其意义来看它已经如此这般地脱离了我，因而是绝对地与自我疏远的（Ich-fern）。"②"我是向之而生、'投身'于其中。这就是说，在这个时候，一种知识（认识）的关系尚未建立起来，还只有一种前理论的关系——不，这里差不多还不能说'关系'，而只应该说一种'状态'，一种'意向性'的状态。……这里所谓的'观审'（Hinschau）却是

---

① 孙周兴编译：《形式显示的现象学》，同济大学出版社2004年版，第18页。
② 孙周兴编译：《形式显示的现象学》，同济大学出版社2004年版，第7页。

前理论的、非设定的、非知识学的。"①"我观看：它活着(es lebt)，而且进一步，它向某个东西活着，这种'向……生活'(Leben auf hin)乃是一种'向着东西的追问着的生活'"②，在其中，只有一种向着东西的生命。由此，海德格尔试图突破理论的局限，深入到前理论的层面，显示实际的生命处境。

伴随着当下本己的此在一道回响的体验所展现的前理论的东西是直接从"周围世界"中向此在给出的，本质上是"前世界的东西"，还没有真正的世界性特征，还没有进入一个特定的领域，因而不是客体性的存在者，"不是具有某种确定的意义特征的物件、对象，此外还被把握为有这样那样意蕴的，而不如说，意蕴(das Bedeutsame)乃是原初的东西，是直接给予我的，并没有通过一种实事把握(Sacherfassen)而造成的任何思想上的拐弯抹角。在一个周围世界中生活，对我来说处处时时都是有意义的，一切都是世界性的，'它世界化'"③。"如果我在如此这般向它观看之际理解它，那么我就没有把它理解为过程、实物、客体，而是把它理解为一个完全新颖的东西，一个发生事件。"④在周围世界的体验中，既没有诸如实在之类的东西，也没有给予性的意识，它"并不意味着是'生活过程的绝对中断……并不是对可体验的东西的理论性的固定化或冷却'，而是'生活的最高度的潜在性的线索标记'"⑤。总之，被体验的东西不是概念，它和生命及其趋向的动因化过程相同一，是从生命本身的角度被看待的。

在海德格尔看来，理论的东西以前理论的东西、真正的体验世界为基础："客体性质的东西"奠基于"世界性质的东西"；"对象性的形式逻辑的东西"则起源于"前世界的东西"。"前理论的、前世界的'东西'，本身乃是一般对象

---

① 孙周兴编译：《形式显示的现象学》，同济大学出版社2004年版，"编者前言"第2页。

② 孙周兴编译：《形式显示的现象学》，同济大学出版社2004年版，第4页。

③ 孙周兴编译：《形式显示的现象学》，同济大学出版社2004年版，第10页。

④ 孙周兴编译：《形式显示的现象学》，同济大学出版社2004年版，第13页。

⑤ ［德］吕迪格尔·萨弗兰斯基：《海德格尔传——来自德国的大师》，靳希平译，商务印书馆1999年版，第145页。

性的形式逻辑的东西的基本动因。它的普遍性植根于前理论的源始东西(Ur-etwas)的普遍性。"①至于前理论的东西本身,即"一般生命",则是以自身即生命本身为动因的。和胡塞尔意识行为的奠基不同,在海德格尔这里,前理论的东西不是意识,而变成"东西","东西"的空灵性使之可以逃脱被理论化的命运。所以,非客体化的、前理论的生命体验不仅没有被剥离掉,还是客体化的、理论化的脱弃生命的东西的奠基动因。由此,我们可以清晰地看到从最源始的前理论的东西出发的构造历程:前理论、前世界的"原东西"以非理论的方式构造出前理论的"世界性的东西",并以理论的方式构造出理论的"对象性的形式逻辑的东西",前理论的"世界性的东西"以理论的方式构造出理论的"客体性的东西"。

进一步说,前理论的东西孕育了客体性的认知,并最终导向了科学。科学自始就隐含在前理论中,即居于生命的领域。"何以一门科学可以在此基础上建立起来呢? 科学乃是认识;认识有客体、对象。科学有所确定,客观地确定。……不得不解除它们的非客体性质的体验特征和发生事件特征。"②"向某个东西活着"中"向"的方式具有各种可能性,周围世界时刻将自始从新的方面和倾向展现出来。正是基于此,相应的科学才产生。如当周围世界被指向生物并被作为对象进行考察时,生物学就产生了。理论是通过对周围世界体验"去生命化"进行的抽象,使周围世界遭到理论的污染,从而掩盖了前理论的体验。当"把一般可体验之物把握为'东西',这又已经是理论化了"③。"而这个一般东西并不世界化。世界性的东西在此被消灭了,如果我们把一切可能的周围世界性的东西都把握为一般东西的话。"④"对象性的东西、被认识的东西,本身是疏远的,是从本真的体验中被提取出来的……这样一种

---

① 孙周兴编译:《形式显示的现象学》,同济大学出版社2004年版,第18页。
② 孙周兴编译:《形式显示的现象学》,同济大学出版社2004年版,第14页。
③ 孙周兴编译:《形式显示的现象学》,同济大学出版社2004年版,第18页。
④ 孙周兴编译:《形式显示的现象学》,同济大学出版社2004年版,第11页。

苍白无力的、被还原到体验之低限的自我关涉状态……仅仅而且恰恰在认识中,亦即在理论行为中为理论自我给出自身。在理论性行为中,我定向于某个东西,但我并不(作为理论自我)向这个或者那个世界性的东西而生。"①"我们让基本的意蕴、周围世界性的东西、经历体验性的内容消逝了,让一个东西一直脱得一丝不挂,成为对象性为止,以便使我们自己从其中抽身出来形成为一个自我,建立成为人为造成的、第二性的自我,并给它冠以'一体'的名分,使它同相关的中立性的'对象'(它被称之为'客体')相对立。"②在理论的对象化中,世界中事物的意义被丢弃,最终跌出了直接的存在。这种理论做法根本看不到前理论的东西,使其成为静止的、无处境的、无世界的抽象物。

海德格尔的上述思想颠覆了理论的优先地位,他认为,人们直接获得的源始经验是周围世界的体验,而非感觉印象及其与知性范畴的结合。它的重要意义在于强调周围世界的体验相对于理论的原初性,而这点却一直被科学排除在外。事实上,在对"周围世界的体验"中,理论的立场只是例外。理论的对象是实在世界,其产生源于周围世界的体验。吕迪格尔·萨弗兰斯基说,海德格尔要发现一个在区分、分化以前的新领域,要探讨"在我们对现实作科学的处理或价值处理或世界观处理之前,我们是如何体验现实的"③。

二、操劳及其用具

海德格尔所说的前理论的东西是通过"操劳"展现的"用具",他由此批判表象主义的立场,追问理论发生的源始基础。在他看来,此在与自身最基本的关系不是自我意识,而是操心;此在在世"最切近的交往方式并非一味地进行

① 孙周兴编译:《形式显示的现象学》,同济大学出版社2004年版,第12页。
② [德]吕迪格尔·萨弗兰斯基:《海德格尔传——来自德国的大师》,靳希平译,商务印书馆1999年版,第134页。
③ [德]吕迪格尔·萨弗兰斯基:《海德格尔传——来自德国的大师》,靳希平译,商务印书馆1999年版,第130页。

知觉的认识,而是操作着的、使用着的操劳"①,其生存的基本内容、源始样式不是单纯的理论认识,不是对事物进行科学的静观和沉思,而是前理论的源始观照,是沉溺、融身其中而关注事物的操作和使用,对事物的理解不是通过观察研究而是由使用达到的,使用展示对事物之用具本质的知。所以,此在最初关心的不是知识,而是行动,事物首先显现为进行操劳之际可资使用的用具,而非理论认识的对象。在理论的主导下,对世界的理论认识被看作一切活动的依据,这其实只是一种错觉。此在在世源始地与存在者打交道的前理论的操劳对事物的认识比理论更深刻,是科学理论产生所必需的生存论前提,就现成事物的理论去认知世界是操劳的一种特殊方式。科学理论植根于操劳中,是此在以特定方式与存在者打交道的产物,是操劳着的前理论活动的退变样式,其特征普遍性、平均性、客观性、无限性及可重复性等皆源于此。海德格尔对科学的说明包含着本体论上决定性的转变,即从与用具打交道的存在到把用具看作实在的转变。

具体而言,操劳具有先于科学的存在论含义,标识着此在的可能存在样式,如和某物打交道,制作某物,安排照料某物,运用某物,抛弃或浪费某物,另外,还有追问、规定、探查、谈论、拒绝和苟安等。操劳具有源始性,是此在首要的存在方式,先于此在的任何实际行为和状况并是它们的基础,此在本身、自我、意识、主体、客体、理论、实践等都是在操劳的展开中出现的。操劳具有揭示作用,但它着眼于存在,有着与理论和科学知识全然不同的"知识",它将意义赋予存在者,使其及被牵涉的其他存在者和世界在不同程度和深度上揭示出来。在操劳中,此在和存在者的原初关系并非冰冷的我物关系,并非将存在者作为拷问和探究的对象,并非对其属性做静态的认识,而是关切和照料的关系,表现为遭遇状态,将存在者视为就有用、合用性而言的活生生的东西,其存

① ［德］海德格尔:《存在与时间》(修订译本),陈嘉映、王庆节合译,生活·读书·新知三联书店 2006 年版,第 79 页。

在如被制造和使用由以通达。

即存在者原初地是在操劳活动中和人照面并显现自身的,其存在的意义并非在于实在性,而在于用途,存在者被使用决定了其所是,决定了对其是此物而非彼物的理解。在操劳中,存在者被揭示为用具,用具是其先行开放的意义,同用具的打交道方式"并不把这个存在者当成摆在那里的物进行专题把握,这种使用也根本不晓得用具的结构本身"①。对用具的理解是非对象和前理论的,内在地隐含于此在对它的操劳中。操劳活动对用具最根本的理解方式是"上手性"。上手事物并不显现为各种属性和特征,不能被看作摆在某处的东西而以"理论的"观察进行揭示,而是通过在"实践上"使用着、操作着而揭示。

用具不是单独的、和别的东西毫无联系的东西,其存在总是归属于用具整体,而后者并非由用具的累积而达到。用具本质上是一种"为了作……"的东西,"为了作……"使用具具有指引性,使其指向自身用途所在和自身由以构成的东西,指向其他用具,揭示相关用具的存在,形成相互指引联系即因缘。"因缘的何所缘,就是效用与合用的何所用。"②这些因缘在"为了作……"的指引勾连中将用具构成整体。因缘整体先于个别用具而被揭示出来,是用具上手和开展的先决条件和根据,此在在操劳中同样是首先了解因缘整体后才了解其中的用具的。因此,在本性上,用具之间密不可分。进一步说,具有因缘的存在者被操劳着的此在揭示出来,进入上手状态并在这种存在中照面,即"结缘"。因缘网络最终都指向此在,"导向此在的存在本身,导向这样一种本真的、唯一的'为何之故'"③,存在者都与此在结缘。结缘把存在者向因缘整

① [德]海德格尔:《存在与时间》(修订译本),陈嘉映、王庆节合译,生活·读书·新知三联书店2006年版,第81页。
② [德]海德格尔:《存在与时间》(修订译本),陈嘉映、王庆节合译,生活·读书·新知三联书店2006年版,第98页。
③ [德]海德格尔:《存在与时间》(修订译本),陈嘉映、王庆节合译,生活·读书·新知三联书店2006年版,第99页。

体方面开放出来,使其在此在的使用中被赋予意义而联结为意蕴整体——世界的结构。世界由此在的操劳组建为由用具构成的周围世界,周围世界随着操劳的变化而变化,但都具有相同的组建结构——意蕴整体,它使世界成其所是。随着被揭示的周围世界来照面的是具有"为了作……"的自然,它源初地显现在和用具的关联中,在用具的使用中被指引出来,山、水、植物和动物等都是操劳之用具的效用上被看待的。换言之,通过操劳,在用具之何所用和质料的指引下,上手事物越出制造物,扩展到自然,自然被一起呈现和揭示出来。所以,自然不是原初被揭示为现成的客体,而是显现为具有因缘关系的天然的上手事物。这样,通过用具的使用,不仅可以揭示其他用具的存在,还可以揭示与此在相关的他物以至世界的存在。此外,随用具一起照面的还有此在式的存在者,如用具的承用者、用具材料的制造者或供应者。用具的使用者生活于其中的公众世界也随之照面,因此,用具也在公众世界中上手,可被一切人通达。

　　用具通常是不突出的,总是消融于其合用性,漫失于指引网络。对事物越少刻意静观,越专注而投入地使用它,用得越顺手,和它的关系就越源始,其本性就越显现出来,越成为其本身所是的东西,越能贴切地理解由其构成的世界。所以,操劳中的事物只有抽身而去才有其本真存在,只有处于使用的上手状态才能守身自在。当用具出现故障,使用活动被打断,发生不合用,上手状态缺失,原本融于操劳活动和因缘整体中而不触目的用具凸显出来,呈报出用具的不上手状态,展现出其现成在手性。但是,现成状态的显现是要修理和校正不合用的用具或找替代物,以便回到上手状态。因此,处于现成状态的不合用的用具绝非被摆置在某处的东西,而是仍然保有上手性。除了不合用的用具,操劳还会发现根本短缺的用具,揭示出不称手且根本没有上到手头的东西。当这些用具本应在场却不在场时,别的在场而上手的用具就显得窘迫而突出。人们越是需要所缺乏的东西,它就越是在不上手状态中显现,于是,上手的东西失去上手性,展现为现成在手的存在。操劳还可能碰上上手、不缺乏但阻碍着操劳活动的用具,这种腻味之处使上手东西的在手状态以现成摆在眼前要求去完成的方式展现出来。所有这些样式都具有一种功能:在上手的东西那里把在手性质展现出来。

实在即由此而来。实在源始地是作为交织在周围世界的意蕴整体中的用具被揭示的,外部世界问题产生的原因在于,现成状态成为理解一切存在的核心方式。上手事物脱离并失去其意蕴整体,与意义世界不再关联,不再是人们在周围世界中遭遇的东西,被理论知识的客体取代,成为和此在无关的理论的物质。即周围世界的境域发生了转换,被剪掉了实际的参与,其存在方式被过滤、截割、整平和去意义而残留下毫无意蕴的实在,被理解为眼前存在者的集合,并将其作为现成的对象而着眼于其属性去表象;相应地,此在只残留下作为实在之对应物的主体,同样是实在的眼前存在。于是,存在就获得实在的意义,存在之根本规定变成实在性,实在概念在存在论中获得优先性,此在和世界被理解为两种实在之间的关系,源始统一的关系更替为主客对立的关系,理论的此在不再从操劳使用的视域理解存在者,其注意力转向对现成事物的纯粹观察,对周围世界的体验变成对实在的认识。总之,从前理论活动到科学理论活动的演化有一个过程:由操劳使用事物转向陈述对象的属性。即从操劳中抽象出用具,再进一步抽象出其属性,去专题地揭示。这样,此在的操劳活动就敞开、建构了一条由当下上手的事物通向现成事物的道路,对存在者源始的"为了作……"的理解转向对存在者属性及结构的认识,为理论的揭示奠定了基础,使科学初步成为可能。

三、看事物的"视"之方式

海德格尔认为,科学的纯粹观察并不具有优先地位,比科学观察更源始的看的方式是"视"。这里的"视"对应于此在的展开状态,它并非指用肉眼去感觉,并非对某物的外观进行凝视,亦非以理性去知觉,绝非非感性地把握现成事物,而是对应于敞开状态,是让此在能够通达的事物毫无掩蔽地前来照面。

也就是说,操劳使用有自己的源始的"认识"及其"视",科学观察源于这种"视"。即此在和上手事物充分地照面,是存在论上的前理论的、非对象性的"看",是不能通过理论的"看"即观察加以把握的,理论的看隐含于其中。

海德格尔指出:"使用着操作着打交道不是盲目的,它有自己的视之方式,这种视之方式引导着操作,并使操作具有自己特殊的把握。……这样一种顺应于事的视乃是寻视。"①操劳着的寻视没有主客二分,仅专注于使用,是此在对自身周围的事物之存在方式的看,处于上手事物的指引联络中,是事物作为用具在世界中照面的先决条件。一切事物都向寻视展开自身,通过寻视,事物的"为了作……"才显现出来。即使在触目、窘迫、腻味等用具指引联络的中断中,事物也因寻视而变得醒目,唤起各个"为了作……"的指引,使各个所用本身映入眼帘,也使操劳一直逗留于其间的场所映入眼帘。"日常交往的上手事物具有切近的性质。……这个近由寻视'有所计较的'操作与使用得到调节。"②当上手时,用具就切近;当在场化时,不在场的东西也会切近,于是,事先已不断视见的世界之整体亮相而呈报出来。

进一步说,寻视处于概观的领导下,由概观引导。概观并非对大量上手的用具加以把握并整理和汇集而形成认识,它是对用具指引网络及与其相属的此在的周围世界的意蕴整体的"看","概观中本质的东西是对因缘整体性的原本领会;而实际操劳每次都是从这因缘整体性之内着手的"③。从更深刻透彻的层面看,概观是存在者显现为上手用具的条件,是对存在者整体的前理论的理解,展现了此在所操劳的事物处于其中的纷然杂陈、错综复杂的全貌。这种概观是更加源始而混沌的"看"。概观使和此在相隔有间的上手事物趋于

① ［德］海德格尔:《存在与时间》(修订译本),陈嘉映、王庆节合译,生活·读书·新知三联书店 2006 年版,第 82 页。

② ［德］海德格尔:《存在与时间》(修订译本),陈嘉映、王庆节合译,生活·读书·新知三联书店 2006 年版,第 119 页。

③ ［德］海德格尔:《存在与时间》(修订译本),陈嘉映、王庆节合译,生活·读书·新知三联书店 2006 年版,第 407 页。

此在"眼前",从而更为切近此在,并解释其所视的方式,这种活动叫作考虑。"考虑所特有的格式是如果—那么"①,表明的是行为,展现的是此在在操劳使用时的具体操作,例如,如果要制作某物,那么就需要相应的材料与手段等。考虑将在世界中的存在者引入其关注的领域而操作,不会对存在者的现成性加以确定。但是,考虑"把周围世界带近前来,这具有当前化的生存论意义"②,而当前化的样式之一则是再现。再现的考虑绝非纯粹的表象,亦非述谓性的陈述,它与当前化的格式相适应,径直去视那些必需的、然而还不在场或尚未上手的东西,从而将其带向所视的领域近前,使此在所处的当下境遇敞开,切近那一向已经展现出来的因缘关系,让照面者在有所期备的居持的当前化中显现,前理论地表达某物的何所用。此在之所以能够考虑,原因在于,操劳使用一向对周围世界的因缘指引有一种"概观"。当然,考虑的功能是以"让某种东西缘之结缘的那种东西作为那种东西被寻视看见"③的方式,使概观明确化为操劳使用的因缘关系,把用具之间的因缘联络整理出来,使之趋于清晰;随之,周围世界也趋于清晰,此在了然获知其当下所操劳的世界的境遇,明确地组建周围世界。

另外,在海德格尔看来,在和事物打交道时,此在预先已经对周围世界有了一种理解,这种理解叫作"环视"。此在在其指导下和事物进行各种各样的交道,并由此加深或扩展对事物的理解。和人打交道的视之方式是"顾视"和"顾惜",反之则是不管不顾和熟视无睹。而整体地和生存相关的视则是"透视",通过它,此在从在世的一切本质环节去领会自己在世的整个展开状态,并让某个存在者无所掩蔽地前来照面,让这个存在者成为可通达的,从而和通

① [德]海德格尔:《存在与时间》(修订译本),陈嘉映、王庆节合译,生活·读书·新知三联书店 2006 年版,第 407 页。
② [德]海德格尔:《存在与时间》(修订译本),陈嘉映、王庆节合译,生活·读书·新知三联书店 2006 年版,第 408 页。
③ [德]海德格尔:《存在与时间》(修订译本),陈嘉映、王庆节合译,生活·读书·新知三联书店 2006 年版,第 409 页。

常理解的通过肉眼感觉和非感性地知觉现成事物以及静观自己获得的"自我认识"区别开来。这些视之方式都随同操劳寻视一同照面。

当操劳活动出现断裂,操劳者从生产、制作等活动中抽身歇业,放弃对存在者的所有操作和使用之际,事物便刺眼而醒目。"只有基于这种向着世界的存在方式,并且作为这种存在方式的一种样式,才可能以明确的形式'观察'如此这般照面的存在者。这种观察总已选定了某种特定的方向去观望某种东西,总已瞄准了某种现成的东西。它先就从照面的存在者那里取得一种'着眼点'。这种观望自行进入一种样式:独立持留于世界内的存在者。在如此这般发生的'滞留'中——这种'滞留'乃是对所有操作和利用的放弃——发生对现成东西的知觉。知觉的完成方式是把某某东西看作某种东西,把它作为某种东西来谈论。"①上手状态的中断为知觉的观察提供了视角,知觉从特定的立场出发对存在者予以规定。但知觉并非主体保存于自身"内"的关于客体的表象,而是在世存在的方式。所以,此在的操劳活动"从用具的使用抽身,这还远不已经是'理论'"②,寻视依然完全滞留于操劳使用的上手事物中。这时,此在虽然对事物的性质产生了意识,却仍旧立足其所指引的因缘整体进行理解,仍旧属于和世界打交道的存在方式,只是这些事物以"外"于此在的非本真的方式在世界中展现,因而并非持完全的理论态度,如此形成的认识也非真正的理论,而首先是一种日常认识,如古代科学,依然密切关联于源始的认识。

但是,操作的中断会导致此在从对上手事物的寻视转变为对现成事物的单纯观察;用具由原初的使用状态到后来的被观察状态这一转变会终结源始的视,使理论的看崭露头角。"对实事领域的界说,以及对适合于存在

① [德]海德格尔:《存在与时间》(修订译本),陈嘉映、王庆节合译,生活·读书·新知三联书店2006年版,第72页。
② [德]海德格尔:《存在与时间》(修订译本),陈嘉映、王庆节合译,生活·读书·新知三联书店2006年版,第406页。

者的概念方式的草描,所属于上述筹划活动的整体。我们把这一整体称为专题化。"①上手事物不会通过寻视形成理论的专题,一切都对寻视保持为非专题的,现成事物的专题化源于寻视的转变。当寻视"反顾"所打交道的上手事物,翻检本已晓畅的用具,综观停息的操劳使用,对事物进行纯粹的观看,试图找到发生障碍的根由,打破用具的指引联络而着眼于用具的观察时,就会生发出理论态度。但是,这并不表明放弃了对用具的操作,而是表明对作为用具的事物的"看"的方式变了。理论活动是非寻视的单纯观看,有自己的方法、规范和规则。这种被科学定为通达事物的首要方式的"看"是由"视"派生的,它是"视"的形式化,用以描述一切通达事物的途径。"周围世界的存在者根本就消其囿限了,现成事物的全体成为课题。"②换句话说,在前理论的视中,此在从对存在领域的经验中清理出事质领域及其基本结构,使这些领域成为科学研究的对象,而其基本结构则成为科学的基本概念,为科学研究提供了视域。之后,基本概念不断发展,各门科学的领域和根据遭到限制,其所划定的东西随之专题化。科学专题化追求的并非对事物的操作和使用,而是研究其本质、规律和功能等。这时,事物就仅仅以纯粹外观的形式显现和照面,成为注意的中心,对其"观察式的规定性认识成为可能"③。即操劳者停留于这一现成事物,以一种确定的方式面向它,将视线投向它,特意将其作为对象做纯粹观察,对其存在展开研究,于是,关于这种事物性质的认识得以进行。至此,人们便将事物和源始认识的关联悉数切除,将对事物的源始之视完全丢开,转换了视之方式,不再在用具整体的视域中看待事物,而转向对实在的限定性的看之中,关注的只是科学研究的理想对象,对其予以理论的观察。而理论的观

---

① [德]海德格尔:《存在与时间》(修订译本),陈嘉映、王庆节合译,生活·读书·新知三联书店 2006 年版,第 412 页。

② [德]海德格尔:《存在与时间》(修订译本),陈嘉映、王庆节合译,生活·读书·新知三联书店 2006 年版,第 411 页。

③ [德]海德格尔:《存在与时间》(修订译本),陈嘉映、王庆节合译,生活·读书·新知三联书店 2006 年版,第 72 页。

察不管多么敏锐,都欠缺一种眼光,不能展现或揭示上手的事物。"这一描述弄清楚了从寻视操劳到理论揭示这一转折的此在式的处境。"①

四、情绪——现身和领会

海德格尔认为,在理论认识发生之前,此在还有源始而基本的生存方式"现身"和"领会"。现身表明的是此在"此情此景的切身感受状态"以及此在在这种状态中"展现出自身"的状况,它可以从存在者层次上理解为日常的"情绪"。领会是此在从生存论出发对在世界中的事物的理解,也主要表现为"情绪性",无关乎理论。

1. 现身

第一,现身是对此在之被抛状态的开展。在情绪中,在此在的现身中,此在作为一个独特的存在者展现出来。此在只要生存着,就作为赤裸裸的"它在且不得不在"展现出来,即此时展现出的是此在纯粹的"它存在着"这一情形。但"它存在着"这一情形并不是摆在那里、可以由静观的认识活动通达的具有实在性、现成性的状态,它具有的是以在世这一方式存在的存在者的生存论规定性。"在现身情态中此在总已被带到它自己面前来了,它总已经发现了它自己,不是那种有所感知地发现自己摆在眼前,而是带有情绪的自己现身。"②海德格尔强调,不能将展开的东西和认识、知道、相信的东西相混淆,其"明白确凿"是不能用关于现成事物的理性认识的确定性来衡量的。③ 在这里,此在展现出的不是传统所理解并加以肯定的理性的存在,而是其生存状

---

① ［德］海德格尔:《存在与时间》(修订译本),陈嘉映、王庆节合译,生活·读书·新知三联书店 2006 年版,第 409 页。

② ［德］海德格尔:《存在与时间》(修订译本),陈嘉映、王庆节合译,生活·读书·新知三联书店 2006 年版,第 158 页。

③ 参见［德］海德格尔:《存在与时间》(修订译本),陈嘉映、王庆节合译,生活·读书·新知三联书店 2006 年版,第 159 页。

况。同样,现身情态也不能理解为非理性的东西。虽然知识和意志在此在生存活动的某些方式上具有优先地位,但这并不能否定情绪是此在源始的存在方式,现身情态是认识得以可能的开展的源始条件。

第二,现身是对此在之整个在世的当下开展。海德格尔认为,情绪对此在的开展更源始,但是,情绪也比任何不感知对此在之此封锁得更顽固。如当此在情绪沮丧时,对自己的存在熟视无睹,其操劳所及的周围世界也被遮蔽起来,操劳的寻视此时就会走上歧途。现身的情绪是作为在世的方式从在世本身中升起来的,因而既不是对外在事物的反映,也不是对内在心灵的反省。要洞见现身的开展性质,就要看到,情绪是将在世作为整体而展开的。因此,情绪不能从内外之分的角度去理解,它本身就是一个整体,并在当下展现出在世的整体。

第三,现身让世界内的存在者前来照面,从存在论上组建此在的世界的敞开状态。在世界内的东西的展开状态是由现身参与规定的,此在寻视着操劳着让某物来照面具有牵连的性质,牵连的状态是以现身为基础的,现身中有一种展现着指向世界的状态,发生牵连的东西是从这种指派状态方面来照面的。作为现身的存在方式,感官在其中受到触动,对世内存在者产生感觉而使存在者在其感触中显现出来。在源始的开展着的现身的基础上,日常寻视广泛地产生误差和错觉。这种情况在存在论上具有积极的性质,在其中,人们不是从理论上将世界看作具有齐一性的现成东西,而是依照情绪把世内事物看作不恒定的、闪烁的,这样,上手事物就显现出其独特的世界性,世界就显现为不断生成变化的东西。

如果此在在操劳中能够强化其固有的基本情绪,诸如“畏”和惊讶等,他就有可能从日常的非本真状态出发,追求一种可能的本真生存,并呈现出存在的源始意义。然而,此在却任其基本情绪退化而成为日常情绪(比如怕和好奇等),构造日常的认识。比如,好奇即无所逗留地、永不满足地进行知觉活动,甚至这种知觉本身就成为日常此在所操心的对象。

2. 领会

领会是此在与存在照面所获得的天然的"理解",这种理解不是一种知识。人们经常在存在者层次上表达自己或他人对某事"有所领会",其含义是"有能力处理某事""胜任某事""会做某事",这里的所能者是一种附加了能够做某事的能力的现成存在者。源始的领会是此在的生存论环节,此在只要存在着,就对存在有所领会,无论明确还是含混。"这样强调对存在的领会,却并不是说人必须对存在有一种明确的认识始会有所行动。人的一切行动本已包含着存在之领会。人首先在他的行动之中而非首先在理论知识中领会存在。……行动[Aktion]之有别于反应[Reaktion],即在于其中包含着对存在的领会。"①这样的领会是此在之为能在的存在方式,是有所揭示的能在,是此在存在的一种基本样式,而不是各种可能的认识方式之一,对现成事物的纯粹观察中首先有着对它的先行领会,作为认识方式的领会是那种共同构成此之在的源始的领会在生存论上的衍生物。

作为一种能在的揭示活动,领会本身具有各种可能性。领会首先致力于世界的揭示状态,将世界作为可能的意义整体加以揭示,使世内的存在者也向着自己的可能性展现,不管是上手事物,还是意义整体,或者各种现成事物及其统一体自然,都要按照其可能性的展开得到揭示。当人们将非此在式的存在者向着其可能性揭示的时候,就领会了这些存在者的存在。领会总是深入到各种存在者的可能性之中,因为领会本身具有筹划这一生存论的结构。其次,领会总是和此在在世的整个揭示状态相关,实际上就是生存论意义上的整体筹划。它使自身投入到"为了某种目的"之中,将此在的存在向着其"为了某种目的"加以筹划,将此在的存在向着此在当下的作为意义整体的世界加以筹划。领会的筹划性质指的是,领会本身并不将其向之筹划的可能性作为

---

① 陈嘉映:《海德格尔哲学概论》,生活·读书·新知三联书店1995年版,第59页。

一个具体的存在者来把握,否则就会取消所筹划之事的可能性质,将其降低为一种具有给定内容的东西,相反,领会作为筹划,在被抛中面向的始终是具有生成性的可能性本身。和通常人们将此在看作现成事物的看法相比,在这种以领会着筹划的生存论为基础组建起来的存在方式中,此在本身比它作为现成存在者所是的东西具有更丰富的内容,它能够不断地展现自身。此在既可以本真地领会,也可以非本真地领会,但这两种领会都是对在世的存在的领会,都可能是真实的,也都可能是不真实的。在这两种领会的基本可能性中,一种并不排斥另一种。理论只是从对象中表象那些事先筹划好的东西。

通过现身和领会,海德格尔强调情绪的重要地位和作用。他批判传统哲学对情绪的贬低,认为情绪绝不是毫无意义的东西,而是贯穿于此在的在世,它使得"某人觉得如何"即他的切身感受公开出来,将此在的存在带进他的"此"。纯粹的理论不能脱离情绪,情绪源始地开展着此在、世界和事物,并优先于理性认识,比认识的各种开展的可能性都更深刻。

第二章　科学的本质

　　罗吉尔·培根最早提出关于科学的本质的观点,把科学看作推理和经验的累加。海德格尔认为,科学的"本质"问题所关切的不单单是科学之"是什么",还有科学在如何实现和表现自身中成其所是的独有方式,因为"科学……历史性地建立在一种确定地存在解释的当下支配地位上。"①他探究现代科学的本质,对科学的异化进行批判,重建科学的意义,提出科学本身就是存在之澄明——去蔽和遮蔽的相互作用,认为事物在其中展现自己并形成真理和虚假的关系,主张只有立足于存在的真理,才能把握科学的本质。

第一节　现代科学的本质

　　海德格尔关于现代科学本质的重要界说主要有:科学是关于实在的理论、科学是认识和实在的符合、科学的本质是研究、科学的本质是技术。这些界说分别基于不同的着眼点及情境,各有侧重,又内在地密切联系在一起,在核心内容与思维方式上是同一的,其中贯穿着海德格尔的基本看法——"现代科学是对对象领域的先验筹划"是现代科学具有决定性作用的特征。

---

　　① 〔德〕海德格尔:《尼采》(上卷),孙周兴译,商务印书馆2003年版,第511页。

一、科学是关于实在①的理论

按照海德格尔的观点,科学中存在着一种完全异于人之纯粹求知本性的东西即"理论",它总揽着一切具体科学,使科学在本质上成为"关于实在的理论"②。

海德格尔认为,在德语中,"实在"是 das Wirkleche,它和动词"作用"即 wirken 具有同样的词根,"实在就是起作用者、被作用者,即:进入在场之中而产出者和被产出者"。"'作用'意味着'作为'"③"行",就种类而言,包括自然生发和人工制作等方式。在古希腊,作用虽然也指人的活动或和人有关的行为与活动,但首要的、确切的含义是和人无关的自然的活动,指自然和天体等的运行,而非现代日益膨胀的主体的行动。具体而言,作用的源始意义是"自然状态",并不指"人的活动",意指"设置",自然的生长、运作和驾驭都是设置意义上的作用,因此,从原初含义来说,自然和作为、设置是同一的,指的是由自身产生、展现某物。所以,"起作用"就是"生成",是"带进在场之中",而"起作用者"则就是在场者进入在场的一种方式。"亚里士多德把本真在场者的在场状态称为ἐνέργεια[实现],或者也把它称为ἐντελέχεια[隐德莱希]:保持在完成(即在场之完成)中。"④它们和"能"或"能力"(Energie)密切相关,代表的是一种作用资质。相应地,"实在"是指进入在场的产生、自身产生者的完善在场,就是起作用者或作用出来的东西即"作品"。作品是真正的、最高意义上的到场者,其根本特性是让事物进入到敞开领域中,而非"原因"和"结果"。由此,一切事物就都是作为起作用者(产出者)和被作用者

---

① 也被译为"现实"或"现实之物"。

② Heidegger, *Vorträge und Aufsätze*, Frankfurt am Main: Vittorio Klostermann GmbH, 2000, p.40.

③ [德]海德格尔:《演讲与论文集》,孙周兴译,生活·读书·新知三联书店 2005 年版,第42 页。

④ [德]海德格尔:《演讲与论文集》,孙周兴译,生活·读书·新知三联书店 2005 年版,第44 页。

（被产出者）而存在的，意味着进入在场的存在者、自行到场，是自然的涌现。简言之，设置、作用及实在物与自然同义，它和自然的对立是后来才发生的。

　　经过历史的演变，"作用"渐渐失去其本来的意义，在亚里士多德那里变窄，"实在之物"的含义也因之而发生了变化，即被产生者显现为由于操作而生成的事物，也就是说，它起始于行动，也终结于行动，不过，其原始的含义并未完全隐没。实在之物成为人的活动产物这一转折始于罗马人的曲解。在罗马人那里，作用日益取得了人的"行动"和"操作"的意义，实在物进入在场作为到场者或"作品"显现为由人的操作和行动形成的被产生者，不但和自然相分离，不再统一，还和自然相对立。具体而言，由于人们总是按照"制作"来规定存在者领域，人工就日益挤占自然的地盘，乃至自然也被赋予了人工的因素，致使"作用"逐渐变得狭隘，具有了和原初完全不同的含义，"指人的活动……指行为（Aktion）和行动（Agieren）意义上的活动"①。"起作用"变成了施行过程中的限定性设置，于是，被作用之物就显现为通过行动出现的东西，显现为从一种操作中得出的成果，表现为一个在"制作"中被凸显出来的东西，实在就被这样的制作物充斥着。在这里，"作用"表现的是实际的效用，意味着取得成果、效果，而"实在"不再是源始的在场者，转化为由人掌控的被动的"操作之物"。也就是说，"实在"原本是自在自足的显现之物，无需外求，却被以"主体"强加于身，成为只有通过人的操作才能获得其存在的东西。

　　这导致了科学的"实在"概念：在结果意义上，起作用者展现为被设置的、保持自身确定性的可靠事实，存在于相互作用的因果网络中。"科学调节（stellen）着实在之物。它使实在之物自身在各种情况下各自展示为受作用物，即展示在被设定的原因所造成的各种可预测的结果之中的受作用物。实在之物在其对置性中被确定了。由此产生出对象的区域，科学的观察可以以

---

① ［德］海德格尔：《演讲与论文集》，孙周兴译，生活·读书·新知三联书店2005年版，第42页。

它的方式来追踪这些对象。"①"在场者现在展现在成功中。成功表明,在场者通过成功而达到了一个可靠的状态(Stand),并作为这种状态而遭遇。实在之物现在表现为对象(Gengen-Stand)。"②这种情况在现代愈演愈烈。科学依照对置性并在对置性中对实在之物加以规定。那么,具体来说,在场者是怎样展现出其对置性,进而成为表象的对象的呢? 海德格尔继续追根溯源,认为这要归因于人们对"理论"一词的理解。

"理论"(die Theorie)可以追溯到古希腊语中的动词 θεωρεῖν(观审)及其名词 θεωρία(知识、理论、观审),指的是专注地观看在场者所展现出的外貌、外形。"动词 θεωρεῖν[观审]由两个词干组成:θέα 和 ὁράω。θέα(可比较Theater,即'戏剧')是指某物在其中显示自身的外貌、外观,某物在其中展示自身的外形。柏拉图把在场者在其中表明自身所是的存在状态命名为 εῖδος(爱多斯、外观)。看到了这个外观,亦即 εἰδέναι,就是知识(Wissen)。θεωρεῖν[观审]的第二个词干 ὁράω 意味着:注视某物,察看某物、观看某物。由此可见,θεωρεῖν[观审]就是 θέαν ὁρᾶν,即注视在场者于其中显现的那个外观,并且通过这样一种视看(Sicht)观看着逗留在这个在场者那里。"③作为一种思想的纯粹形态,这种观审的生活方式区别于进行行动和生产的实践的生活方式,从理论中获得关于自身的规定,并全身心地投入到理论中,它将在场者的在场带向觉知,是纯粹求知的方式,希腊人将其看作最高的生活方式。θέα 在古希腊还有"女神"之意,巴门尼德所说的"真理"女神就是 θέα,而 ὁράω则指的是爱惜和人们所给予的尊重和景仰之意。所以,"理论"一词在早期希腊语那里是指留意地、高贵地观看在场者的外貌,是"对真理的守护"或对在场者的看护,包含着对在场者的敬重。

---

① [德]海德格尔:《尼采》(下卷),孙周兴译,商务印书馆 2003 年版,第 966 页。
② 孙周兴选编:《海德格尔选集》(下),上海三联书店 1996 年版,第 961 页。
③ [德]海德格尔:《演讲与论文集》,孙周兴译,生活·读书·新知三联书店 2005 年版,第46—47 页。

"理论"后来演变为分割式的观看和加工式、追索式的观察,人为的干涉性行动参与其中,在罗马人那里被称为 contemplatio,"意味着:把某物划分为一部分并且在其中造起围栏"①,即把某种东西分割成单独的部分并围起来,包含着对存在物进行有所分割的观看因素。这种"看"不再是单纯的看,而是带有强烈的干涉性,即对本应由眼睛把握的东西采取了干涉性的行动。"那种针对要被收入眼帘的东西的得到分划的、有所干预的行动(Vorgehen)的特性,在认识中起了作用。"②之后,拉丁文 contemplatio 又被译为德文 Betrachtung,即"观察",从而使理论成为对实在物的观察,成为一种旁观的生活方式。在这种方式中,此在置身物外,和物相分离,这就导致他所致力观察的物是作为无生命的东西展现出来的。不止于此,理论对实在的观察是"加工式的",是对实在的一种处置、清查与谋取。总之,理论的观察致力于某物,"朝着某物工作、追究某物、追踪某物,以便确保某物"③。科学中的所有操作都只是服务于观察。通过加工,实在之物的在场被纳入到对象性中。至此,科学为了观察在场的东西而从留心的注视那里走开了,转变成对实在之物确定性的处理,实在之物因此能够被追踪出来。

这样,科学的本质从古希腊到现代已经发生了变化。海德格尔特别指出,现代科学所表现的"理论"不同于古希腊和中世纪,因为现代的"观察"包含处置之意,实质上是追踪—确定。所以,"在对进入在场之物的观看这样一种'主客统一'的情形中已经有一种'主体性'思想在萌动了"④。

总之,实在之物从在场者到对象的转变,与"理论"一词之意义的蜕化是

---

① [德]海德格尔:《演讲与论文集》,孙周兴译,生活·读书·新知三联书店 2005 年版,第 49 页。
② [德]海德格尔:《演讲与论文集》,孙周兴译,生活·读书·新知三联书店 2005 年版,第 49—50 页。
③ [德]海德格尔:《演讲与论文集》,孙周兴译,生活·读书·新知三联书店 2005 年版,第 51 页。
④ 史现明:《海德格尔关于科学两种不同表述的内涵与统一性》,《自然辩证法研究》2012 年第 9 期。

密切相连的。而实在之物和理论之间存在着相互贯通的纽带,即对置性。对置性是现代科学对实在之物在场状态的描述,对科学理论的开启发挥了规定作用。理论作为对某物的追踪和加工,必须有一个前提条件,即这个"某物"必须在场,正是在这一点上,实在之物与理论结合在了一起。① 依照对置性,实在之物被理论确定为对象领域,对其展开研究。科学就和这种对置性相适应,原因在于,作为理论,科学格外遵从对置性去考量实在之物,科学成为理论和在场者成为对象是并行的。"在场者,诸如自然、人类、历史、语言,作为实在在其对置性中展现自身,与之一体地,科学变成理论,一种追踪现实并且在对置性方面确保现实的理论。"②"实在的理论"要传递给人们的核心问题是:现代科学的研究对象是怎样引致的? 或者说,实在是怎样被客体化的? "科学是实在的理论"中必须思考的东西正在于此。

二、科学是认识和实在的符合

在现代科学的视域中,"科学是人们对客观世界的认识,是反映客观事实和规律的知识"③。也就是说,科学是人的主观意识对外在的客观事物的如实反映或正确认识,是关于事实真相的学说,是真知识,其精髓在于"求真"。所以,科学以探求真理为己任,追求的目标是实现主观认识和客观实在的统一。罗蒂曾从批判的角度说:"科学被看作'硬的'、'客观的'真理,即作为与实在符合的真理,这也是唯一可以有这个称呼的一种真理。"④波普尔也说:"科学的目的是追求真理,在符合事实或符合实在的意义上的真理。"⑤科学的进步

---

① 史现明:《海德格尔关于科学两种不同表述的内涵与统一性》,《自然辩证法研究》2012年第9期。
② [德]海德格尔:《演讲与论文集》,孙周兴译,生活·读书·新知三联书店2005年版,第52页。
③ 杨忠泰:《现代科学技术概论》,西北大学出版社2006年版,第1—2页。
④ [美]罗蒂:《后哲学文化》,黄勇编译,上海译文出版社1992年版,第75页。
⑤ [英]波普尔:《客观知识——一个进化论的研究》,舒炜光、卓如飞、周柏乔等译,上海译文出版社1987年版,第63页。

就是持续不断地积累真理,由此,使人的认识日益接近真正的实在本身。由此,科学又被人们看作真理的决定性方式,甚至被和真理相等同。

海德格尔认为,传统认识论的真理之符合论模式使科学处于本质的转化之中。他在著作《路标》中说:"真理就是陈述(λόγos)与事情(πράγμα)的符合一致(όμάίωσιs)。"①又在《存在与时间》一书中指出:"真理的本质在于判断同它的对象相'符合'。"②简言之,真理就是"知与物的肖似"③,其本质是认识的内容和认识所及的东西之间的关系,即观念上的存在者和实在的现成存在者之间的符合关系。如亚里士多德坚持真理是人的认识与事物本性的符合,实证主义将真理看作对事物所做的实事求是的描述。"符合论"把真理看作认识或意识的属性,认为真理存在于能够正确认识事物的思想里。人们道出一个认识时,是将认识当作现成的东西,将这种现成的东西当作对其他现成的东西(认识的对象)的揭示,认为二者存在符合关系。这成为真理的基本意义,内化为西方人的认识模式,并由此发展出西方文明独特的东西即科学,并规定着科学的本质。海德格尔说,科学"始终活动于一种关于真理之本质的确定观点的支配范围之内"④,本质上沿袭了追求正确性的符合论真理,同样对世界万物的"本来面目"进行揭示。

这是一种实在论的观点。实在论将科学真理看作提供一种符合客观实在的说明,认为被描述的实在存在于世界内,恰恰如同它们被理论塑造的那样。波普尔曾说:"我们不能忽视科学同实在论的联系……在科学中我们所力图做到的是描述和(尽可能地)说明实在。"⑤如现代物理学关于原子有两种模

---

① [德]海德格尔:《路标》,孙周兴译,商务印书馆2000年版,第211页。
② [德]海德格尔:《存在与时间》(修订译本),陈嘉映、王庆节合译,生活·读书·新知三联书店2006年版,第258页。
③ [德]海德格尔:《存在与时间》(修订译本),陈嘉映、王庆节合译,生活·读书·新知三联书店2006年版,第247页。
④ [德]海德格尔:《尼采》(上卷),孙周兴译,商务印书馆2003年版,第511页。
⑤ [英]波普尔:《客观知识——一个进化论的研究》,舒炜光、卓如飞、周柏乔等译,上海译文出版社1987年版,第42—43页。

式。一种是玻尔的原子模式,将原子描绘为一组密集的围绕着电子、以确定的轨道、与中心保持确定的距离旋转的质子和中子。所有被描述的亚原子的粒子都作为确定的、物理的实在而存在。另一种是由量子力学提出的,集中在海森堡的不确定原理上。按照量子力学,电子是复杂的,难以想象既展现了粒子的行为又展现了波的行为的实在。质子、中子和电子这样的微观现象作为物质波存在,具有由不确定性原理的概然论术语所描述的位置。从科学实在论的观点来看,无论哪一种模式,都对在现实世界中通过实验而得到证实的东西进行了预测,只要符合客观实在就是真的。

其实,符合论存在重要缺陷。首先,为了获得符合论的真理,实在论注重实证性,假设实在必须作为一系列确定的状态而存在,对于给定的问题只有一个正确答案,证实人所认识的是真正存在于某处的东西。只有这样,人的认识才能够和实在符合。如果由科学描述的实在是不确定的,就不会有关于那个实在存在的问题的单一的正确答案,就不能有符合论真理。然而,量子力学假定了不确定的实在的存在。不确定性原理表明,被给定的亚原子的粒子的位置和动量是不确定的,因此没有真理能符合的单一的答案,而可能有几个在同一时间共同存在的答案。其次,实在论主张,科学对世界的说明是正确的,和客观实在相符合。[1] 因为科学要获取正确的通达方式,所以,世界要正确地表现自己。[2] 但是,历史上的一些科学理论曾被证明是错误的,当前的一系列科学理论在未来也可能会被证明是错误的。如18世纪初以关于燃素的理论解释燃烧和生锈的过程,现代则代之以"还原氧化"或"氧化还原作用"的化学反应理论,将来不能保证现代化学不会被抛弃、被别的理论取代。所以,科学实际上至少是不能完全知道它是否和客观实在相符合。再次,导致怀疑论。符

---

① 参见 DR.William Wilkerson,"Scientific Realism and Anti-Realism in Martin Heidegger's Philosophy of Science",http://honors.uah.edu/uahr/v1n1-spring2010.php。

② 参见 Joseph Rouse,"Heidegger's Later Philosophy of Science",*The Southern Journal of Philosophy*,Vol.23,No.1(Spring 1985),pp.75–92。

合论将真理界定为主体和独立于主体的实在之间的关系,使二者之间出现一条难以逾越的鸿沟:"当一种认识要求符合现象时,它如何知道现象是什么样子的呢? 如果不知道就无法符合,如果知道就不必再符合,如果曾知道,那就成了两种认识的符合。"①即由于人们自身不能对其认识是否正确作出判断,因此,就需要有一个标准,这一标准只能是不同于人的外在的东西,而一个异在的东西是不能用以判断两个事物的符合程度的。所以,符合论剥夺了人的认识,导致其不可理解性。这一状况在休谟那里遭受到致命的打击,康德则为此要拯救认识。再次,人们对认识和对象的"符合"的含义很少深究。海德格尔指出,符合是指某某东西与某某东西的关系,一切符合都是关系,但并不是一切关系都是符合。符合的意思是指两个同类东西在某些方面的相同,具有"就某一方面而言"的形式结构或特征。例如,"6"与"16—10"就数量上的多少而言是相同的,因而也是符合的。而认识和对象、知与物这两个应该符合的东西,具有完全不同的性质,事物是时空地、现实地存在的,而观念则不是如此,它们属于完全不同的层次,是非同类的,不能说它们在哪方面相同。一元的硬币是圆的,但表现它的观念和判断绝不是圆的。那么,属于全然不同层次的东西究竟如何趋于一致的呢? 对真理的传统观念说明不了这个问题。另外,并非所有的符合关系都合于真理的定义。还以上述例子说明,"6"与"16—10"在数量上相同,是一种符合关系,但却不是认识和对象的符合那样的关系。一些哲学家也持和海德格尔类似的观点。贝克莱认为:"一个观念只能和观念相似,并不能与别的任何东西相似。"②胡塞尔指出,感性物、知觉物和物理物之间远非现象和实在、模仿和原型的关系。伽达默尔也批判符合论,主张真理并不表现为判断和对象之间的符合关系。

　　根据海德格尔,符合论模式是通过筹划实在在世界中被遭遇的方式而揭示真理。量子力学中实在的不确定性质不是不能符合确定实在的东西,不确

①　陈嘉映:《海德格尔哲学概论》,生活·读书·新知三联书店 1995 年版,第 168 页。
②　[英]贝克莱:《人类知识原理》,关文运译,商务印书馆 2010 年版,第 25 页。

定状态是由科学和观察者所筹划的实在存在的方式。筹划不符合所谓"客观实在"的确定状态,不过是科学家建立微观粒子的方式。① 而就真理的符合模式来说的观察者对真理的干扰,在一定程度上其实就是真理的模式。海德格尔将真理建立在人类操劳实践的基础上,他认为,在操劳中,人的活动和用具之间不存在符合关系,"符合"问题不适用于用具。由此取消一种假设,即可理解的思想与世界的"共同结构"——人们之所以能够思考世界,是因为人们思想的结构符合于世界的结构。海德格尔拒绝使思想和世界相连接这一假设。② 因为就实在作出认识这样的真理基于操劳,所以,有不符合"客观实在"而被用于对世界进行操作的真理。在他看来,符合论的真理观预设了无根的主体性的本体论,它源于人们对观察的注意,但这些实际上都是人的生存活动。当人们思考认识(包括科学认识)的时候,总是在某个方面依赖于在世的认识者所理解的东西。人们所理解的真理的所谓正确性,其实只是主体对事物予以规定的自身同一,而"符合"也只是人的认识与其筹划之间的符合。所以,人对自然的特殊筹划即科学真理不是揭示关于世界的真理的最终仲裁者,也不存在终极真理,人仅仅是为了其特殊的操劳实践而追求以最好的方式揭示世界。

进一步说,符合不是根据,而是需要根据的。在《真理的本质》一文中,海德格尔并不推翻关于真理之为符合的"事实性",而是把真理的本质揭示为"敞开状态"。他认为,符合是一种存在性的符合,而不是现成存在者的符合。使物得以显现,从而使符合成为可能的东西,才更加切近也更加本源地是真理的本质。真理不应该被理解为认识与存在状态的符合,因为存在的原本状态根本就不是可与之符合的对象,而是显现。由自由所开放出来的"敞开状态"

---

① 参见 DR.William Wilkerson,"Scientific Realism and Anti-Realism in Martin Heidegger's Philosophy of Science",http://honors.uah.edu/uahr/v1n1-spring2010.php。

② 参见 Mc Manus, Denis, "Heidegger, Measurement and the 'intelligibility' of Science", *European Journal of Philosophy*, Vol.15, No.1(March 2007), pp.82-105。

才是使某种符合关系可能的基础。说一种认识是真的,意指这一认识如存在者自身所是的那样揭示存在者,"让"存在者"被看见",认识的"真在"(真理)必须理解为揭示着的存在,因此,认识根本没有在一个存在者(主体)和另一个存在者(客体)相似的意义上讲的符合的结构。当我们获得一种关于事物的认识时,这种认识本身并不创造敞开状态,而只是进入这片敞开的领域,把认识的东西带到敞开的领域。只有存在者向人表现自身而人按照这种表现认识存在者时,才有人的认识与存在者的符合。

针对符合论中"正确之物掌握着真实之物,并且把真理排除掉"①的状况,海德格尔反对由正确的东西完全统治真实的东西,击碎实在论主张现代科学是对事实的收集和整理的思想,认为它是在既有框架的约束下去补充认为必要的实证材料,禁足于自身的僵死框架而不自知,而创造性的思想也就根本不可能是实证性的,也不可在其中产生。

三、现代科学的本质是研究

海德格尔说:"我们今天所谓的科学,其本质乃是研究(Forschung)。"② "现代科学在对特定对象领域的筹划中建立自身,同时也使自身个别化。这种筹划是在相应的、能够保证科学的严格性的方法中展开自身的。具体的方法适应于企业活动,并在其中确立自身。筹划(Entwurf)与严格性(Strenge)、方法(Verfahren)与企业活动(Betrieb),它们相互需要,共同构成了现代科学的本质,使现代科学成为研究。"③

1. 筹划与严格性

"研究的本质在于:认识把自身作为程式(Vorgehen)建立在某个存在者领

---

① [德]海德格尔:《演讲与论文集》,孙周兴译,生活·读书·新知三联书店 2005 年版,第90页。

② [德]海德格尔:《林中路》,孙周兴译,上海世纪出版集团 2008 年版,第68页。

③ 孙周兴选编:《海德格尔选集》(下),上海三联书店 1996 年版,第895页。

域(自然或历史)中。……任何程式事先都需要一个它藉以活动的敞开区域。而这样一个区域的开启,恰恰就是研究的基本过程。由于在某个存在者领域中,譬如在自然中,自然事件的某种基本轮廓(Grunddriß)被筹划出来了,研究的基本过程也就完成了。筹划(Entwurf)预先描画出,认识的程式必须以何种方式维系于被开启的区域。这种维系(Bindung)乃是研究的严格性(Strenge)。凭借对基本轮廓的筹划和对严格性的规定,程式就在存在领域之内为自己确保了对象区域。"①

康德在海德格尔之前就提出,科学的本质是筹划,他主张,科学就是通过筹划对自然加以研究。海德格尔同意康德的这一观点,也认为,从事科学研究的前提条件,是先行筹划世界,标示、勾勒和构造一个明确的研究范围,使其作为成为理论的对象化及研究的可能区畛,以继续展开工作。或者说,通过筹划,科学开启、界定和架设独有的存在者领域及其结构,同一领域的存在者还可以从不同角度、方面予以筹划,分为不同门类,"相应地专题化为某些科学探索的对象"②,从而导向不同的科学。"作为研究,所有的科学都以对某种特定对象领域的筹划为根据"③,都只研究某种存在者,"不可能找到一门科学是涵括了所有对象域的"④。科学依赖于这些领域,如生物学将有生命的东西选取为其对象领域;物理学将无生命的无机自然划归为对象领域。对存在者加以目别汇分的方向虽然是由先于科学的存在之领会指示的,却是由科学最先筹划并确定下来的。正是科学的研究本质使其如此,"这样一种对特殊事物的探讨使得专门科学的行动变成专门研究"⑤,它是研究能够启动的前提与

---

① [德]海德格尔:《林中路》,孙周兴译,上海世纪出版集团2008年版,第68页。
② [德]海德格尔:《存在与时间》(修订译本),陈嘉映、王庆节合译,生活·读书·新知三联书店2006年版,第11页。
③ Heidegger, *Holzwege*, Frankfurt am Main:vittorio Klostermann Verlag, 1957, p.83.
④ [德]海德格尔:《论哲学的规定》,孙周兴译,商务印书馆2016年版,第31页。
⑤ [德]海德格尔:《演讲与论文集》,孙周兴译,生活·读书·新知三联书店2005年版,第54页。

基础。

筹划还预先描画出研究的严格性,维系存在者领域的界限,即科学务必在整个研究过程中都一直将自身限制、约束于这个领域的基本轮廓上。严格性确保了存在者领域的明确性,并始终固守此领域,使科学研究的所有追问步骤都限于此。如现代物理学预先筹划了一系列有着特殊规定性的认识程式,构造了具有运动、时空、力、质量和速度等要素的自然的基本轮廓,物理学的一切发现都不可能超出这一程式。"以这种程式认识自然,就把自然确定为运动着的和时空相关的事物单元所组成的系统。"①一切事件,包括宏观天体和微观粒子,都只有被规定为时空内的质点运动,才能成为物理学的研究对象。相应地,各门自然科学预先被规定为时间上的运动量,因而其严格性就是精确性。所以,科学的精确性在本质上就是由这种严格性所必然决定的。现代科学的研究就是在严格的程式中具体实施和展开事先筹划的基本轮廓。② "通过筹划,通过对这种在程式之严格性中的筹划的保证,科学成了研究。"③筹划和严格性奠定了以研究为本质的现代科学的基础。

2. 方法

"筹划和严格性惟有在方法中才展开为它们所是的东西。"④"方法指的是预先界定处于对象性中的当下研究对象之区域的方式。方法乃是先行的世界筹划"⑤,运用什么样的方法,就会呈现出什么样的世界。方法由法则、规律及这两者指导下的科学实验组成。

筹划领域中的事物在不同视域内表现出丰富性,研究必须对所揭示事物

---

① 刘敬鲁:《论海德格尔的科学技术之思》,《中国人民大学学报》1998 年第 3 期。

② 参见李章印:《科学的本质与追思——海德格尔的历史性分析》,《哲学研究》2005 年第 8 期。

③ [德]海德格尔:《林中路》,孙周兴译,上海世纪出版集团 2008 年版,第 70 页。

④ [德]海德格尔:《林中路》,孙周兴译,上海世纪出版集团 2008 年版,第 70 页。

⑤ [德]海德格尔:《艺术的起源与思想的规定》,孙周兴译,《世界哲学》2006 年第 1 期。

中的变化保持敞开,同时保持其总体概念的一般性,将实在的东西安排在客体化中,确保其居于同一的客体化中。方法内在于对象的多样性之中,并要找出其统一的法则和规律。"法则"体现了事物的恒定性和事实之运动的持续性,"规律"则是确定的表象,在其中,贯穿于各种各样的变化着的现象之中的持续因素表现为必然性。如开普勒定律表现的是行星连续不断地运动着的位置的确定结构。对自然的研究在本质上就是对法则与规律的提出及证实。"自然领域中的事实研究本身乃是对法则和规律的建立和证明。……它通过一个已知之物建立一个未知之物,同时通过未知之物来证明已知之物。"①只有在法则与规律的视域中,才存在事物的明了性,达到其确定的结论。法则和规律使得本来没有意义的变化成为可理解的,意味着对事物变化结果的确定和预测是可能的,因为它从一开始就被构建到科学研究的规划中。研究的目的就是发现、建立事物运动的法则和规律,同时将新的现象带入其中,并为其进行辩护。

这和实验相关。异于单纯的直观,实验严格遵循业已筹划出的基本轮廓实施,把事物作为对象吸纳进强制领域,事先拟订了前提条件及问题,强逼自然作出回答,并通过操作去收集和整理研究成果,揭示和证明通常隐蔽起来的法则和规律,使自然领域清楚地展示出来。即"实验始于对规律的奠基"②。因此,"现代的研究实验不光是一种在程度上和规模上更为准确的观察,而是在一种精确的自然筹划范围和职能内本质上完全不同的规律证明的方法"③。现代科学对实验须臾不可离,实验近乎科学的代名词。人们通常认为,是实验的出现使科学变为研究,借助于实验,科学的规律与法则才被发现。海德格尔则持相反意见,在他看来,"自然科学并非通过实验才成为研究,而是相反地,

---

① [德]海德格尔:《林中路》,孙周兴译,上海世纪出版集团 2008 年版,第 70 页。
② [德]海德格尔:《林中路》,孙周兴译,上海世纪出版集团 2008 年版,第 71 页。
③ [德]海德格尔:《林中路》,孙周兴译,上海世纪出版集团 2008 年版,第 72 页。

惟有在自然知识已经转换为研究的地方,实验才是可能的"①。"实验始于规律的奠基"意味着:规律不是通过经验概括出来的,而是先验地发明的,其设立是实验的前提,从而也是研究的前提。

3. 企业活动

现代科学之所以有自己特定的对象领域并借助于保证严格性的方法进行专门化研究,是由科学研究的机构化"企业活动"决定的。科学总是不断获取奠定其进一步发展基础的结果,当它仅仅追求研究结果的积累时,就越来越走向彻底的生产活动。科学研究的企业活动被扩展并固定化,"确保了科学自身的协作性、统一性和系统性,使近现代科学开始进入其决定性的历史阶段,并开始拥有自身的完整本质"②。即作为现代人的生存方式,现代科学的性质暴露无遗:不只是单纯的知识体系,还是生产知识的社会活动。

企业活动也被译为"组织化运作""系统的研究",意为按照预定的规则朝既定的方向发展,以持续不断和有组织的活动、周密的规章和体制去实行科学研究,被贝尔纳称为"建制化的",被默顿叫作"体制化的"。"一门科学,无论这是一门自然科学还是一门精神科学,只是当它今天已经成为能进行学院研究的科学,它才获得了一门科学的真正外貌"③,才能称得上步入正轨,才能获得科学应有的尊重。现代科学的企业活动包括:研究院、研究所、实验室和研讨会的大量出现;专业的分工和合作;对研究结果的验证和交流;方法的联合;人才的调控;研究任务的启动和转换;收集信息、申请课题和签订合同等。"科学越是唯一地具体到对其工作进程的完全推动和控制上,这种企业活动越是明确地转移到专门化的研究机构和专门学校那里,则科学也就越是无可

---

① [德]海德格尔:《林中路》,孙周兴译,上海世纪出版集团 2008 年版,第 70 页。
② 李章印:《科学的本质与追思——海德格尔的历史性分析》,《哲学研究》2005 年第 8 期。
③ [德]海德格尔:《林中路》,孙周兴译,上海世纪出版集团 2008 年版,第 73 页。

抵抗地获得对它们的现代本质的完成。"①但是,现代科学研究并非由于展开于研究机构中才成为企业活动,反倒是由于研究自身固有企业活动的特点,科学的研究机构才必然产生。科学创办自己的产业,变作高度企划的机制,成为模式化的生产活动,在有计划、有步骤的生产流水线上制造着科研成果和人才等产品,和企业生产流程的本质完全相同。这种形式已发展为国家规模和跨国规模,所有的科学新发现都是在这样的机构中问世的。

企业活动造就了它的参与者,给人打上了地地道道的企业特点。与科学的机构化、体制化的扩展、巩固相伴随,"学者消失了。他被不断从事研究活动的研究者取而代之了。是研究活动,而不是培养广博学识,给他的工作以新鲜空气"②。作为受过研究活动严格训练的研究者,与博学智者迥然相异,他们的长处不是博学和深刻,不是真正追求真理,不是思考和见解,而是在做这些工作中的有效,成为构成企业生产活动的工具之一。

企业活动表示的是现代科学的外在目的性。"当企业活动在方法中不再基于常新的筹划之实行而保持开放,而只是抛弃这种给定的筹划,甚至也不再证实它自己的不断累积的结果以及对结果的清算,而是一味地追逐这种结果和计算,这时候,企业活动就成为'一味忙碌'了。"③"那种始终可能的'一味忙碌'的勤勉活动,同时也唤起一种最高现实性的假象"④。一味忙碌的活动甚至被赋予至上性,所奉行的原则是丰富人们的生活。实际上,它总是追求科学"成果"的量的增加,并推动新的"进步",不断加快进程,将此看作自己的本质目标,如一些机构开设的课程和制定的培养目标就是如此,于是,思想被封闭而得不到开启。"如若人们只是在安静优雅的博学中寻找科学的科学因素,那么无疑地,看起来仿佛对企业活动的拒绝也就意味着对研究之企业活动

---

① [德]海德格尔:《林中路》,孙周兴译,上海世纪出版集团 2008 年版,第 75 页。
② [德]海德格尔:《林中路》,孙周兴译,上海世纪出版集团 2008 年版,第 74 页。
③ [德]海德格尔:《林中路》,孙周兴译,上海世纪出版集团 2008 年版,第 85 页。
④ [德]海德格尔:《林中路》,孙周兴译,上海世纪出版集团 2008 年版,第 85 页。

特性的否定。"①

总之,科学是严密的、程序化的研究活动,满足于不变的研究程式,使知识固化。"作为研究的科学乃是这种在世界中的自行设立(sicheinrichten)的不可缺少的形式,是现代在其中飞速地——以一种不为参与者所知的速度——达到其本质之完成的道路之一。"②

四、科学本质上是技术

关于科学与技术的关系的看法主要有三种:一是科学和技术相互平行、彼此独立,互不相干。如亚里士多德认为,理论科学以知识本身为目的,技术以物的生产为目的。二是科学比技术更本源,技术以科学为基础和依据,是科学的应用、升级和发展。持这种观念的占绝大多数。三是技术比科学更源始,是科学的前提和支撑,科学是技术的应用,植根于技术中,本质上是技术的开拓和强化。海德格尔属于第三种,是对前两者的冲击。他认为,"对历史学的论断来说晚出的现代技术,从在其中起支配作用的本质来说则是历史上早先的东西"③。技术是源发性、本质性的东西,但也是最晚公开的,直到其发挥的作用越来越大时,才日益显现出来。技术标明了科学的本质,是科学的构成因素,它先行于科学,支配和规定着科学的产生和发展,科学是技术及其运作的一部分,是技术之本质的伴生结果或随行者。这一思想和后来出现的"技科学"相似。持同样观念的还有很多哲学家,伊德就是其中之一。

海德格尔认为,"技术"一词最初是和"认识"一词相连的,意味着最广义的认知,它是使事物显现的方式和途径。作为使事物显现的方式,古代的技术和自然、人、世界处于融洽的关系中,就是使某物到达和在场;现代技术则不是

---

① ［德］海德格尔:《林中路》,孙周兴译,上海世纪出版集团 2008 年版,第 86 页。
② ［德］海德格尔:《林中路》,孙周兴译,上海世纪出版集团 2008 年版,第 82 页。
③ ［德］海德格尔:《演讲与论文集》,孙周兴译,生活·读书·新知三联书店 2005 年版,第 22 页。

使事物自身显现,和自然、人、世界相对立,具有限定、强求和促逼的特点,"在现代技术中起支配作用的解蔽乃是一种促逼,此种促逼向自然提出蛮横要求,要求自然提供本身能够被开采和贮藏的能量"①。在现代技术的支配下,一切事物包括人的面貌都被从技术视野、技术价值的角度加以展现。靠参与人和事物的关系,技术参与到实在的建立和构造中,实在被技术预定为持存物,一切事物都只能被展现为某种持存物,展现为某种在场的能量,从而被摆置和订造。这样被摆置和订造的持存物具有如下特点:物质化、均一化和功能化。具体而言,通过剥夺事物的独立性和自身性,事物在单纯的可生产性中被加以构造,由此被展现为可塑的、可操纵的、可加工的物质,这种物质被均一化,成为没有质的差别的千篇一律的东西,以便将其功能化为特定的能量提供者。技术时代的实在就是这种持存物的总和。在这一过程中,人的本质也发生了变化。一方面,人也成为某种持存物,因为他被强求、限定和促逼为如"人力资源"之类的东西。另一方面,人又被强求从事技术,参与订造,他强求、限定、促逼事物,使它们变成被预定的持存物,因而是持存物的订造者。强求人如此行动的是"集置"(Ge-stell),集置是现代技术的本质,是促逼着的要求的集合,意味着对众多促逼着的要求的统一性的建立,通过设置把被预定物聚集在一起。它是对世界的一种先行把握,在其中,一切都被先行订造为在持存物,被驱迫入可预定的活动中。在技术中,对置性走到了巅峰,"转变为那种根据集置(Ge-Stell)而得到规定的持存物(Bestand)的持存状态(Beständigkeit)。主—客体关系于是就获得了它纯粹的'关系'特征,亦即订造特征,在其中,无论是主体还是客体,都作为持存物而被吞并了。这并不是说:主—客体关系消失了,相反,它现在达到了它极端的、根据集置而预先被规定的统治地位。它

---

① [德]海德格尔:《演讲与论文集》,孙周兴译,生活·读书·新知三联书店2005年版,第12—13页。

成为一个有待订造的持存物"①。持存物的地位低于对象,因为对象还可以与人相对而立,依然具有独立性,持存物则完全丧失了独立性。具体而言,人与物的关系不再是主体对客体的对象化认识的能动关系,而是提前被持存关系"预定了",被挟持在其中而脱身不得。

对世界的这种先行规定构成了现代技术的本质,也构成了现代科学的本质。即集置掌控着现代技术的本质,也掌控着现代科学,是现代科学的先决条件。与集置对物的预定形式相一致,兴起了现代科学。或者说,现代技术展现所具有的限定、强求和促逼特点要求现代科学,即科学的运用是以技术为目的的。"新时代自然科学不仅在它对各种操作和行动的有用性中显示为'技术的',而且作为不是单纯表面地针对效用和'实践'的'纯粹的理论'就已经必须被看作是技术的(我们的研究只针对这后一方面)。作为'纯粹的理论',它虽然并不实际地积极地涉及存在者,但它从理论和认识方面去展现存在者。"②海德格尔在这里指出,自然科学作为纯粹的、还没有和技术运用建立联系的理论就已经在其最内在的本质上是技术的。现代技术决定了现代科学描述存在的方式,决定了现代科学不是单纯被动地反映存在,不只是探索存在,更不是应合存在,而是被集置的强求裹挟着。被现代技术"差遣"并和现代技术相匹配,现代科学的本质就在于对存在的订造、摆置、操纵和改造。现代科学安排存在,它不让存在者是其所是,而是操纵和限定一切存在者,把可统治的存在者投向进行研究的主体,并进行加工和生产。科学研究的东西实质上是在技术的参与下构造和建立起来的,是从行动和操作成果的意义上理解的,因而是技术的展现,技术对存在的展现决定了科学对存在的展现。在现代科学中,盛行着一种把事物筹划为潜在的能源和材料、体验为可操纵的东西

① [德]海德格尔:《演讲与论文集》,孙周兴译,生活·读书·新知三联书店2005年版,第56页。

② [德]冈特·绍伊博尔德:《海德格尔分析新时代的科技》,宋祖良译,中国社会科学出版社1993年版,第133页。

的技术理性,由技术理性构造的现代科学有着工具主义的特质,扮演着促进持存物订造之概念工具的角色。也就是说,科学将自然当作研究对象时,早已不自觉地被技术的促逼和强求左右了。所以,在技术本质的支配下,现代科学已经大大超出了"求知"的范围,它同样以统治自然为前提,把自然看作可加工的,着眼于对自然的重新构造,从而追索和获取持存物。也就是说,由于受技术的支配,在现代科学中,自然实质上是人的一种构造,被看作具有特定功能的物质材料,看作可利用的能量库场,这成了人们理解自然的首要方式。"释放自然的能量是靠最现代的自然科学的工作,而这最现代的自然科学日益明确地被证实为现代技术的本质的典范的功能和形式。"①

技术主宰着科学,科学则应技术的要求发展,而且无法拒绝这个要求。所有自然科学都使自然及其过程成为生产出来的东西,这本身就是技术的方式。以现代物理学为例,"现代物理学作为实验物理学依赖于技术装置,依赖于设备的进步"②,进行原子裂变的机器就是如此。"现代物理学的自然理论并不只是技术的开路先锋,而是现代技术之本质的开路先锋。因为那种进入到订造着的解蔽之中的促逼着的聚集,早已在物理学中起着支配作用了。不过,它在其中还没有专门显露出来。现代物理学乃是在其来源方面尚属未知的集置之先驱。"③"现代物理学必须日益屈从于这样一个事实……它受集置的支配作用所促逼,后者要求作为持存物的自然的可订造性。……它决不能放弃一点,即:自然以某种可以通过计算来确定的方式显露出来,并且作为一个信息系统始终是可订造的。"④所以,现代科学始终受到先行筹划的现代技术之机

① 〔德〕冈特·绍伊博尔德:《海德格尔分析新时代的科技》,宋祖良译,中国社会科学出版社 1993 年版,第 130 页。
② 〔德〕海德格尔:《演讲与论文集》,孙周兴译,生活·读书·新知三联书店 2005 年版,第 12 页。
③ 〔德〕海德格尔:《演讲与论文集》,孙周兴译,生活·读书·新知三联书店 2005 年版,第 21 页。
④ 〔德〕海德格尔:《演讲与论文集》,孙周兴译,生活·读书·新知三联书店 2005 年版,第 22 页。

械体制的无休止的强制,不过是技术本质的一种展现方式。

现代科学"研究"的三个基本过程也表明了新时代科学采取的技术工业的性质,表明了技术展现的本质性环节:筹划对所研究的对象领域的描画其实就是技术本性的严格限定,为接下来对自然实施技术的加工、改造和利用做好了准备,随时打算进入开发自然能量的活动中。这种筹划要运用相应的方法即工具——实验,实验拥有技术本质的特性,强求和促逼出自然的"法则"和"规律",从而参与对自然的统治。"现代物理学之所以是实验物理学,并不是因为它使用了探究自然的装置,而是相反地:由于物理学——而且已然作为纯粹理论——摆置着自然……所以实验才得到订造,也就是为着如此这般被摆置的自然是否和如何显露出来这样一个问题而受到订造。"①企业活动将科学的本质显示为技术的制造和获取,使得对象领域的筹划首先被生产和加工为持存物,科学因而具有由技术本质带来的可操作性特点。而人之丰富多样的本性被约简为一种属性,"涌向根本意义上的技术人员的本质形态的范围中"②,完全成为"技术操作人员",附属于技术。最终,人陷入到技术的洪流中,介入无度的技术角逐中,紧跟技术的节拍而运作,成为有着意识和生命的技术零部件,成为和机器一样的东西。

作为科学的因果性问题也是如此,它表现为技术的实际效用,因为技术操控要求一种具有生产能力之机制的因果性。海德格尔深入探讨了"与因果性相伴的工具性的东西,以及与工具性的东西相伴的关于技术的通行规定"③,认为在"工具性的东西占据统治地位的地方,也就有因果性即因果关系起支配作用"④,使

---

①　[德]海德格尔:《演讲与论文集》,孙周兴译,生活·读书·新知三联书店 2005 年版,第20—21 页。

②　[德]海德格尔:《林中路》,孙周兴译,上海译文出版社 1997 年版,第 81 页。

③　[德]海德格尔:《演讲与论文集》,孙周兴译,生活·读书·新知三联书店 2005 年版,第6 页。

④　[德]海德格尔:《演讲与论文集》,孙周兴译,生活·读书·新知三联书店 2005 年版,第5 页。

"实效"充溢于一切事物,而这主要是通过原因之"作用"显示出来的。进一步说,"因果性正在萎缩为一种被促逼的呈报,一种对必须同时或随后得到保障的持存物的呈报(Melden)"①。在"为什么"的一步步追索中,在对原因的无穷递推中,因果性对自然进行强求和限定,通过促逼着的摆置,参与到事物的重新建立和订造中。

总之,"本来就已经滑入单纯技术之中的各门科学,自然科学与精神科学,都遭受着一种如此非同寻常的重负和直截了当的利用"②,受技术的设定而定向,保证技术意志的贯彻落实。

五、唯科学主义

特里斯·格莱兹布鲁克指出:"对于海德格尔来说,科学不只是几个现象之一:它是现代性形而上学中决定性的东西。"③的确,海德格尔认为,"科学是现代的根本现象之一"④,是现代世界最典型的本质的现象,也是现代举世瞩目的现象,被当作现代文化的楷模和核心。在《科学与沉思》一文中,海德格尔说:"科学乃是一切存在之物借以向我们呈现(dar-stellen)出来的一种方式,而且是一种决定性的方式。"⑤"西方世界范围内以及西方历史诸时代中的科学,已经发展出一种在地球其他任何地方都找不到的强力,并且正在把这种强力最终覆盖于整个地球上。"⑥作为一种强势的力量,科学就像脱缰的野马,已不受限制,纵横驰骋,什么也不能阻止它扩张的步伐。

---

① [德]海德格尔:《演讲与论文集》,孙周兴译,生活·读书·新知三联书店2005年版,第22页。

② [德]海德格尔:《尼采》(上卷),孙周兴译,商务印书馆2003年版,第365页。

③ Trish Glazebrook, *Heidegger's Philosophy of Science*, New York: Fordham University Press, 2000, p.208.

④ [德]海德格尔:《林中路》,孙周兴译,上海世纪出版集团2008年版,第66页。

⑤ [德]海德格尔:《演讲与论文集》,孙周兴译,生活·读书·新知三联书店2005年版,第39页。

⑥ [德]海德格尔:《演讲与论文集》,孙周兴译,生活·读书·新知三联书店2005年版,第39页。

　　第一,科学逐渐代替哲学。在形而上学企图成为科学这一理想的缔造下,哲学做着"科学梦",科学成为哲学的追求和理想。在古希腊,哲学第一次提出自己的科学理想,即对知识的追求:针对智者学派高扬个体、推崇感觉、贬低和否定普遍及确定性等所导致的怀疑主义和相对主义,苏格拉底追求具有普遍必然性的确定知识(episteme,也称作"科学"),是追求科学的先导,这件事前无古人,之后却不乏来者,影响了整个西方历史的走向。柏拉图对知识和意见明确加以区别,认为意见是两可的、不确定的、暂时的,而知识则是绝对正确的,具有普遍性和永恒性。在《形而上学》中,亚里士多德指出,求知是人的本性,人们追求知识遵循由低到高的等级,从感觉到理智,从个别的、具体的到普遍的、抽象的对象,最后到达最高的知识,以最高、最普遍的原则为对象,即形而上学。由此,他将哲学推上追求科学的第一个高峰。但是,在古希腊,科学还包含在哲学之中。在文艺复兴时期,人们对自然产生浓厚的兴趣,研究自然科学,包括人体、天文、地理以及其他领域,涌现出一批科学家,如哥白尼提出日心说。这就翻开了追求科学的新篇章。到了近代,经验论与唯理论虽然在关于知识的认识论和方法论问题上各执一词、争论不休,却无不追求哲学的科学化。早期的科学家如牛顿还将自己的物理学称为自然哲学,而在后期,哲学已经开始明确地将自身纳入到科学中,或者说,成为科学被哲学视为努力达到的目标。从文艺复兴到近代,哲学始终致力于追求自身的科学性,但由于其言人人殊、莫衷一是,终究与具有确定性的科学相悖。与此形成强烈对比的是,自然科学飞快地向前发展,给人们提供了确定无疑的可靠知识。于是,人们希望以自然科学为典范,建立科学的哲学,提出"科学的哲学观",企图使哲学完全被科学同化,现代哲学中的实证主义就是如此。孔德认为,人类思想的发展要经历三个不同的理论阶段:神学阶段、形而上学阶段和科学阶段,其中,科学是最高阶段,哲学要想成为科学的,就必须以科学为基础,以实证的东西取代虚构的、抽象的东西。赖欣巴哈认为,在他那个时期,哲学已经在科学中获取一种方法,对实证知识予以综合并描绘出整个世界图景,用以解决之前只能推想的哲学问题,从而由思辨进展到科学,而这已经成为现实。实证主义企图将科学的原则落实于所有领域,使哲学达到科学的精确性。胡塞尔继承了唯理论和德国古典哲学传统,也将科学作为哲学的目标。他批判地考察了经验科学,由此给哲学提供基础,认为哲学可以也必须成为最高的、严格的科学。

第二,科学蔚然成势,深刻而全面地重塑了现代社会的面貌,导致整个世界的科学化。近代的工业革命完成以来,科学频频告捷,凯歌高奏,取得了巨大的成就和发展,参与决定着世界,成为人类改造世界的重要方式和武器,对人类社会的发展起到了推动作用,大大便利了人们的生活,提供了舒适的条件,被看作降临世界的福音。科学被认为"最终可以认识一切,因而也可以解决一切,使人类达到幸福完满的至善至美之境"①,因而具有不容争辩的优先地位,成为人们所依赖的绝对力量。科学日益使自身紧密结合到现代社会的所有组织形式中,紧密结合到经济、政治、文化、军事甚至日常生活中,无孔不入。而且,科学对人类社会诸方面的支配及影响仍在以史无前例的速度与规模继续发展着,渗透和侵入一切领域,从地球扩大到外空,从宏观的宇宙深入到微观的量子,从无生命的东西伸展到生命本身,无论是人的物质生活还是精神生活,都深刻地嵌入了科学的印记,甚至已经开始了对人本身即对人的生命与本性的把持。人的一切领域都为科学所笼罩,科学几近完全充斥并主宰着人的生活,人生存的所有意义似乎就在于推进并运用科学,全部现代文明也最终由科学浸透。换言之,科学因其至上的能力和显赫的成效而迅疾、广泛地蔓延开来,受到人们的普遍关注,具有无可置疑的权威性,获得崇高的威望和极大的声誉,人们对科学的崇拜"盛况"空前,甚至形成一些虚妄而想当然的观念,将科学绝对化和无限化,认为"科学的"就是"正确的""严格的""有意义的"。如果要说明"正确""意义"之类,就必须用"科学"这一词语,因为科学认识被看作唯一正确的、绝对的东西,甚至被认定为唯一的、绝对的真理,成为

---

① 张汝伦:《近代科学与近代形而上学——海德格尔的观察和批判》,《复旦学报》(社会科学版)1994年第1期。

真理的代名词,而别的认识则被归属于谬误甚至迷信,当人们说某个理论是否科学时,其实是说它是否是真理,似乎只有科学才能获得真理,此外别无其他。胡塞尔指出:"直到 19 世纪后半叶为止,现代人一直迷惑于实证科学所造就的'繁荣'而毫无保留地让自己的整个世界观受实证科学的支配。"①科学的地位不断提升,它作为占支配性的揭示存在的方式和现代人普遍的生存方式,展现为一种全球范围内的力量,无处不在,最终登上王位,成为世界的规范和真正统治者。这种失实的泡沫越鼓越多,直至对科学的推崇变作对科学的信仰,人们对科学的迷信被全然暴露出来,驱逐神话的科学本身由于自身的内在逻辑而走向其反面,成为新的神话,成为无所不能的上帝。海德格尔直言道:"科学是新的宗教。"

　　第三,科学成为赋予所有的事物以终极标准与规则的制定者或立法者,要求人们运用这一尺度去衡量和支配一切事物的存在,并执迷地固守着这一尺度,造成单向度性。事物和人在源始观照中的多元化统统消失了,人成为单向度的人,世界成为单向度的世界,在主体的单向度活动中以无分殊的"物体的总和"的图像的样式显示出来。也就是说,科学展现出一种空前绝后的同一化力量,一切都变得单一化,世界整体上的这种单一化运作必然引起均质化,不可避免地被裁截得整齐划一,导致所有的事物都处于同一性状态。科学的势力所及之处,"地方性知识"被忽略,甚至被剪除而湮灭。现代科学总是努力将对各种自然现象的说明化约为尽可能少的、原初的规律,并以此塑造精神科学,试图借助一些概念或定理去获取对精神科学最简单的说明方法,从而使精神科学偏离其本性,走向单向度。总之,科学和事物打交道的活动好像做的是揭示事物本质的根本工作,比一切其他活动都具有优势,能够"以其特有的方式明确而且唯一地给事物本身作出最初的与最终的断言"②。"科学研究与

---

　　①　朱耀平:《科学之根与危机之源——胡塞尔与海德格尔的"危机哲学"的不同旨趣》,《常德师范学院学报》(社会科学版)2003 年第 1 期。

　　②　孙周兴选编:《海德格尔选集》(上),上海三联书店 1996 年版,第 137 页。

理论的这种职责,逐渐变成在人的整个生存中可能出现的一种特有的领导地位的根据。"①所有对事物的追问、规定及论证都要归于科学,都要在科学上显示。纵然是那些似乎与科学毫无关系的东西,也会被收归于科学的规则及领域之中。对此,除了海德格尔,尼采和维特根斯坦等哲学家也进行过批判。他们都认为,如果科学被视若神明,奉为圭臬,就极有可能成为僵化的教条主义,而这在本质上是违背现实的,当然,也是有悖科学的。海德格尔看到,在科学凌驾于一切之上的时代,几乎没有能够真正置身于科学"之外"的东西,他对此充满怀疑,反对科学主义及其所享有的优越地位。他认为,科学绝不是唯一的标准,也不是合适的标准,充其量是描述了可以被确定的东西。作为人类"准确"认识事物的方式,科学永远不可能属意于人的内心和存在的意义,反倒阻碍着人们的理解,掩盖了事物本身存在的丰富性,驱散了揭示的其他可能性。当人们把科学看作把握一切事物的唯一方式时,就将科学对人日益增长的控制包藏起来,犯了"科学决定论"的错误。

针对唯科学主义,海德格尔指出:"关于一种'科学地被论证的世界观'的观念,乃是这种精神混乱的一个典型的畸形怪物,它在十九世纪后期越来越强烈地公开显露出来,并且在浅薄的知识和大众科学范围内获得了令人惊奇的成功。"②科学成为真正的仲裁者,发展为对实在领域毫无疑问的掌握,压制任何基本的怀疑,把理解存在的最本己方式引入歧途。科学哲学家波普尔曾经表达过这样的观点:"科学不等于真理"③,强调知识的本质是猜测性的,因而没有绝对性。海德格尔从存在论思想出发,也认为科学理论并不就是真理,不是万能的。在他看来,"形而上学关于实在的命题和观点是可以通过'科学的认识'来论证的"④这一思想是错误的。而当今时代的悲剧在于,人类甚至将

---

① 孙周兴选编:《海德格尔选集》(下),上海三联书店 1996 年版,第 137 页。

② 〔德〕海德格尔:《尼采》(上卷),孙周兴译,商务印书馆 2003 年版,第 511—512 页。

③ 〔英〕波普尔:《客观知识——一个进化论的研究》,舒炜光、卓如飞、周柏乔等译,上海译文出版社 1987 年版,第 8 页。

④ 〔德〕海德格尔:《尼采》(上卷),孙周兴译,商务印书馆 2003 年版,第 511 页,有改动。

对科学的克服也寄希望于科学。这恰恰表明,人类依然处于科学力量的役使下,一时还无法改变自己的理解框架。

第二节 现代科学的异化

科学产生于古希腊哲学的开端,却由于对控制的兴趣而使其掩盖远远多于揭示,日益远离自己的开端,被抽空和耗尽,一步步走向歧途而陷入全面异化。由此,人们不但能更全面而透彻地知晓现代科学的本质,还能获悉整个现代文明的本质。

一、对实在的干预

人们通常对科学的看法是,科学是纯理论的,是由大量概念和命题经过推理和证明而构成的体系,是纯粹静观的活动。但事实上,现代科学的本质并非如此。海德格尔说:"据此看来,作为观察的理论或许就是有所追逐和有所确保的加工。然而,这种对科学的刻画显然与科学的本质背道而驰。因为科学作为理论恰恰是'理论性的'。其目的其实不在于对实在的加工。科学竭力要纯粹地把握实在。它不干预实在,并不想改变实在。人们宣布,纯粹科学是'无目的的'。尽管如此,作为在观察意义上的理论,现代科学仍然是对实在的一种极其干预性的加工。"①

在古代科学的视域中,存在者是自身显现的,而人是以存在者之显现的接纳者的身份存在的,顺应而不会迫使存在者发生改变。但是,现代科学绝非关于存在者本身的不加文饰的质朴认识,它以侵掠性的方式逼问存在者,借助于干预性的观察对存在者进行追踪和规定,旨在制伏存在者,使其适合自己的需要。现在,"科学通过它的由活动方面领导的研究,对控制和统治事物,对事

① [德]海德格尔:《演讲与论文集》,孙周兴译,生活·读书·新知三联书店2005年版,第51页,有改动。

物的'技巧化',发挥着不小的作用"①,影响越来越广泛、深刻而强烈。换句话说,现代科学从其产生之日起就不是纯理论,而是培根意义上的给出力量的知识和实践活动。所以,现代科学的本质在于突入到存在者那里并对其发起进攻,支持着对自然的控制和统治,以构想世界图像的方式把控世界。世界图像表明的就是,世界成了人们可以随心所欲描述的东西,因此,世界成为图像和使世界变得可支配是一回事。爱因斯坦说:"人们总想以最适当的方式画出一幅简化的和易领悟的世界图像;于是他就试图用他的这种世界体系(cosmos)来代替经验的世界,并来征服它。"②由此,科学不承认任何限制,将实在之物都纳入到自己干预的范围,参与到对实在之物的侵入中,施行对事物的计划,培育无限制的暴力,无情地攻击实在之物,无礼地冒犯实在之物,与之相应的是实在之物日益增长的屈从过程。

科学立足于对世界的各种修整方式中,最终目的在于卓有成效地改造世界,具有将世界图式化而加以控制的欲望,被对干预的无穷欲望所驱动,所以,永远都是依照其最终产生的实际结果的数量、规模和程度等调节自身。在将自然作为应该加工和改造的客体这一理念的支配下,现代科学理论对实在之物展开筹划;科学研究被程序化,以确保筹划能够真正落实;实验是对由规律所统治的自然的先行筹划,是统治自然的组成部分;科学和实在之间的符合是为了在操纵和控制世界方面获取巨大的成功。现代科学是挺进着的对象化,对实在之物的对置性处理使科学将自然改造为可以控制的对象,其认识过程就是主体设定和强逼对象的过程。现代科学加强了对自然的关注,凭借其对实在之物的独特发现、以完全对置性的方式限定自然,使实在之物持存化,贪婪地谋取对自然的操控和支配,自然的东西不再是自然的,表现为人为的强加,成了被制造的、被迫接受的东西。"任何一个在科学领域内出现的新现象

---

① [德]冈特·绍伊博尔德:《海德格尔分析新时代的技术》,宋祖良译,中国社会科学出版社1993年版,第141页。

② 许良英、范岱年编译:《爱因斯坦文集》(第一卷),商务印书馆1976年版,第101页。

都要受到加工,直到它适应理论的决定性的对象性联系。"①"现代科学仍然是对实在的一种极其干预性的加工。正是通过这种加工,现代科学得以满足实在本身的一个基本特征……科学本身作为理论特别地根据对置性来促逼实在。科学摆置(stellen)实在。科学把实在置放到那个地步,即:实在向来作为受作用物(Gewirk)呈现出来……实在在其对置性方面得到确保。……在每一门科学中完成的最关键工作却是对实在的加工,后者根本上首先而且特地把实在提取到一种对置性中,一切实在由此从一开始就被改造为对有所追踪的确保而言的杂多对象。"②在科学中,"并非在场者起着支配作用,而是进攻(Angriff)占着上风"③,在其对象领域中是强制性的。由此,存在者不再是在场者,而是由人设置和支配的东西,处于人的表象、加工、制作之中,被设置到科学的裁夺和辖制范围之中。在这里,科学对实在的主宰和征服是没有限度的,它以一己之见和一己之愿,任意干预实在,试图由此达到"蒸蒸日上""繁荣昌盛"。这表现了科学对世界及其秩序的可干预的安排的胜利。

海德格尔解读了科学干预自然的历史。在形而上学的肇始者柏拉图那里,控制精神开始滋长,使科学开启了干预实在的第一步,它并非就事物原本的所是展现事物,而是对其实行强制,削足适履,强使其以理念为绝对标准,就关于事物的"真知"展开追求。于是,事物不再被看作变幻莫测而令人充满惊讶的东西,也不再是神秘而令人崇拜的东西,而是变成可以被宰制的东西,变成被谋划的对象,变成主体视野中的客体,人造物作为丰硕的成果络绎不绝,持续地掩盖并扼杀着事物的本真状态。这是对事物进行干预的决定性一步,这种状况之后愈演愈烈,不断被强化。中世纪的神学从上帝出发,重新回归事

① [德]海德格尔:《演讲与论文集》,孙周兴译,生活·读书·新知三联书店2005年版,第52—53页,有改动。

② [德]海德格尔:《演讲与论文集》,孙周兴译,生活·读书·新知三联书店2005年版,第51—52页。

③ [德]海德格尔:《林中路》,孙周兴译,上海世纪出版集团2008年版,第95页。

物(造物)的神秘,使事物展现的全面性和彻底性受到遏制。但是,事物作为上帝的创造物和附属物,却为科学对事物的统制做了铺垫。在这一时期,事物遭到对象化的干预,但还受到一定限制,尚未因此而走向消亡,仍旧在一定程度上保留着自身性。

对自然的全面干预始于近代。罗奇维兹说:"科学……的强制性首先表现为对自然的表象。"①笛卡尔以怀疑作为确定真理的手段,树立了理性的权威,使人成为精神性的意识之"我",要求完全认识事物,以自己的意愿为根据,去大肆控制和改造事物。在现代,尼采将笛卡尔的思想之我发展为强力意志之我,更加无所顾忌。海德格尔运用尼采关于强力意志的解释,认为科学有一个特征,即它具有一种持续不断的动力,以扩展对自然事件过程的控制。在他看来,虽然尼采一直否定科学,但由于他把科学看作强力意志证明自己和实现自己的工具,客观上为强化科学的干预做了理论上的准备。在强力意志的推动下,现代科学表现出强烈的、不可抵挡的支配意志,对事物的营构和驱使达到了极端,所有的事物都被展现为单一的材料,概莫能外。因此,"现代科学既不效力于一个唯它独具的目的,亦并不寻求一个'自在的真理'。……现代科学乃是一个由意志的意志本身所设定的条件,而求意志的意志通过这个条件才保证了它的本质的统治地位"②。科学最终将事物全数收入囊中,促逼着事物进入非自然的形态之中,达到适合科学需要的状态,成为科学期待其所是的东西,而这恰恰是其所不是的东西。总之,事物受到不间断的干预,走向一种极致,绝迹在持存物的无对象物中,沦为"单纯的物质"。在这种状况下,事物被无休止地耗尽,不断趋于毁灭。

进一步说,由于受到培根、笛卡尔等极力宣扬科学力量的浸染,人们打碎自然的森严壁垒,不再惧怕和敬畏神秘的自然力量,认为可以向其追问答案并

① Richard Rojcewicz, *The Gods and Technology*, *A Reading of Heidegger*, Albany: State University of New York Press, 2006, p.114.

② [德]海德格尔:《路标》,孙周兴译,商务印书馆 2000 年版,第 354 页。

予以阐明。科学越来越多地规定着实在,以无法抗拒的方式支配着实在。科学对事物进行预定,对置性地关联实在物,不让其自身显现。科学专门根据持存物去限定、强求和促逼实在物,对其进行干涉性的加工,设定其特有的存在样式。科学对事物认识的可靠性与确定性就源于这一干预性的设定,并不断地向着这种设定挺进,这样,一切事物和人都被重新塑造,被逐入可以确保的东西中。如物理学视域中的自然是经由物理学加工后被予以规定的,因而是物理学的特殊制造物,现代物理学的基本粒子是在一系列干预性的实验中被展现出来的。这样,实在丢掉了自身的自主性和独立性,彻底沦落为任人操控和摆布的傀儡。科学使人和事物的时空距离日益缩小,甚至不再有距离,但却近得令人窒息,因为它并非二者亲密性的表现,反倒是人对事物的侵犯。总之,人和物都不能作为自身而存在,而成为科学干预下的质料,由此,人非人,物非物。在其中,物站在了和人"平等"的地位上,但却是以二者均被持存化为代价的。

海德格尔根据当时科学发展的状况,特别谈到了控制论,他认为现代科学的基本特征就在于其控制论的特质,并作出断言:"现在,自我确立的诸科学将很快被控制论这样一门新的基础科学所规定和操纵……控制论这门科学是关于人类活动的可能计划和设置的控制的学说。"[1]进一步说,"控制论是研究动物(包括人类)和机器内部的控制与通信的一般规律的学科……综合研究各类系统的控制、信息交换、反馈调节等"[2]。科学的目的就是建立和扩展超越于世界之上的力量和范围,由此,一切都进到科学的干预领域中,科学对世界的控制取得了胜利。"科学世界变成控制论的世界。控制论的世界筹划先行假定,一切可计算的世界事件的基本特征乃是控制。某个事件为另一个事件所控制,这是通过消息的传达即通过信息来促成的。"[3]海德格尔从整体上

---

① ［德］海德格尔:《面向思的事情》,陈小文、孙周兴译,商务印书馆1996年版,第60页。
② 张高宇:《从系统科学的视角论海德格尔的技术思想》,《系统科学学报》2019年第1期。
③ ［德］海德格尔:《艺术的起源与思想的规定》,孙周兴译,《世界哲学》2006年第1期。

看控制论,认为控制论在不同学科中不断深化和扩张,如人类工程学、控制工程学、通讯工程学、计算机工程学、一般生理学、神经生理学、心理学、数学、逻辑学、社会学等,而且还在不断扩展。所有存在者包括人及其活动都被纳入到控制论之中,而人自身被纳入控制,标志着控制的完成。① 在这里,海德格尔从理论层面拆穿了科学对实在的干预本质。马克思也看到,科学对自然展开进攻,不过他是从实践层面出发,把科学与资本势力的联合看作其主要社会条件。

二、功利化的算计

现代科学已不像古代那样仅仅是求知欲的表现。在《尼采》一书中,海德格尔说:"本来就已经滑入单纯技术之中的各门科学,自然科学与精神科学,都遭受着一种如此非同寻常的重负和直截了当的利用。"②现代科学主要是在以各种手段利用自然这一图谋的推动下向前发展的,带来的是功利调遣一切的时代。它将自然包括人都作为能够任自己从中谋取资源的持存物,强使其进入功利状态。科学通过产生的效果评价一切,被等同于效率。也就是说,科学就是效率,以效率为遵循和衡量的准则。在人类历史发展的过程中,劳动和生产需要按照科学的要求进行组织,由此而使效率得到提升,尽可能多地获取收益。科学使其创造和使用的工具作用于事物,以求认识事物及其规律,并据此建立各种人造品,服务于人类。所以,科学的本质功能与价值目标就在于充分地利用自然,特别是追求社会生产力的发展,这种观念已经得到现代社会的普遍认可。在科学化的浪潮中,人类的所有行为几乎都指向唯一的东西——功利。由于进一步的"为了",它整理并计算,以便于使自然更充分、更广泛地成为可预测的,把自然理解为可估算的东西,将自然的有用性当作最实在的东

---

① 参见张高宇:《从系统科学的视角论海德格尔的技术思想》,《系统科学学报》2019 年第 1 期。

② [德]海德格尔:《尼采》(上卷),孙周兴译,商务印书馆 2003 年版,第 365 页。

西,对事物不再保持开放和自由,而只注重其结果和运用。

石里克说:"世界在收敛,因为事物也正收敛,事物日益将其存在置入金钱的震动之中。"①在现代社会中,人们总是站在经济发展的立场去看待科学,研究怎样使得科学去促进经济的增长,这一状况在当前丝毫未减,仍然表现坚挺。"科学不仅把一切存在者设立为生产过程中可制造的东西,而且通过市场把生产的产品提供出来,人之人性和物之物性都在贯彻意图的制造范围内分化为世界市场遍布全球。"②人们将科学所产生的经济效益看作衡量一切事物的标准,事物繁多的存在样式被缩减后,简化为单纯的价值样式,事物原初的本真状态被掩盖起来,功利化的追求支配了人的思想。事物被逼到一个极端:事物的"价值"只能以利润的形式表现出来,如果某物不具有价值,那么,它必然会被抛弃。功利的价值占据着统领地位,总揽着一切事物。它也是科学引领下全球文化同一性的表现。作为具有特殊性、差异性的丰富多样的东西,文化本身是非同一的,而借助于价值,文化之间就有了沟通的中介或桥梁,从而具备了同一化的可能性和现实性。所以,为了胜利取得强大扩张性及相应的绝对同一化的理论体系,科学以功利的价值取代了事物本身。总之,由于现代科学,不同的事物都以同样的形态展现出来,做着同样的事:使自己的存在越来越浮沉于功利之中。

科学之企业活动的目标不是学问,而是实际的利益,一切围绕利益转。它要求科学依照固定的程式展开,以便于自己据此推断、测算其收益。海德格尔指出:科研工作者"受制于出版商的订货。出版商现在也一道来决定人们必须写哪一些书"③。出版商根据市场行情,预定图书和著作的发行,"这种工作又是与研究者的意图相切合的,因为研究者通过丛书和文集不但能更容易、更

---

①　[德]海德格尔:《海德格尔存在哲学》,孙周兴等译,九州出版社 2004 年版,第 186 页。

②　古海云:《海德格尔科技之思及其当代启示》,河南大学哲学与公共管理学院硕士学位论文,2009 年。

③　[德]海德格尔:《林中路》,孙周兴译,上海世纪出版集团 2008 年版,第 74 页。

快速地成就名声,而且即刻可以在更广大的公众那里获得轰动效果"①。利奥特认为,"在《方法谈》结尾的地方,笛卡尔就要求获得实验室的费用。所以,没有钱的话,也就无法证明……科学语言成为有钱人的游戏。最可能获得真理的是最有钱的人。财富、效率可以与真理画等号"②。于是,科学就被和资金密切联系在一起。企业对科学进行投资,就是要赚得利润,目的是盈利和创收,而不是单纯地获取知识和发展科学。科学研究的具体内容也会受到企业等外来资助渠道的影响,为自身的资金提供者服务。纯粹的基础理论研究开发领域的投入大,过程长,收益小,收效也有限,使急功近利的外来投资踌躇不前以致放弃。当经济衰落时,基础科学的开发更是往往陷入困境。于是,为了保障资金上的援助,科研团体之间会为了争取外来投资而进行角逐。对功利的追逐还影响着科研人员的流动,他们从低收入行业流向高收入行业,从不发达地区流向发达地区,从不发达国家走向发达国家。

在这里,支配着现代科学的真理性和进步性是以其在自身研究范围内所产生的功效为衡量尺度的,而且是与这种功效相等同的,科学越来越以显著的功效作为自身合法性的支撑和明证。关于这一点,利奥塔认为,科学的合法性在于其实际的使用价值,以其实际功效作为判断的根据。海德格尔对人们只关注现代科学所带来的实际效益持批判态度,他认为,科学对事物的理解总是被固定在对它的运用中,将它看作只有作为功用才能存在的东西,然后根据功利的需求去探询这些存在者,将自在存在的事物改造、降格为单纯可塑的材料,物质化、功能化为持存物、具有功效的东西,继而苛求、强迫和榨取,要求提供自己所需的某种能量,成为常备的能够使用和储存的资源,由此在人和物、世界之间产生一种纯粹的工具主义的关系。结果是,事物遭到残酷的剥削,直至被耗尽,其独立性、特殊性及自身性则丧失殆尽,失去了其存在、自主和尊

---

① [德]海德格尔:《林中路》,孙周兴译,上海世纪出版集团 2008 年版,第 86 页。

② Lyotard, *The Postmodern Condition*, Manchester: Manchester University Press, 1992, pp. 44-45.

严。这样的事物承载和满足着人的多重需求,被抽象为各种各样的功能,并最终被消耗掉。由此,人们不再认识事物自己的分量,它们原有的本质变得对人越来越疏远,所剩余和残存的只是枯燥的影子和无感觉的格式,成为贫血的僵死的东西,不再有任何意义。

这样的科学在根本上是"计算性的思维",它是一种追求测量性与因果性的思维,在现代科学中表达得最为强烈。所以,这里的"计算"并不只是和数目打交道,因而不能在数字运算的狭隘意义上理解,"广义的、本质意义上的计算指的是:预计到某物,也即考虑到某物,指望某物,也即期待某物。以此方式,一切对实在的对象化都是一种计算,无论这种对象化是以因果说明的方式来追踪原因之结果,还是以形态学的方式来阐明对象,还是确保一种序列和秩序联系的基础"①。计算把存在者作为可量化的东西处理,追求存在者的明了性,预先计算出存在者的过去、现在和将来的所有状态,使存在者变得清晰,显示其在什么范围内对人的谋划及设定是有效的,以求进入存在者内部并在其中取得突破,使存在者按其所是以及如何是而展现出来,使人们借以获悉存在物的特性和有用性。拉普拉斯就曾设想一种精灵,其运算能力是无穷的,能够根据牛顿运动方程,无一遗漏地计算出宇宙的过去、现在和将来,即由被测定的已知事件"计算"出测量尚不能达到的、不确定的未知事件。计算的目的在于进一步图谋,即去谋算存在,尽其所能向存在者进行索取。人们通过科学展现,对从存在者整体中分离出来的客体加以测度和计算,对所有的存在者都运用了极端的谋算手段,进行算计。"精确的思想仅仅系缚于对存在者的计算,并且唯一地为此而效力。"②"惟有科学上可证明的、亦即可计算的才被视为真正现实的。可计算性使世界变得处处时时可为人类所掌握。"③从此,"存在之

① ［德］海德格尔:《演讲与论文集》,孙周兴译,生活·读书·新知三联书店 2005 年版,第53 页,有改动。
② ［德］海德格尔:《路标》,孙周兴译,商务印书馆 2000 年版,第 360 页。
③ ［德］海德格尔:《艺术的起源与思想的规定》,孙周兴译,《世界哲学》2006 年第 1 期。

意义因而就是可计量性,其目标倒不在于,确定那个'多少',而最终只是有助于对作为对象的存在者进行控制和统治"①。计算性思维是通过目的性被组织和计划的,直接指向要达到的结果。换言之,它计算的仅仅是已经被给出的现成状态,为某一目的效劳,推动其收到所希望的效果。这种计算总是在不断地更新,展现出更加经济的可能性并予以实现。这是科学达到其工作效率之处。计算性思维使一切事物都毫无抵抗能力,遭受着无情的攻击。于是,存在不再是原本意义上的自然而然的喷薄涌现,而是人们直接索取的对象,成为人们功利追求的目标。即原本自己显现的、从自身的庇护中到场的自然,现在却被片面地开发,失去了一切神秘性,被赤裸裸地作为有利于人类的能量,"无保护地"受到加工和耗尽。在此意义上,计算其实就是算计。人们在这条算计性思维的道路上越走越远,似乎赢获了辉煌的成就,却没有看到,这"不过是以一种尺度去计算而已,而且是以一种不合法度的尺度去计算"②,因为这种思维无论如何都不可能显现事物本身之所是。结果,计算性思维变成一种"独断论",武断地排斥着一切不可计算的思维方式。这样,计算性思维便堕入并耽于强制性之中,用自己的"逻辑"预计、鉴别和把控一切,源源不断地为人类提供各种能量。

在现代科学中,人类受到科学运行规律的束缚和支配,被限制在算计性地处理事物的狭小范围内,沉溺和痴迷于其效用,对利益的追逐日趋专横和猖獗,并固守在这种谋算框架里而无法自拔,从而变得不自由,被迫转让原本属于自己的生存意义,对事物的索取不加约束,由于过度的物化效应而致心神涣散而销释,迷失了自己,成为下落不明不知所终的东西,也因此而摧毁了自己生存的条件和环境。从前,人们生活的世界丰富多彩、温馨、怡人,充满着欢乐、爱情和美,现在的世界只有满目的功利,是一个僵硬、冷酷、无色无声的死

---

① [法]F.费迪耶等辑录:《晚期海德格尔的三天讨论班纪要》,丁耘译,《哲学译丛》2001年第 3 期。

② 孙周兴选编:《海德格尔选集》(下),上海三联书店 1996 年版,第 1210 页。

寂的世界,一个量的世界,一个可以用数学计算的按照力学规律运动的世界。① 海德格尔之所以追问科学的本质,是为了让人们看到科学研究的功利化给人类造成的损害和灾难,看到其给人类带来的在人和人的本性、事物及整个世界之间的永久性破裂。"有一种古老而无可辩驳的经验就是:或多或少有目的地商定和设置起来的学术团体以及各门科学之间出于功利动机的'合作',乃是迟早要僵化的,它们会因为合作者过分的接近、熟悉和类似而掏空和荒芜自己内在的东西。"②只有"超越纯粹以计算去把握其领域的科学……才是真正的知识"③。

第三节　科学之存在澄明——对科学意义的重建

海德格尔对现代科学的本质做了存在论的解释,觅求科学所遗落的意义。他认为,科学不是实证性的知识,而是存在真理的显现。"科学认识的发生过程才最真切地体现着科学究竟是什么,对过程的揭示才真正能够使我们理解科学的本质。"④海德格尔创造了术语"澄明"(Lichtung,林中空地)去表现科学之作为存在的开启。"澄明乃是一切在场者和不在场者的敞开之境"⑤,"入于这种澄明,根本上某物才显现出来,才展现在其轮廓中,才以其外观(eidos,idea)显示自身,并因此才能作为此物和彼物而在场"⑥。海德格尔拒绝接受澄明和在澄明中展现的存在者之间关系的任何最终的理解,认为澄明本身经历着根本的变化。他的任务是指明这种变化的可能性,解释它在"现代"会

---

① 参见古海云:《海德格尔科技之思及其当代启示》,河南大学哲学与公共管理学院硕士学位论文,2009 年。
② [德]海德格尔:《尼采》(上卷),孙周兴译,商务印书馆 2003 年版,第 364—365 页。
③ Heidegger, *Nietzsche*(Volume 3), San Francisco: Harper & Row Publishers Inc., 1987, p.42.
④ 李章印:《经典现象学家对科学发生过程的考察》,《淮阴师范学院学报》(哲学社会科学版)2006 年第 1 期。
⑤ [德]海德格尔:《面向思的事情》,陈小文、孙周兴译,商务印书馆 1996 年版,第 68 页。
⑥ [德]海德格尔:《荷尔德林诗的阐释》,孙周兴译,商务印书馆 2000 年版,第 65 页。

是什么——澄明中的特殊事件。他的基本主张是：澄明本身并不表现为人们所能够描述的事物，它不是认识的对象，也不是抽象的观念，它在和整个存在的"打交道"的范围内占据着显赫的位置，只有在由人们与事物打交道而打开和保持的"澄明"中，事物才会展现自己而在"此"。科学是存在之澄明，是疏明的林中空地，既解蔽又遮蔽，既显现又守藏，形成真理或虚假的关系。他对科学的这一解释表明了科学是怎样运作的，坚持科学归属于澄明，使真理得以从现代科学的霸权中冲决而出。

一、解蔽

科学在本质上并不是前述所说的，并不是符合论、研究、理论和技术中的东西，而是一种"解蔽"活动，是人"对存在者与存在进行揭示和开展的一种在世方式"①，是一切存在着的东西由此向人们展现出来的一种方式。即科学是使存在者身居无蔽状态的方式，它让存在者和存在本身敞开其自身，把之前隐蔽和掩藏的、一直被锁闭的存在物揭示出来，因而科学本身就包含于澄明中。古希腊的 θεωρία（理论、知识）就包含着"无蔽"，"是对在场者之无蔽状态的重视。在古老的、亦即早先的、但绝非过时的意义上，理论乃是对真理的有所守护的观审（das hütende Schauen）"②。它和照顾、关心相关。"真理（无蔽）就是某种必须总是首先从实体那里攫取的东西"，是"让"实在在世界中被遭遇的方式，是让存在者显现自身。但科学却不是这样，它不是存在的源始显现方式，而是衍生出来的，其前提是使存在者本身展现的无蔽状态蜕变为由此在参与去人为地解蔽存在者，这为科学打下了基础。即科学有一个产生的过程，通过人的解蔽活动发生，由人的解蔽活动创造。所以，科学是由以下实情所规

---

① ［德］海德格尔：《存在与时间》（修订译本），陈嘉映、王庆节合译，生活·读书·新知三联书店 2006 年版，第 405 页。

② ［德］海德格尔：《演讲与论文集》，孙周兴译，生活·读书·新知三联书店 2005 年版，第 48 页。

定的:此在将解蔽在一定限度和范围内可贴近的存在者作为自己生存的任务,将自身与尚需解蔽的存在者连合在一起,将存在者作为与理论的研究程式相契合的东西,而之所以如此,原因在于,要解蔽存在者的存在。

海德格尔追溯到了古希腊的一个词άλήθεια,其源始意义为展现、揭蔽,意味着"自身显现的东西",意味着这样那样得到揭示的存在者,是在场者由之而来并且在其中在场的状态。海德格尔将άλήθεια视为由"α-"(非)和"λήθεια"(遮蔽)两部分组成的一个否定性的词,意思是"去掉遮蔽的状态""敞亮",在存在敞开的同时,也使存在者得到揭示,即"使存在者如其所是的那样显现出来"。因此,άλήθεια就是存在者之为存在者的无蔽状态,是把存在者从遮蔽状态中取出来在其无蔽状态中让人来看,它在古希腊人那里意味着对存在的解释,而不是对主体之认识范围的解释。古希腊人把存在理解为存在者趋向άλήθεια而在"现"中存在的东西(现存),认为遮蔽和错误威胁着每一个认识,所以问题在于消除遮蔽和错误,获得关于存在者的原本的观念,达到存在者的纯粹无遮蔽状态。在其中,物能够本真存在,既不被改变,也不被歪曲,而是如其自身那样显现自身。海德格尔认为,自在的世界居于遮蔽状态之中,被封罩得密不透风,此在对其一无所知,但可以通过种种操劳活动,撤除遮挡,使事物得到展现。"一切思想和行动始终只能在总是被展示的无蔽状态内活动。"①一句话,άλήθεια就是解蔽之意,是一种揭示方式的真在,是开放自身的活动。

传统上也把άλήθεια译作真理,认为"真理乃是无蔽状态"。海德格尔重新挖掘了真理之作为άλήθεια的本源含义。在他看来,真理超出于存在者之外,但不是离开存在者,而是在存在者之前,在存在者整体中间有一个敞开的处所,其中有光亮。唯当存在者丧失了隐匿性质,进入和离开这种澄明的光亮,把真实的东西从不可辨识处引出来,表现于光亮的场所,并得以展示,这

---

① [德]冈特·绍伊博尔德:《海德格尔分析新时代的科技》,宋祖良译,中国社会科学出版社1993年版,第180页。

时,存在者才能作为存在者而存在。唯这种澄明才允诺并且保证人们通达某一存在者,走向其所是的存在者。由于这种澄明,存在者才在确定的和不确定的程度上是无蔽的。如果存在者的无蔽本质属于存在本身,那么,存在就以其本质的方式让敞开的活动空间即此的澄明之所发生,并且将它作为每一个存在者都以其本己方式在其中涌出的场所而引导出来。即存在是一种没有自行锁闭起来的东西,任何行为都植根于其中,并由此而获得指引,走向存在者及其解蔽。存在者首先一定要在其存在中得到显现,如果存在者不显露在存在的光亮处,就谈不上任何真理。存在者的无蔽从来都不是一种纯粹现存的固定状态,而是一种涌现和生发的动态过程。解蔽是存在的命运,存在者总是要进入无蔽状态之中,即使暂时被掩盖,也会再次得到解蔽。

在解蔽中,存在者并不是通过人的表象而存在的。人逗留于无蔽领域,作为存在者的觉知者而存在,觉知着作为存在者的在场的一切东西,把自行开启者聚集、接纳和保存于其敞开性之中。通过这种逗留,人将自己纳入解蔽者的从属关系,归属于敞开的解蔽者,获得解蔽者的尺度,承认存在者的解蔽的不可确定性。所以,"此时真理之内涵还是那'依其自身显示出来'的东西,即与'自己显示着的东西'是同一的"①。真理必须理解为正在开启着,它是一种存在的方式,即"解蔽"。真理是在对世界的解蔽中被发现的,"是真的"就意味着是无蔽的。其中的存在者是被如其所是地揭示出来的,存在者的无蔽是由其自身展示出来的,而不是由人构设出来的,人仅仅是存在者之展示的旁观者,是存在者自行展现的亲历者及领受者。得到解蔽的存在者横贯、穿行于一个敞开的领域中,因此,"解蔽"就意味着不从外面去判断它,而只是将这存在者本身的在场状态就其所是地、不离当场发生地显现出来。人被抛入了在场的解蔽,活在敞开领域中,不可避免地将存在者如其所是地公开出来。"解蔽"讲的就是这样一个认识论和存在论无法区分的状态。

---

① 王伯鲁、徐文杨:《追问科学与技术——海德格尔科技思想解析》,《北京科技大学学报》(社会科学版)2014年第1期。

这一点"在哲学开端之际就被命名了,但在后来的时代里哲学却没有专门思这个无蔽本身"[①]。巴门尼德区分了真理之路和意见之路,将"存在"确立为真理要认识的东西,其核心是在场意义上的无蔽,却在一定程度上忽略了在场的来历和澄明的遮蔽,从而退化为形而上学和科学意义上的现成存在,退化为表象性和对象性的认识。形而上学将存在者的存在理解为"在场"这样的基本经验,试图使一切存在者都呈现在人们面前。相应地,科学的思路是追求"光明",试图使一切事物都"大白于天下"。在科学面前,一切都是透明的、一览无遗的,是完全的在场。身处科学中的人总是关注存在者的显现,紧紧抓住存在者不放,以攫取存在者为目的,而轻视那些作为虚幻的、不可攫取之物的不在场者,忘记了由在场者和不在场者共同支配着的不能分开的开放域。于此中,土地被遗弃,众神隐遁,天上了无奥秘,有死的凡人否认自己有终的生存。单纯的科学展现使得世界黯然失色,人和存在的自身性受到损坏、扭曲和丧失。以上所说的"不在场者"正是由我们下面要探讨的"遮蔽"而发生的。

二、遮蔽

海德格尔认为,存在的光亮处本身并非是根本的真理,澄明之敞开的中心并非由存在者包围着,相反,澄明的中心,是罕为人知的未显现领域,也是黑暗的领域,它包围了所有的存在者,深入到存在者之解蔽状态和解蔽过程中那个尚未被把握的东西那里,并围绕一切存在者而运作。它是退隐着的,人类越是积极主动地向着它前进,它就越是后退隐藏,因而对它无能为力。这个领域就是遮蔽领域。

澄明之所作为双重的遮蔽发生。在遮蔽中,同时活动着双重的非,即拒绝和伪装,"遮蔽总是把自己拒绝和伪装起来"[②],以双重方式在存在者中间起着

---

① 孙周兴选编:《海德格尔选集》(下),上海三联书店1996年版,第1256页。
② [德]海德格尔:《人,诗意地栖居》,郜元宝译,广西师范大学出版社2000年版,第13页。

决定性作用。存在本身总是自行拒绝,始终遮蔽着,不让自己完全展示在世人面前。即遮蔽状态拒绝无蔽对存在本身的解蔽,而且还不允许无蔽对存在本身进行强硬的剥夺,总是把存在抑制在某种遮蔽状态中,保持存在本身最本己的固有的东西。对于作为拒绝的遮蔽,既是知识的界限,同时还是敞开领域即澄明的开端,这一点和康德限制知识而为形而上学或者说为道德的自由提供地盘有相似之处。遮蔽也可以存在于敞开领域中,在其中,存在者"彼此遮盖,相互掩饰,少量阻隔大量,个别掩盖全体"①。这样的遮蔽是,存在者虽然显现出来,但它显现的不是自身,而是它物,因而是抑制伪装。正是由于存在者的伪装,以假象迷惑人们,人们才会在存在者那里有差错误会。海德格尔说:"由于真理在本质上乃是自由,所以历史性的人在让存在者存在中也可能让存在者不成其为它所是和如何是的存在者。这样,存在者便被遮盖和伪装了。假象(Schein)占了上风。"②存在者被从遮蔽状态中展现出来,却是以假象的样式展现。拒绝和伪装这一双重遮蔽永恒地渗透在澄明中,从澄明中穿过。真理不是摆脱了一切遮蔽的纯粹的无蔽,遮蔽深藏于真理的开启本性中,不仅仅被理解为否定性的,并非某种匮乏和缺憾。遮蔽是一种有积极含义的隐藏,即潜在的发生,或能够随机地给出相应存在者的领域。这种双重遮蔽属于作为无蔽的真理的本质,遮蔽作为拒绝把永恒的渊源归于澄明,作为伪装把难以取消的遮蔽归于澄明,这种以遮蔽方式进行的否定本质上属于作为澄明的无蔽。

进一步说,真理在本质上是非真理,因为在遮蔽意义上的尚未被解蔽的东西的渊源范围就是真理。如果把真理看作解蔽状态,作为非解蔽状态而存在的遮蔽状态就是最本己的和根本性的非真理。非真理不是被外物所遮蔽,而是自身遮蔽。存在者整体的遮蔽状态并不是因为人们对存在者认识得不够深入和全面而产生的,即不是由于人们认识的肤浅而出现的,也不存在于存在者

---

① [德]海德格尔:《林中路》,孙周兴译,上海译文出版社2008年版,第35页。
② [德]海德格尔:《路标》,孙周兴译,商务印书馆2000年版,第220页。

的无蔽状态之后。"真理的非本质也并不是事后源于人的纯然无能和疏忽。"①作为根本性的非真理，存在本身、存在者整体将自己保持为深深的遮蔽，海德格尔将其称为"神秘"。"真理的根本性的非本质乃是神秘。这里，非本质还并不意味着是低于在一般之物 koinon（共性）genis（种）及其可能性和根据这种意义上的本质的。……非本质一向以其方式保持为本质性的……真理的原初的非本质（即非真理）中的'非'（Un-），却指示着那尚未被经验的存在之真理（而不只是存在者之真理）的领域。"②存在的遮蔽表现为一切遮蔽中首先被遮蔽者，因为它任由"神秘"的被遗忘状态占了上风，并消隐于这种被遗忘状态中。

海德格尔从另外的角度谈到存在被遮蔽的三种情况：第一，它是完全未被揭示的，既不是被认识了的，也不是未被认识的。这是源始的遮蔽，是源始的非真理，它是真理的源头，是解蔽的源头，不但不是负面的，而且恰恰是真理的前提。第二，它曾被揭示和敞开，但随后又退化到完全的遮蔽状态，从而被完全埋没了。第三，被揭示和敞开之后，它没有被完全埋没，仍然是可见的，但已不是源始的现象，而只是一种"幻相"。这是最常见的、也是最危险的情况。因为"有多少'幻相'，就有多少'存在'"，作为"幻相"的东西又总是很容易导致欺骗和误导的，并且也是最难以对付的。在被遮蔽的这三种方式中，有的是偶然的，有的是必然的。必然的遮蔽"根植于被揭示者的持存"，因为只要被揭示者为了持存下去而进一步在陈述中表达并传达出来，原初所揭示的东西就会以空洞的方式被理解，并如此流传下去，于是它就丧失其固有的特点，成为一种无根的僵化的观点。③

存在的遮蔽还和人之此在相关。人作为此在，不仅其本身是敞开的，还会

① ［德］海德格尔：《路标》，孙周兴译，商务印书馆 2000 年版，第 220 页。
② ［德］海德格尔：《路标》，孙周兴译，商务印书馆 2000 年版，第 223—224 页。
③ 参见李章印：《解构—指引：海德格尔现象学及其神学意蕴》，山东大学哲学与社会发展学院博士学位论文，2009 年。

使周围存在者的存在得以敞开,使周围世界的存在得以敞开。当存在者尚未被抛投到此在的存在生存之中而得到敞开时,一直处于源始的遮蔽状态。而当存在者和此在的生存一道在世而牵涉于此在时,它的存在及其周围环境就都显现出来。不过,这种从源始的遮蔽中显现出来的敞开也是源始的,此在一般对它们都混沌无知、不明就里,依然表现为一种遮蔽状态。于是,此在存在就通过某个标志或指涉对存在者进一步加以敞开,而这又会导致存在者离开自身原初的存在领域以及此在的生存领域,借助于此在的经验直观而被通达,从而转化为被观察的现成存在者。也就是说,这时的存在者处于理论的观察中,而后者在本质上就是对存在者本身的遮蔽。

而且,在日常生活中,常人占据着统治地位,人们的思想、感情、信念、态度和行为等都处于“平均状态”。这样,此在通常处于“沉沦”的状况之中,丧失了自己独特的意愿和生活方式,只能以平均化的公共意见和公共舆论为依据去作出判断和选择。此在不再追问并日益远离自己的本真存在,成为常人的牺牲品,处于其本真存在被遮蔽起来的异化状态中。所以,此在虽然敞开着,却没有依照自己的本真存在敞开;此在虽然在揭示存在者,却没有依照其本身所是去揭示。而这就是“不真”。“因为此在从本质上沉沦着,所以,依照此在的存在机制,此在在‘不真’中。”①不真就是,在其他事物中,此在被理解的现有方式和在其中发现自己的活动所迷惑。在事物被解释的公共方式的支配下,此在不能为了自己而占用这些方式并将它们看作是给定的和自明地有意义的;结果,它们是决定性的,决定着此在看见的东西及看见的方式。在这种情况下,被谈论的东西仅仅处于不确定的空虚(无意义)中,而正在被谈论的事物滑走了,被说的东西即词语、句子没有正确的理解就被重复和传播,人们的谈论下降到一种空洞的闲谈中,进入到“听纯粹作为谈论的谈论”之中。“好奇”关心看见的东西,但并不是为了理解看见的东西,即进入其存

---

① [德]海德格尔:《存在与时间》(修订译本),陈嘉映、王庆节合译,生活·读书·新知三联书店 2006 年版,第 255 页。

在之中，而只是为了看见；在"模棱两可"中，一切都似乎被真正理解，被真正掌握，被真正地说，虽然实际上并不是这样。总之，在这里，一切都被遮蔽着。

由于遮蔽，人们会误入歧途。人们由于仅仅关注自存在而来解蔽的存在者，从而背离了存在本身。换言之，人类忙碌于从一个解蔽的存在者离开，走向下一个存在者，与此同时，却遮蔽了整体的存在者存在，遮蔽了存在本身，这就是误入歧途，即迷误。"对被遮蔽的存在者整体的遮蔽支配着当下的存在者的解蔽过程，此种解蔽过程作为遮蔽之遗忘状态而成为迷误。迷误是原初的真理之本质的本质性的反本质（Cegenwesen）。迷误公开自身为本质性真理的每一个对立面的敞开域。迷误（Irre）乃是错误（Irrum）的敞开之所和根据。所谓错误，并非一个个别的差错，而是那种其中错综交织了所有迷误方式的历史的领地（即统治地位）。按其开放状态以及它与存在者整体的关联，每一种行为都各各是迷误的方式。"① 人们通常把"错误"看作和"真理"正相反对的东西，即判断的不正确性和知识的虚假性。在海德格尔看来，这样理解的"错误"仅仅是迷误的一种，而且是最肤浅的一种。迷误在本质上和人的敞开状态相适应，是人固有的内在机制，是存在的命运，属于存在本身的运作，归属于存在之澄明的原初本质。因此，人陷入迷误不是偶然的，人必然走失于、行进于迷误之中，这种迷误支配着人，使人迷失道路。而且，由于固执于自己的一孔之见，人在其绽出的生存中总是处于迷误之中，甚至在迷误中越走越远，人就在不知不觉中受着迷误的统治，并由此遮蔽着存在本身。这表现了"完整的、包含着其最本己的非本质的真理之本质"②，它是由作为此在的人之绽出的生存决定和赋予的。只有从人类的绽出的生存中，才产生了对具体存在者的解蔽，同时也才产生了对存在本身的丰富可能性的遮蔽。

① ［德］海德格尔：《路标》，孙周兴译，商务印书馆2000年版，第227页。
② ［德］海德格尔：《路标》，孙周兴译，商务印书馆2000年版，第227—228页。

三、解蔽和遮蔽的张力

解蔽和遮蔽是不能分开的,二者之间具有张力,本真意义上的真理就是这个张力。存在的澄明是开放出来的同时又守藏起来,是解蔽和遮蔽、光明和黑暗之间的斗争,ἀλήθεια 实际上已经明确地遵从了这种斗争性。真理以澄明之所的解蔽和遮蔽的对抗形式而发生,总是处在解蔽与遮蔽的相反相成之中。有了澄明之所,存在者才在一定程度上被解蔽,同时,存在者只有在澄明之所才能被遮蔽,一切存在者都遵从这种对立方式,解蔽的同时又将自己扣留在遮蔽之中。这种源始的冲突一旦发生,对抗双方即解蔽和遮蔽就因此而彼此分离,获得胜利的是冲突之场所的澄明。只有把自身确立在澄明中,才能是其所是,在这种澄明中必定有存在者存在,好让真理获得栖身之所。

进一步说,个别存在者进入其中的解蔽,同时就是整体存在者的遮蔽,是存在之遮蔽的产生。虽然人们一直都在努力揭示存在者,但仅限于个别存在者当下的无蔽状态,之外更为广阔的领域却仍处于遮蔽状态中。"让存在总是在个别行为中让存在者存在,对存在者有所动作,并因之解蔽着存在者;正是因为这样,让存在才遮蔽着存在者整体。让存在自身本也是一种遮蔽。在此之在的绽出的自由中,发生着对存在者整体的遮蔽,存在着(ist)遮蔽状态。"①解蔽只有和遮蔽相衬,才能明确地显现出来,同时,存在者整体却伴随着一种自身退隐的因素,把自己淡化、隐藏在解蔽的存在者那里。一旦存在者出现在人类意识中而解蔽,存在本身也就被遮蔽了。人们只能看到存在者之存在从被遮蔽状态得到展现的一面,而存在本身在存在者的展现中同时隐失的一面,即真正源始的作为守藏的遮蔽状态,却没有得到考虑而被忽略了。这种处于遮蔽状态中的隐匿着的、未出场的无限整体是个别存在者的藏身之所,

---

① [德]海德格尔:《路标》,孙周兴译,商务印书馆 2000 年版,第 222 页。

也是其解蔽的来源,是还没有被解蔽的源始境域。遮蔽更深入地说明了解蔽的缘由,使在场的东西得以发生,显示在场的东西之本然。解蔽的存在者就植根于其中,从不在场的、遮蔽的东西所建构起来的整体之中展现出来。存在者的解蔽意味着:从一个未加展示的遮蔽领域中显露出来。遮蔽(λήθη)属于解蔽('Α-λήθεια),起着一种庇护和保藏作用。解蔽彻底地被遮蔽所支配,存在只有以将自己遮蔽起来的方式,才能使存在者显现出来,没有遮蔽的本性,就没有解蔽的本性。如果要让一个存在者得到解蔽,就必须把它放回到它所"隐蔽"于其中的存在者整体之中,嵌入那个隐藏的整体之中,并在这个整体中成其本身。正是隐者的"隐"才有显者的"显",存在者就在存在"隐"之际"显"为存在者。遮蔽指向一切在场的东西之外,追求隐蔽于在场事物背后的不在场的事物,这就使不在场的、遮蔽的东西与在场的、解蔽的东西结合在一起,相互融通,彼此联系,互为补充。

因此,存在者在被解蔽而进入澄明的同时,也具有遮蔽性。而澄明也不是在场状态的单纯澄明,而是自身遮蔽着的在场状态的澄明,是自身遮蔽着的庇护之澄明,是存在自身遮蔽着的解蔽。在澄明之中,所有被解蔽和遮蔽的东西一起获得敞开的自由。澄明处于解蔽和遮蔽之间,解蔽和遮蔽是存在之澄明一体两面的运作方式,解蔽从隐走向显,而遮蔽则从显走向隐。"一方面,显示自身的东西通常恰恰不真正显示自身,但另一方面,通常恰恰遮蔽着自身的东西又必然要解蔽自身。"①因此,澄明是所有在场者和不在场者的公开域,是一切获得聚集和庇护的处所,它让一切都归于其本己的存在中。不论到场者是否被经验、掌握或表达,到场状态始终依赖于已然起着支配作用的澄明。即便不到场者,除非它在澄明之中到场着,否则也不能成其为不到场者。巴门尼德就曾谈论过澄明,称作"解蔽之不动心脏",认为它是一个寂静之所,允诺到

---

① 李章印:《解构—指引:海德格尔现象学及其神学意蕴》,山东大学哲学与社会发展学院博士学位论文,2009 年。

场状态本身的可能到场。① 总之,存在展开为各种显示的结构,把一切到场者和不到场者都带入其自身,并以其所是地显现它们自身,导致澄明的敞开。在存在的澄明敞开中,既有显现也有不显现,在显现的同时也担保着不可显现的神秘,显现着神秘的不可显现性。

海德格尔用光明与黑暗比喻存在澄明之解蔽与遮蔽的交织和统一,进一步阐述二者在本质上的共属一体的关联性。光明是由于黑暗而成为光明,没有任何黑暗,就没有任何光明。而当存在者显现时,其因忽略了自身的显明过程、只关注自身的光芒而遮蔽了存在本身,存在本身就退入暗影。存在者整体对人们来说还裹藏在黑暗之中。人必须认识到这种黑暗的必然性,而且应该努力去消除这样一种偏见,即认为这种黑暗的主宰应该被摧毁掉。黑暗是光明的隐藏之处,它保存住了光明。所以,人们追求光明的真正目的并不是为了将黑暗带到光明之中,而是为了借助光明而复归于黑暗。因为,那无边无际的黑暗作为守藏才是本源。海德格尔引用老子的话"知其白,守其黑"阐明这一思想,并就此批判柏拉图,认为他在洞喻说中说明了光对于在场的必要性,然而,光明与黑暗都必不可少的澄明却被忽略了。他也因此而批判科学,因为科学固执而盲目地追求光明,看不到、也不去看更为本源的黑暗,结果,如同原子弹一样,"漫天奇光异彩,有如圣灵逞威,只有一千个太阳,才能与其争辉",但它会刺伤人的眼睛,甚至使人类遭受灭顶之灾。

从真理角度而言,不仅解蔽之处是真理,遮蔽之所也是真理,甚至可以说更是真理,因为,不管人们如何解蔽,都不可能使所有遮蔽的东西特别是存在者整体都显现出来。解蔽是澄澈明净的境域,是真理的无蔽之境。但是,解蔽不能囊括真理的本质,非真理也不能与遮蔽相等同。真理的完全本质包含着非本质,而且首先是作为遮蔽而运作的。所以,"遮蔽比无蔽更为本源"②。真

---

① 参见李章印:《解构—指引:海德格尔现象学及其神学意蕴》,山东大学哲学与社会发展学院博士学位论文,2009年。

② 彭富春:《无之无化》,上海三联书店2000年版,第47页。

理并不拒绝存在者整体的遮蔽状态,并不冲破遮蔽,不唯一地持守于解蔽的存在者,而是使其完满无缺的丰富本质进入到敞开域中,从而获得本真的存在,让存在者作为如其所是的存在者整体而存在。真理关联于非真理,"非真理必然源出于真理的本质"①。亚里士多德在《形而上学》中曾说过,使派生的真理成为真的东西一定是最真的。② 这样,关于真理之本质的知识越来越被置入对真理的一个派生本质(陈述与物的符合)的探讨中。其实,对真理的界定是有限的,其中包含了它自己的否定性。真理并非简单地是存在者的解蔽,与正确的观念相对应,后者所提供的只是一个可认识的表层,在一种完全的对象化中显露出来,缺乏自我独立性的内在深度,即"立足于自身",表明的只是存在者的可用性。

现代科学就是如此,只重视解蔽者,要求完全解蔽世界中的一切人和物,将它们看作彻底开放的研究对象。这虽然带来现代科学的兴盛,却遗忘了孕育解蔽者的遮蔽,完全将被遮蔽的事物摈弃于人的视域之外,与解蔽休戚相关的遮蔽渊源被漠视乃至清除,导致现代人的无根命运。科学对存在的领会是极其模糊不清的,因为它一味地执着于存在者的对象化,而未能展现出其中的存在之领会的境域。当科学只将存在的解蔽定位于这一维度时,自然就遮蔽了不可穷尽的存在本身。科学思维是一种在场者中心主义,它对更谙解于在场,也更易于思考在场,将其看作起决定作用的东西,看作基础,而将不在场者看作第二位的,甚至不真实的东西。这是由于,人类不仅绽出地生存,同时还固执地持存,即牢牢地坚持于被解蔽的东西中,误认为这些东西就是它们本身的澄明状态,就是其本真存在。人类从事科学的真正目的是解蔽存在者,特别是获得这些存在者的确定特性,而忽略了它们背后的、环绕着它们的遮蔽的东西,割裂了存在的原始整体性。事实上,解蔽的背后是遮蔽,解蔽是有限的展现,遮蔽是和解蔽的事物相联系的无限的尚未展现。遮蔽尽管隐而不显,却与

---

① [德]海德格尔:《路标》,孙周兴译,商务印书馆 2000 年版,第 220 页。
② 参见[古希腊]亚里士多德:《形而上学》,吴寿彭译,商务印书馆 1995 年版,第 33 页。

解蔽一样真实存在,甚至更真实,它为解蔽确立了坚实的基础,是解蔽之所以能够实现的根据。遮蔽是解蔽的映衬,解蔽作为对某种遮蔽的祛褪而被给出。以梵高的油画《农鞋》为例。按照科学的思维方式看,农鞋展现出的是其大小、样式和材质等属性,这些属性和农鞋同属于被解蔽的东西。然而,解蔽远不止于此。这双农鞋展现了农妇的整个生活世界:劳动步履的艰辛而坚韧,劳动成果的宁静馈赠,有焦虑,有喜悦。这里所展现出的东西处于遮蔽状态,远远超出科学就鞋的功能所解蔽的属性,而这种遮蔽却包含了已得到解蔽的功能,因而显现的是事物本真的存在方式,鞋的功能则只是被遮蔽的事物本身的外在显现。就此而言,遮蔽是解蔽的根源。科学将关注点放在事物的解蔽上,而轻视甚至无视事物的遮蔽,所以,给人们展现的只能是一个枯燥无味、缺乏情趣的世界。总是,科学之弊在于把解蔽绝对化,总是全神贯注于解蔽的东西,而不放眼注意一下周围的遮蔽的东西。

其实,存在的澄明并不特别关联科学,但它是科学的源泉,科学源于存在的澄明。存在的澄明是一条巨大的暗河,其中涌现着一切事物,是一切事物的原初给出者,因而也给出了科学,各门科学只是这条巨大暗河的支流。科学这条支流奠基于此在的揭示活动,它可能是解蔽着的,也可能是遮蔽着的,存在之澄明就是这种可能性的存在条件。在这里,海德格尔把科学的内在根据归结为澄明并且把这个根据的本质和遮蔽联系起来。

第三章 科学对象即实在的向度

科学主要和基本的任务是尽可能地透彻地认识作为对象的实在,而其实现则取决于实在的存在向度及其揭示方式,即取决于对实在之存在的理解,回答实在之何所是和如何是的疑问。海德格尔针对科学研究对象即实在在通常视域中的几个重要向度——永恒性、客观性、本质性和"有"等各种现成的属性展开批判,与此相对应,提出时间性、我属性、现象性和"无"等物性的向度,并分别对科学研究实在对象的数学、实验、逻辑等方法进行审思,阐述源始的现象学方法和解释学方法。

第一节 科学实在的属性

科学将实在变成自己单纯的对象,意味着使实在站在作为主体的人面前,面临被规定其属性的境遇。由此,被对象化的实在的构成结构就变得可理解了。或者说,实在是科学在谋划事物对象化的本体论构造中构成的,即在理解相关事物的存在模式和结构中发生的。由于对实在的认识是在对对象化的提供和保证中进行的,并且从对象化中获得其进展的可能性,所以,这种实在便固守在对象化那里,并由此衍生出实在的永恒性、客观性、本质性,最终作为"有"而存在。

一、永恒性

科学要表现实在的易变,同时,更要保持其稳定,坚持处于持续运动中的实在的静止具有必然性,维护其不变状态。进一步说,科学的理想是希望将世界表现为永恒的东西,其功能是认识始终如一的实在,即真正的存在,求得万世不变、放之四海而皆准的本质和规律,用来描述自然界中所发生的恒定的事实,一劳永逸地达到对实在的认识。"实在的恒定性及自身变化的持续性是法则,其持续变化中具有必然性的因素是定律,对自然领域中实在的研究本质上是确立法则与定律并加以证明。只有在法则与定律的视域内,实在才作为其自身所是的东西而被揭示出来。"①关于实在的科学知识在命题、定律和理论等这些确定的形式中表现出来,由以长久保存所获得的有关实在的信息。而不确定的感性之物则不应该出现在科学中,因为它不断流变、生灭不已、转瞬即逝,是无法把捉的,不能经受一种保障,从它那里不可能得到知识。一句话,只有永恒的东西才是科学知识立足的依据,如果世界上的一切都在变化,没有永恒性,科学知识就不能成立。

这种观念由来已久。古希腊早期的自然哲学家们认为:"各种自然现象与运动变化都由永恒不变的自然秩序、规律或'逻各斯'所支配。"②巴门尼德、柏拉图将真正的存在、本质世界看作不动的、确定的"持立者",肯定其常住的在场状态,认为那些具体的事物、现象世界是运动变化的,而"一切运动特性,一切变化和变换着的状态(ϱυθμός[机制]),都属于仅仅偶然的存在者;运动是非持久的东西,因而是非存在者"③,所以,具有运动特性的存在物虽然不是一无所有,但却总是由此物转化为彼物,由在场转化为不在场,处于

---

① Heidegger, *The Question Concerning Technology and Other Essays*, New York: Harper & Row, 1977, p.120.

② 王贵友:《科学技术哲学导论》,人民出版社 2005 年版,第 273 页。

③ [德]海德格尔:《路标》,孙周兴译,商务印书馆 2000 年版,第 315 页。

生灭变幻的无常中,因而是虚假的,应该予以否定。这一思想不断被后人发挥,使得存在之本质固定在一个完全确定的方向上,逐步走向现成的、稳定的、恒久在场的状态,即实体化的存在者。如此一来,就取消了实体(οὐσία)本身原初地具有的运动因素,使运动成为依附于、隶属于实体的样态,亚里士多德关于存在的十个范畴就体现出这样的思想。在《尼各马可伦理学》第六卷中,亚里士多德说:"科学地认识的东西是不可变化的,而可改变的东西既处于考察之外,那也就无法知道它们是存在还是不存在。凡是出于必然的东西,当然能被科学地认识,当然是永恒的东西……而永恒的事物既不生成也不灭亡。"①罗素指出:原子论"相信在感性世界的一切变化下面必有某种恒常不变的东西……讨论物理学的哲学著作家们又是把某物或他物的守恒说成似乎是科学之所以可能的根本要素"②。贝尔纳借用柏拉图的话说:"人们从事科学是为了认识那永恒的事物,而不是为了认识暂时出现、但不久就消失的事物。"③丹皮尔认为:"物质不灭和能量守恒定律一类原理也是不可避免的,因为在从一团混乱的现象中形成自然科学时,心灵为了方便的缘故,总是不知不觉地挑出那些守恒的量,围绕它们来构成自己的模型。"④

海德格尔认为,科学本质上是根据完全静止的在场状态去理解实在的,从而造成其机械性。海德格尔批判了爱因斯坦的相对论。他指出:科学要揭示自然的永恒规律,"相对论就生于这种倾向。相对论是为通达自然本身的道路提供条件的理论,所以它试图把一切都规定为相对性,借以保全运动规律的不变性;这样一来,它就和它固有的研究领域的结构问题和物质问题冲撞起来"⑤。

① ［古希腊］亚里士多德:《亚里士多德全集》(第八卷),苗力田主编,中国人民大学出版社1991年版,第123页。
② ［英］罗素:《我们关于外间世界的知识》,陈启伟译,上海译文出版社1990年版,第78页。
③ ［英］贝尔纳:《科学的社会功能》,陈体芳译,商务印书馆1982年版,第54页。
④ ［英］丹皮尔:《科学史》,李珩译,商务印书馆1997年版,第16页。
⑤ ［德］海德格尔:《存在与时间》(修订译本),陈嘉映、王庆节合译,生活·读书·新知三联书店2006年版,第12页。

的确,爱因斯坦的相对论虽然对经典力学的不变性予以批判,但最终又陷入了不变性,如狭义相对论中光速的不变性、广义相对论中四维时空距离的平方对于一切坐标变换的不变性等,而当他发现自己推导的公式说明宇宙会变时,则修改常数以坚持宇宙的不变性。可以说,爱因斯坦是现代物理学通过不变的规律精确地描述实在之运动的代表。在海德格尔看来,一切都是变化的,科学却要在其中寻求永恒的东西,通过不变去理解变化,最终将变转化为不变,这就将实在物凝固化。即使是传统形而上学所理解的存在,也只是永恒不变的规定性,海德格尔认为,这样的存在作为最高的存在者,依然是固定的、僵死的。造成这一结果的根本原因在于,科学在时间问题上犯了错误,"或者说,是在实在的暂时性上犯了错误,特别是在具有时间性的人即此在上犯了错误。这个错误不仅影响了认识论,还影响了人们的整个理论立场"①,自然也影响了科学对实在的看法。

　　进一步说,当科学肯定实在的永恒性时,实际上是将实在看作超越于时间之外、不随时间变化的东西,这是在通常时间观的视域中展开的。按照通常的观点,如牛顿认为,"绝对的、真正的和数学的时间自身在流逝着,并且由于它的本性而均匀地,同任何一种外界事物无关地流逝着"②。这种时间是抽象的、同质的,可以被重复地度量和计算。它是由"现在"构建的,过去是"现在不再",将来是"现在尚未",二者都具有现在的特性,但它们相对现在而言又是不存在的,所以,存在的就只是现在。时间就是一连串现在组成的序列,"时间既因现在得以连续,也因现在得以划分"③。这种时间观仅仅着眼于当前的现成性,关注停留在现在这一时间点上的存在,指向现成者和不再现成、尚未现成意义上的非现成者,从而仅仅在现成的意义上领会存在,把持存的存

---

　　① John Richardson, *Existential Epistemology——A Heideggerian Critique of the Cartesian Project*, Oxford: Clarendon Press, 1991, p.168.

　　② 许良英、范岱年编译:《爱因斯坦文集》(第一卷),商务印书馆 1976 年版,第 86 页。

　　③ [德]海德格尔:《现象学之基本问题》,丁耘译,上海译文出版社 2008 年版,第 335 页。

在者规定为真正的存在,当作衡量一切的尺度,并与生灭的变易者加以区分,由此规定了实在的永恒性。

也可以说,"当前"作为时间展现自身的一种方式,其意义不同于"现在"的持留,而人们却将当前非本真地现成摆在那里,使其在现在中展现自身,并将整个时间固定在现在中。处于敞开境域中的存在者也同样"是就一定的时间样式即'现在'而得到领会的"①,即按照时间的"现在"样式,把存在理解为当下的"在场"。它处于既存在又不存在的现在中,因而是不真实的。真正的东西则永远存在,"持驻"于现在,即所谓永恒。这样,永恒性概念就由现在而得以建立。由于源始时间的绽出性质被作为现在序列的时间敉平,存在就被在现成存在者中领会为科学意义上的永恒实在。事实上,永恒的实在只是时间性的存在的一种展现方式,是在科学中的显现。

永恒不变性在理论上为科学对实在的控制提供了前提,可以保证人对事物支配的可靠性,使人实现之前从来没有过的"自由",以确定的标准去设计乃至创制一个自己想要的世界。因为不断变化的东西是不可能被加以把握并控制的,由此事物的运动变化就成为不可信的东西,最多只能以含混的、不清晰的方式存在,只有沿着实在之运动变化的轨迹,触及其中不变的东西,并牢牢抓住,才能最终获取对实在的认识。科学的这一倾向必然导致其本身的僵化和危机。

二、客观性

海森堡在谈到自然科学的基础即教条的实在论时说:"每一个从事研究工作的科学家都感到他正在研究的东西是客观地存在的。"②爱因斯坦也说过:"相信有一个离开知觉主体而独立的外在世界,是一切自然科学

---

① [德]海德格尔:《存在与时间》(修订译本),陈嘉映、王庆节合译,生活·读书·新知三联书店 2006 年版,第 29 页。
② [德]海森伯:《物理学和哲学》,范岱年译,商务印书馆 1981 年版,第 42 页。

的基础。"①的确,科学认为其研究对象即实在具有绝对的客观性,独立于人的思想和行为,是一个不依赖于人而存在的、且能被人所把握的世界,因而是完全自在的。所谓"自在",是和"自为"相对的概念,即实在和人的意识没有关联性,虽然实在可以通过人的意识显现,但只是在刺激人的感官后得到的表象,实在本身则能够是其所是而不受意识影响,从而是作为康德意义上的界限概念"自在之物"而存在的。在这里,科学运用极端的主客二分方式,预设了意识之我和处于意识之外的实在,在二者之间设置了不可逾越的鸿沟,将人在自然和世界中的意志和自由活动完全祛除,仅把实在看作与人的主体性相对的单纯物质,看作感觉数据的无意义的集合,即中性的、和人相脱离的、没有任何感觉经验等精神因素的东西,甚至只是完全机械性的、物理的东西,并将自身研究领域的一切存在都理解为纯粹质料性的实在。总之,科学总是"使有关的存在者只以各种科学的客观化构造和保持那种客观性出现"②,并客观地揭示其"本来面目",能够对实在本身得出最初的与最终的客观性断言。

因此,实在概念表现的是人们对客观世界的把握,科学与客观世界之间的关系其实就是与实在之间的关系,而这个由科学表征的实在是"无偏见"的,客观实在是世界存在或者应该存在的方式,人们不能塑造它。由于科学渴望确立客观的知识,为了保证其客观性,把观察的东西即实在作为知识的基础,将其作为依据以证实客观知识。因此,科学的理论兴趣是单一的,它使实在只按客观性进行构造并保持这种客观性出现,其目标是以客观的方式将实在揭示为"单纯在那里"的东西。即在对存在者的筹划中,科学将存在者的存在方式领会为客观化的实在,以客观化的方式展开对存在者的把握,将其揭示为理论观察的单纯材料。而客观化就是将某个存在者设定成客体,并仅仅这样表象它。客观化开放前来照面的存在者,将它们以"客体"的身份抛向着单纯的

---

① 许良英、范岱年编译:《爱因斯坦文集》(第一卷),商务印书馆1976年版,第292页。
② 张汝伦:《海德格尔与现代哲学》,复旦大学出版社1995年版,第215页。

揭示活动,从而使它们在客观的方面被询问和规定,进而使对它们进行单纯揭示的方式得以展开。科学使实在在客观性中显现自身,科学的全部努力都指向实在的客观性,描述由此出发而感知为"纯粹现存性"的东西,根据客观实在的实际联系和规律形成知识体系。既然科学是以实在为基础的,作为科学对象的实在是"非人"的世界,因而必定是纯粹客观的、与人无涉的。进一步说,实在就应该是与经验、想象、价值和信仰等主观成分毫无瓜葛的没有偏倚的东西,一切在事物身上展现出来的应用的实践目的都必须加以悬置,完全将其肃清。所以,科学要竭力从属人的世界中抽离和超越出来,把与情感、价值等相关的因素消除净尽,进而达到非人世界的本来面貌。科学的客观化活动排除了任何人性的东西,所有可能限制表象的东西都被阻断而消失了,甚至对人们很重要的东西也被疏离了。在这个过程中,实在失去了对人的一切保留。客观主义必然导致人性化东西的丧失,造成世界的无意义。

　　客观认识方式的在世存在隐含着此在对存在者的一种特殊态度——此在让自己限于沉思地"静观"实在,而尽可能不卷入和参与其中,根本不会触及作为如此这般存在对象性的或客体性的实在,科学与实在打交道的活动因而比任何其他活动都更优越。科学是"纯粹的注视",要揭示"纯粹的事实",完全清除了主观的给予方式,彻底摆脱了生命的镶嵌状态,将绝对的客观性作为至高无上的规范,以此建立有效性的基础。人们对认识主体及其借助的工具会妨碍对自在之物的精准认识这一点深信不疑,比如,柏拉图认为,肉体会污染对客观自在的理念的观照而干扰知识的获取;培根认为,人的感觉往往受到主观状况的影响,不可能作出直接的确实的报道而获得客观的结果。对实在的客观信仰由此逐渐在科学中上升到了极端,先于并独立于科学而存在着。伽利略曾经通过对物体的第一性质和第二性质的区分去界定科学研究的对象,将大小、形状、数量和运动等具有客观性的"第一性质"看作科学的研究对象,而颜色、声音、和味道等主观的"第二性质"则被排除在科学的研究对象之外。洛克也把物体的性质分为两类,认为第一性质(体积、广延、形相、运动、静止、数目等)和第二性质(颜色、声音、气味、滋味等)都是客观存在的,是人们的观念得以产生的客观基础或根源。笛卡尔主张,科学的对象是客观存在的自然物。新实在论者认为,虽然认识的过程或行为离不开认识主体,但却不能因此而得出结论——认识所及的对象不能独立于认识主体,因为正确的逻辑推论是这样的:认识的对象不依赖于认识过程,因而也不依赖于认识主体。以上思想实质上表明的是科学在本体论上的特殊任务,即将事物剥离它所参与的日常生活,非背景化和客观化为仅仅现成在手的东西。这样的东西失去了日常实践关注的可理解性,而在科学理论的范围内获得了一种可理解性的新方式即客观实在,但只是事物在日常关注中展现自身的派生方式。

　　"与被感知的实在相比,客观实在是一个解释和说明,但同时也是一种缺乏。"①进一步说,人们通常把实在看作研究和认识的客体,是"当下给定的存在者"。这一看法错失了存在论的基地。因为把存在者看作实在,其中就有一种未曾言明却先入为主的描述,通过追问这个存在者的存在,人们碰到的是客观性,循着这种解释,人们还可以逐步发现其物质性、广延性等存在性质。在这一认识活动中,前来照面的存在者的存在本身被遮蔽起来了。这样,即使人们在存在者层次上意指着其他东西,但是,他们已经误入歧途,因为他们并没有涉及在"操劳"着和事物打交道之际照面的东西的存在论性质。而在希腊人那里,实在指的就是人们在操劳着打交道之际对之采取行动的东西。科学使最初知觉到的客观的方面予以明确,否定主观因素的合理性,只承认客观的有效性。这个方面确实是实在所展现的一个方面,但在这样做时,却丢掉了其他各个方面,也遗失了丰盈而饱满的真正意义上的存在者。因此,"对实在的纯粹客观方面的阐明、解释和说明导致一种属于这些存在者的特殊意义……这种意义只有通过一种对应于合适对象的方法和认识过程才能得到揭示"②。同时,科学由于一味地反对主观,而将客观看作自身的终极追求和唯

① 张汝伦:《海德格尔对科学本质的反思》,《求是学刊》1994年第1期。
② 张汝伦:《海德格尔对科学本质的反思》,《求是学刊》1994年第1期。

一的价值标准,"由此加强了一种错误的假象,仿佛对事物的一切思与言都是客观化的。这个毫无根据地独断地宣布的论点推动并支持着一种灾难性的去向,即只还在技术科学上把一切都表象为可操纵和控制的客体"①。如实证主义的科学观将"直接所予"的"中立的""自在的"经验事实作为证实或证伪的最终基础,它忽视了实在的先验建构维度,要超越人的视野,克服人的局限性,把实在看成是"自在之物"这样的非人性的、所谓纯粹"客观"的东西,必然会导致意义的丧失。"摩尔、罗素、培里等英美新实在论者……提出著名的'自我中心困境'……当说到、想到、知道某些事物的存在时,总是有一个主体在说、在想、在知。如果我们没有感觉到事物,没有说到想到它们,我们也就不能知道这些事物的情况或性质。质言之,人们不可能找到任何不被人所知的东西;人们提到的某一事物,总是被意识到的事物,总离不开意识的主体。"②胡塞尔也批判实证主义,他看到,由于近代自然科学的原初意义被掩盖或转移,只看到客体的一面,看不到主体的一面,从而造成物理主义的客观主义的流行,认为科学是对物理世界的摹写。胡塞尔的这一批判和海德格尔类似。

三、本质性

科学家们对研究万物中最基本的东西充满好奇,总想知道某物到底"是什么",试图找到其本质。科学把掌握实在的本质看作自己研究的终极目标和任务,认为只有获得本质性的东西,才能真正认识实在。或者说,实在在科学上的充分解释必须借助于本质才能达到。这和形而上学有关。形而上学首先需要解决的疑问是:实在究竟是什么? 与"什么"的追问相对应,总有一个对该疑问的"什么"来解答。这个"什么"的追问是为了找到一切特殊存在者的普遍本质,将其看作贯穿于存在者之中并支配着存在者的东西。人们通常

---

① 孙周兴选编:《海德格尔选集》(下),上海三联书店 1996 年版,第 759 页。
② 唐有伯:《海德格尔论世界的实在性》,《华中师范大学学报》(哲学社会科学版)1987 年第 2 期。

认为,本质是实在固有的内部联系,是决定其性质和面貌的根本属性,必然具有确定性。用亚里士多德的话说,就是"一物之是其所是",是作为事实的"确实的""一定的"东西,具有保证意义,离开它,事物便失去其原本的样子,因而在事物的存在中起着支配和决定作用。而"在科学家的改造下,事物的本质被揭示为永远相同的(这成为统治的基础)"[1]。即本质被理解为类的普遍概念,是实在物的共同东西——贯穿万物的基本的"一",万物最终都能被还原为"一"。它是通过对不同种属的实在物进行"普遍化"获得的:从较低的种或属过渡到较高的种或属,逐步舍弃个别和偶然的东西,概括出共性,达成某种共识,求得一般的东西。具体而言,当人们从某个特定角度出发去思考一个存在者前,已经在置身其中的涵盖一切同类存在者的联系中遭遇了它。在这个联系中,人们从一个存在者转换到另一个存在者,进行抽象和限定,离弃原初相异的东西,独留某一共同的方面,对其加以清楚的阐明。

与本质相对应的是现象,本质和现象的不同在于:"现实的区别于并对立于不现实的,即,真的与不真的相反"[2]。也就是说,在实质上,本质和显现的区别被看作存在和非存在、感性事物和超感性事物的区别。巴门尼德认为,从非存在即当下直接的感性事物(自然事物)中寻找万物的本质是不行的,应当超出感性事物去寻找更高的更本质的东西即存在,从非存在获得的只能是意见,而从存在本身获得的则是真理。苏格拉底主张,我们所认识的是事物的定义或概念,也就是事物的本质规定,而一切事物之中都有一个共同的概念,它是排除了具体规定性的东西,是使一事物成为该事物的本质规定性。"知识"就是对事物的一般、普遍的类本质的认识,唯有它才是具有确定性、普遍性的知识。柏拉图把世界划分为理念世界和事物世界,事物世界是可感觉的对象,

---

① Max Horkheimer, Edmund Jephcott (trans), *Theodor W. Adorno: Dialectic of Enlightenment*, Stanford, California: Stanford University Press, 2002, p.6.

② Heidegger, Gregory Fried and Richard Polt (trans), *Introduction to Metaphysics*, New Haven & Lodon: Yale University Press, 2000, p.103.

人们只能产生个别、偶然、相对的意见,理念世界是超越于感觉事物之上的真实存在,是普遍、必然和绝对的知识的对象。黑格尔坚持,自然和社会中的各种具体事物没有实在性,不过是绝对理念的异化物,是绝对理念的外壳,是"非存在";真正的"存在"是绝对理念,它是最普遍最抽象的共相,内含于万物之中,是万物的"一般"、规律和本质。绝对理念决定着事物的本质,事物只有符合其中蕴含着的绝对理念才具有实在性,而绝对理念则在事物中不断实现自己,使事物同自己相一致、相符合。所谓认识一个事物,把握一个对象,实际上不过是去把握蕴藏于事物中的绝对理念,这是不言而喻的。

所以,科学总是对现象给予抽象的思维加工,将其进行整理,避免被虚假的现象迷惑,力图透过现象揭示本质,直达实在本身,最终获得可靠的知识,达到"求真"的目的。对此,丹皮尔提出,我们总是"想寻找科学上的现象论下面的形而上学的实在"①,而"要接触到实在,我们必须除去一切形体上的差异,只留下一个单一的、划一的本质,这才是唯一的实在"②,因此,"科学从现象世界形成抽象,并制定出本身含有逻辑含义的概念"③。亨普尔说:"无论如何,自然科学已经提供深入到熟悉的经验现象水平以下,达到了它们的最深刻最深远的洞察力;所以毫不奇怪,有些思想家把已被证实的理论所假定的基本的结构、力量和过程看作是世界的唯一实在的组成成分。"④陈方正认为,科学"寻求原质:即间接认定世上万物在最初具有共同和单一的(或许是极少数)构成元素和原理"⑤。总之,实在之本质和现象的区分以及本质的优先性构成了科学认识的基本图式,科学就是按照这一图式看待一切的。

---

① [英]丹皮尔:《科学史》,李珩译,商务印书馆 1997 年版,第 19 页。
② [英]丹皮尔:《科学史》,李珩译,商务印书馆 1997 年版,第 55 页。
③ [英]丹皮尔:《科学史》,李珩译,商务印书馆 1997 年版,第 623 页。
④ [美]亨普尔:《自然科学的哲学》,张华夏等译,生活·读书·新知三联书店 1987 年版,第 143—144 页。
⑤ 陈方正:《继承与叛逆:现代科学为何出现于西方》,生活·读书·新知三联书店 2009 年版,第 84 页。

　　海德格尔对这一被科学公认的看法持批判态度,他认为关于本质的问题是最偏离现实、枯燥无味的问题,科学不断地追问本质,就会堕入空洞的普遍性中,窒息存在的丰富性。在他看来,科学对本质和现象及其区别的观念是由于其片面理解造成的,事实上,二者都源于本真的存在,原本是一致的,后来才失去源始的关联,分属于不同的世界。科学所谓的本质是源始现象的派生物。在海德格尔那里,本质原本是动态的"在场着"和"不在场着"中的"本质现身",具有"持续""逗留"的含义,指存在本身的显现和持存,和源始现象的意义一致。这样的本质并非隐藏在现象背后的东西,而就是现象本身。胡塞尔、萨特等人也有类似观点,如萨特认为:"作为现象系列的法则,本质显然只是诸现象的联系,即,本质自身就是一种现象。"①但是,为了保证持存,科学将本于源始现象的被揭示者以理论范畴的形式传达出来,在其空洞领会中,源始现象这一前科学的东西被遮蔽,原初所揭示的东西失去自身的根基,发生蜕变,成为科学意义上的本质。事实上,"本质"并非柏拉图意义上的普遍共相,并非形而上学—科学所追问的具有稳定性的"什么",而是存在的具有动态性的到场,是存在本身的显现。

　　海德格尔认为,科学意义上的本质和现象之间的差别代表一种绝对的、存在者层面上的"断裂",是从存在论层面向存在者层面跌落的结果,这导致"显现者"与其显现之间的裂隙,也使得科学通过对抽象本质的强调而将一切都齐一化,最终取消了事物的多样性。这种思维方式看到的只有所谓的"类"本质,而"个体"之独特而丰富的个性却不能进入其视野之中。这就导致科学的对象实在只能是抽象的,相应地,科学本身也自然是抽象的。别的思想家也发表过相同的看法,如霍克海默和阿多诺在《启蒙的辩证法》中说,"心灵及其相

---

　　① Sartre, Hazel E. Barnes (trans), *Being and Nothingness*, Beijing: China Social Sciences Publishing House Chengcheng Books Ltd., 1993, p. xlvi.

关事物的同一性和自然界的统一性压抑了丰富多样的事物"①,以致"科学的对象被僵化了"②。面对这一情况,海德格尔否定本质这一概念,认为它假设了存在着某种无限直观,否则就不会有本质的问题了。

四、"有"

形而上学以"有"即实在为哲学的最高原则,把存在者整体的根据看作它自认为是存在本身的某个最高的、最真实的实在,理念、上帝、绝对理念、强力意志等就是如此。克塞诺芬尼否定感性世界的真实性,肯定神的真实性。巴门尼德认为,感性世界所具有的运动变化、有生有灭和无限多样的性质,恰恰是它不真实的表现,真实的存在只能是不动的、唯一的存在本身。苏格拉底的概念论把事物的共性看成是绝对的,从而否定了具体事物的真实性。柏拉图坚持,各种具体事物虽然是可感知的,但却是可变的、无定形的,没有确定的性质和存在方式,因此不可感觉,也不可言说,这种不完备性恰恰说明了它的不真实性,因此叫"非存在",即不具备直接的现实性,因而是虚幻的、不真实的;而超越于感觉事物之上的理念虽然是不可感知的,却是唯一真实的存在,是普遍、必然和绝对的知识的对象。亚里士多德认为,质料是无规定性的、消极被动的,形式则是积极的、能动的。只是由于积极的能动的形式去规范质料,个别事物才得以形成。也就是说,形式是决定事物"是什么"的东西。因此,形式较之质料和个别事物更为真实,更为根本。安瑟尔谟坚持,概念、共相和一般不仅存在于人心中,而且存在于现实中,是先于个别,在个别之外独立存在的真实的实体。他甚至认为有一种纯粹的共相存在,这种共相并不体现为人和个别的事物,相反,个别的事物只是作为共相的结果才具有存在。

---

① Max Horkheimer, Edmund Jephcott (trans), *Theodor W. Adorno*:*Dialectic of Enlightenment*, Stanford, California:Stanford University Press,2002,p.6.

② Max Horkheimer, Edmund Jephcott (trans), *Theodor W. Adorno*:*Dialectic of Enlightenment*, Stanford, California:Stanford University Press,2002,p.7.

科学沿袭了这一形而上学的方式,执着于容易抓住、得到的当下现成事物,进而去控制它们,并固执地朝这个单一的方向走下去。这种实在的特性普遍地保证了科学对实在的探究、征服、支配和安排。这源于形而上学关于存在的基本理解即"在场",这一思维方式以眼前的在场、出现、驻足和持续性等状况去说明存在的情形。海德格尔认为,实在就是一种在场者,是的的确确存在的"事实",是"有",它将自己的外形显示出来,将自己的外貌、外观展现出来,以便让人们收入眼帘而"看"到,进而使人得到关于这个在场者的知识。正如胡塞尔所说,"科学观念被证实地简化为纯粹事实的科学"①。海德格尔也指出,科学固守于事实,固守于"有",是就实在即作为"有"的东西展开研究的,"在一切科学中,当我们探索其根本的旨趣的时候,我们是和存在者本身打交道"②。"(科学)研究始终侧重于这种实证性"③,实证主义的科学观长期支配着人们对科学的对象即实在的理解。

科学之"理论"一词恰恰是这一点的体现,它仅仅和在场者可见的外观相关联,所观察的也就只能是具有外观的实在的存在者。所以,科学就是对实在即"有"的系统观察和实验,特别是关于自然界万物的物质和功能的观察和实验。实证主义哲学家孔德认为,各门科学都有自己独特的研究对象,它们研究现实的事物或现象的不同方面,但必须观察事实和现象,并通过形成定律来协调事实和现象。马赫主义代表人物之一彭加勒把科学的对象看作切实存在的自然界,认为"人们靠着事实建设科学,正如用砖瓦筑成房屋"④,科学家应该根据事实并对这些事实作出归纳和概括。波普尔把科学所揭示的宇宙图景描述为:物理世界最先存在,然后出现精神世界,最后出现人类精神活动的产物。爱因斯坦认为,"科学是这样一种企图,它要把我们杂乱无章的感觉经验同一

---

① 转引自吴炜:《海德格尔的科学诠释学思想》,《科学·经济·社会》2007 年第 1 期。

② 孙周兴选编:《海德格尔选集》(上),上海三联书店 1996 年版,第 136 页。

③ [德]海德格尔:《存在与时间》(修订译本),陈嘉映、王庆节合译,生活·读书·新知三联书店 2006 年版,第 11 页。

④ [法]彭加勒:《科学与假设》,叶蕴理译,商务印书馆 1989 年版,第 101 页。

种逻辑上贯彻一致的思想体系对应起来"①。"物理理论试图作出一幅关于实在的图象,并建立起它同广阔的感觉印象世界的联系。"②

因此,海德格尔说:"有一种与世界的关联(Bezug zur Welt)贯穿并且支配着一切科学本身。这种与世界的关联让一切科学去寻找存在者本身,以便按照存在者的内容及其存在方式,使存在者变为一种深入研究和论证规定的对象。"③在科学的视域中,世界关联的目标就是实在的存在者本身("有"),科学和世界的关系就是和实在的关系,它要通过追问、规定和论证,使一切都在实在那里敞开自身。科学以其特有的方式对存在作出断言,把世界看作实在的存在者整体,这一与实在的世界关系是由人对其采取的态度所承担和推行的。在这里,科学的热情充溢于人的生存中,人成为科学的此在,从"有"出发从事科学研究,观察和追问实在。实在作为主体确信的事实而存在,由此被看作真正的存在,而不是虚幻的东西,被表达为"非此即彼"。也就是说,作为"有"的东西是实在,它只是作为一个存在者而存在,是固定不变的,它只是它自身,如被固定为花的存在、草的存在,等等,由此使人获得了实在的确定性,同时也阻塞了别的可能性的通道,从而变得僵化。因为从花、草等这些实在本身来看,它们的存在只表现为花、草等这些具体的存在者,不多也不少,除此之外,再没有别的存在。总之,科学只与作为存在者的实在发生关系,以表明其明确性和优越性。

由上述可知,科学在本质上总是思考某一实在,其前提条件是必须先有一个作为对象的实在立于面前,然后才能思考。这样的东西必须是现成存在着的作为"有"的实在,只有这样的东西才被科学看作是真的,因而科学总是指向实在,总是要把实在摆放在自己面前去"看"。所以,科学是讲"有"即当下的现成实在的学问,只关注作为"有"的实在,科学真正想要认识的是实在,特

① 许良英、范岱年编译:《爱因斯坦文集》(第一卷),商务印书馆1976年版,第384页。
② 许良英、范岱年编译:《爱因斯坦文集》(第一卷),商务印书馆1976年版,第377页。
③ [德]海德格尔:《路标》,孙周兴译,商务印书馆2000年版,第120页。

别是想获取这些实在所具有的确定特性,以支配这些实在。科学的一切都是围绕着实在而展开的:世界所关涉的目标是实在本身,指引科学的此在采取其态度和立场的是实在本身,此在从事科学研究、进入实在的存在者整体用以进行科学探讨的那个东西也是实在本身,科学的真理就在于理论和实在本身的符合。科学总是而且仅仅和形形色色的实在的存在者打交道,把对个别具体实在的研究看作自己最本己的存在方式,并去占有实在,从而使自己依附于实在,最终失落于实在领域之中。总之,科学盲目地固执于实在,只过问实在,以此显示自己优越的地位、严肃的态度、严格的作风和清醒的头脑。

第二节　科学实在的存在论向度

海德格尔反对从对象的角度看待实在,强调实在的物性,由此出发去重新定位关于科学实在的讨论,展现实在物的时间性、我属性和现象性,认为"实在"原本是到场和到场者,而这样的实在其实就是存在本身,在本质上是"无"。

一、时间性

海德格尔主张,要对永恒性予以克服,就必须从时间问题入手,因为,"那诸如存在之类一般由之得到领会的境域,便是时间"①,"时间性承担了使存在领悟得以可能的任务,因而也就承担了对存在的主题化解释、对存在之分说及其多重方式得以可能的任务"②。"应着眼于时间才能理解存在怎样形成种种不同的样式以及怎样发生种种衍化"③。实在的永恒性由时间性而来,以时间

① ［德］海德格尔:《现象学之基本问题》,丁耘译,上海译文出版社 2008 年版,第 19 页。
② ［德］海德格尔:《现象学之基本问题》,丁耘译,上海译文出版社 2008 年版,第 306 页。
③ ［德］海德格尔:《存在与时间》(修订译本),陈嘉映、王庆节合译,生活·读书·新知三联书店 2006 年版,第 22 页。

性为根据。海德格尔强调存在的流变性,倡导在这一视野内展现存在本身,并坚持认为对变化的存在的领会决定着对存在者的不同理解。按照他的看法,实在本身是运动、变化的,通过不变理解变化是不可能的,根据爱利亚学派的存在理论不能理解实在。在海德格尔看来,与存在的生成变化相应,时间性是存在之领会与筹划的可能性条件,时间本身把自身公开为解释存在最源始的视野。"我们必须把时间摆明为对存在的一切领会及解释的视野。必须这样本然地领会时间。为了摆明这一层,我们须得源源始始解说时间性之为领会着存在的此在的存在,并从这一时间性出发解说时间之为存在之领会的视野。"①

我们在上一节谈过,对存在的形而上学—科学解释已经涉及了"时间"。海德格尔认为,从"时间"出发对存在加以理解,这个方向正确无误。然而,它从经验出发,着眼于"现在",认为"现在"是最真实的,按照时间的"现在"样式把存在看作目前的"在场",由此把存在筹划成实在的存在者,而把"曾在"和"将在"看作不存在者,忽略了更为重要的"曾在"和"将在"。通常的时间实际只是一种衍生物,它源于非本真的时间性。这里的时间性指的是"在时间中流逝着","过去""现在""将来"的概念都是从这种时间领会中产生出来的。根据这种对时间的领会,科学思维将"可变者"叫作"时间性的东西",认为实在是超越于时间性之上的、不变的,而变化莫测的东西则只是假象。然而,这实质上是科学织就的幻境,它使活生生的东西僵化。

本真的时间性在本质上是绽出的,绽出意味着向着某物"出离自身",即"显现""敞开"。时间性的显现、敞开便是时间,它是具体的、异质的,完全没有通常时间的"过去""现在""将来"的概念性含义,而是"让存在",关系到存在之自由的实现。它是面向将来显现的各种可能性,并由此形成当前和曾在,表现为"将来""曾在""当前"三重绽出的境域式统一,并把当前和曾在作为

---

① [德]海德格尔:《存在与时间》(修订译本),陈嘉映、王庆节合译,生活·读书·新知三联书店 2006 年版,第 21 页。

可能性包含于将来之中,是此在超越性的体现。因为"现在"是固定和封闭的,所以,首要和根本的不是当前,而是将来,"因为此在由就其自身所选择的可能性出发并向自身而来"①。"在如此预期着它本己的可能性之际,此在'再次带回'或'重演'它所是和曾经所是,作为一种特定将来的'自身—先行'和作为一种特定过去的'重演'相伴而行。在这个将来和过去的绽出统一之中,存在着一种特定的当下,海德格尔称之为'瞬间'。这个本源的当下'当前化'或揭示存在的处境。"②

从生存论上来说,此在徘徊于本真的时间性和衍生的时间性之间。而在日常生活中,此在更趋向于后者。不管是对事物的用具操作,还是理论观察,都表现出衍生的时间性特征。当此在在操劳中和用具打交道时,并非趋于依照最本己的别具一格的能在筹划自身,而是沉沦于世,由此,时间性之本源的三重绽出的境域式统一发生了变化:此在以对于某物的单纯期待取代先行期备,以对某物的遗忘和眷留的联结取代自我重演,以某物当下的当前化取代对世界的瞬间观看。通过知性的理解,本真时间性的衍生或变式被加强,当下的绽出取得了优势地位,成为基本的东西。进一步说,本真的时间性表现为,其当前化保持着用具的因缘整体性,并期备着将来的可能性;而衍生的科学的时间性则表现为,其当前化仅仅指向现成的对象,期待着对现成在手事物即实在的揭示。总之,实在具有明显的当前化特征,这种当前化和操劳活动中的当前化完全不同,立足于科学的根基处,脱离操劳的意蕴,仅仅关注现成事物的揭示。

本真的时间性为人们打开了许多不为人知的领域,使实在的源始得以明确地昭示于人,显露出实在这一现象的特质。因为,借助于时间性,人们就可以区分存在和存在者,存在本身因此就可以在存在论上得到透彻理解。也就

---

① Heidegger, Albert Hofstadter (trans), *The Basic Problems of Phenomenology*, Bloomington, Indiana: Indiana University Press, 1982, p.287.

② [法]J.塔米尼奥:《论海德格尔的知觉现象学》,靳宝译,《世界哲学》2008年第6期。

是说,就根本意义上而言,正是时间性的"源始到时"使存在之绽出的筹划成为可能,最终造就了存在和存在者之存在论差异的分化。存在者出现在某个当下,使其在场得到理解。在对当下的留意中,分化开始发挥作用,"当前化本身通过在其本己的视域中展现而把由它所当前化的东西领会为在场者"①。时间性担当了此在所开辟出来的敞开境域,使得实在的领会成为可能。

由此,海德格尔消解了被人们一再探求的永恒实在,强调实在的动态性和变异性,主张从描述永恒存在的理论中摆脱出来,返回到对变化着的存在的理解,认为实在和别的东西一样,都是可变的,绝没有普适于一切时代、地方和状况的永恒样式,只有在变化之持续不断的相异的视野内,存在的丰富特性才展现自己,任何事物的存在即丰富性的展开都是"时间性"的。变化的东西是像雾和烟一样无形的东西,只有在不断转换形态的过程中才能展现自身。所以,变化的东西可以没有知识,认识必须在事物的变化中把变化了的事物显现出来。一句话,实在并不具有超时间的结构,是在时间中展现出来的,永恒性只是过去的陈迹,科学企图通达永恒的实在并在此基础上发现永恒的真理是不可能成功的,科学应该在源始时间性的基础上,承认事物的变化和不确定性,以摆脱科学的困境。

海德格尔的这一思想和现代科学的时间观虽然在角度和出发点上有所不同,但也有很多相似之处,显示出海德格尔时间性思想的理论意义。如普利高津提出了"时间先于存在"②的观点。爱因斯坦认为,在时空中运动的观者能够建立自己的参照系并由此定义自己的时间,肯定时间的相对性。在《论理论物理学的现代危机》一文中,爱因斯坦指出,从伽利略、牛顿的经典力学,到麦克斯韦、法拉第的电磁场理论,再到普朗克的量子理论,自然科学理论始终

---

① Heidegger, Albert Hofstadter (trans), *The Basic Problems of Phenomenology*, Bloomington, Indiana: Indiana University Press, 1982, p.315.

② Ilya Prigogine, *The End of Certainty: Time, Chaos and the New Laws of Nature*, New York: The Free Press, 1997, p.80.

受到不确定性的围困,并因此而遭到怀疑,理论物理学的基础一次次被撼动,一次次陷入危机之中。关于这一点,爱因斯坦认为,物理学的危机是由事物本身存在的不确定性和相对性引起的,就此而言,海德格尔的思想在一定程度上和爱因斯坦是一致的。对时间的重新认识使科学实在的问题发生了转向,开启了新科学时代的开端。

二、我属性

就科学对实在之客观性的追求这一状况,近现代一直有人加以批判。康德主张,实在只是人心中的感觉经验,也可以说,是从人的感觉经验中得出的判断,是主体先天综合的结果;席勒曾经反对"自然的祛魅",认为自然有着使人类精神感受到亲情的特性和内在价值;韦伯将科学对自然的观点概括为"祛魅的世界观",指出祛魅的弊端,肯定自然内在的经验性;格里芬通过哲学、社会学、心理学、科学史学中的实例,说明在后现代科学中,祛魅发生了逆转,"科学的返魅"获得了发展,强调人类的精神因素和社会因素对实在的影响;等等。

现代科学的发展也表明了实在和人之间的关联。在量子物理学中,人们所认识的原子之间的关系依赖于认识过程,实在受到测量行为的影响,科学家们测量的不过是由测量改变了的实在。"量子力学的认识论意义是,从根本上摒弃了对一切事物的真实本质的认识,摒弃了对'所有显现后面'的'客观实在性'的认识。"[1]玻尔说:"在相对论中,决定性的因素在于认识到了彼此作着相对运动的观察者将以根本不同的方式来描述所给对象的进程,而觉察到原子物理学的佯谬问题则揭示了这样一件事实:客体和测量仪器之间的不可避免的相互作用,给谈论原子客体和观察手段无关的那些行为的可能性加

---

[1]　Roman Ingarden, *Schriften zur Phänomenologie Edmund Husserls*, Tübingen: Max Niemeyer Verlag, 1998, p.374.

上了一种绝对的限制。"①冈特·绍伊博尔德认为,海森堡的测不准原理"表达了原子的粒子不再能够摆脱当时的观察者而被规定为自在存在的对象,而是观察者影响并参与规定了被观察者,因而在它的客观性方面进行了掺杂和间离,完全不再能谈到自在存在的客观性……认识者与他的客体的关系现在成为首要的和支配的"②。戴维斯和布朗在其合著的《原子中的幽灵》里指出,量子论"根本性地改变了科学家们关于人与物质世界关系的观点。因为按照玻尔对量子理论的解释,'外在'世界的存在不是自身独立的,而是无法摆脱地与我们对它的感知纠缠在一起的"③。

海德格尔则提出了"我属性"概念,抨击由客观对象组成的没有人的实在世界这样的观念,坚持代之以与人相关的具有我属性的事物的首要性,主张实在不是完全"非人化"的,与人分离的科学实在是不可能的,因为科学的主体作为在世的存在,总要卷入其中。他认为科学的客观性倾向是在实在论观念的主导下形成的,"这种理解在规定存在时放弃说存在是我属性的、表象的和自由的;存在东西作为存在东西是'无我的'、非表象的"④。这样,实在的"我属性"即其与人的源始关联和个体性被通过还原论的解释而否定了。

按照他的观点,我属性之所以被否定,是由于科学缺乏存在论的领会。科学实在作为一种存在者,总是被抛入和人类经验、感觉等的关系中。世界中事物的诸意义是由人的日常经验预设的,同一个事物因此会显现不同的意义,如讲台显现为老师讲课的地方、与魔术相关的东西、可以抵御飞箭和石块的东西等,奠基于人们日常生活于其中的意义世界。实在植根于此在的基本状态即

---

① ［丹麦］玻尔:《玻尔哲学文选》,戈革译,商务印书馆1999年版,第128页。

② ［德］冈特·绍伊博尔德:《海德格尔分析新时代的科技》,宋祖良译,中国社会科学出版社1993年版,第76页。

③ ［英］戴维斯、布朗:《原子中的幽灵》,易心洁译,湖南科学技术出版社1992年版,第1页。

④ ［德］海德格尔:《谢林论人类自由的本质》,薛华译,辽宁教育出版社1999年版,第142页。

敞开,他源始地具有"让某某东西作为某某东西被看见"的绽出结构,向存在者展开自身,让自己的一切行为参与到存在者整体的敞开域中,并"在个别行为中让存在者存在,对存在者有所动作,并因之解蔽着存在者"①。进一步说,"存在之领会属于此在的存在建构……实在只有在存在之领会中才是可能的。……只因为存在可以在此在中得到领会,所以此在才能够领会独立性、'自在'、一般实在这类存在性质。"②即从实在形成的存在论根源上说,实在离不开此在在世界之中的生存,是和人相关的,是从生活世界中解析出来后被强加了框架的东西,最终要回溯到其源头即人。实在依赖于人,是由作为此在的人筹划而来的物的存在方式之一,是一种衍生的存在模式,缘于此在要构造一种对自己而言有意义的存在。科学所揭示的不是实在本身的存在,而是和此在有密切关系的实在的方面,是对实在的设想。实在总是作为这样或那样的存在者显现自身,其被赋予的情境不同,显现方式也就不同,而其显现依赖于此在的绽出,取决于此在的领会方式。实在的领会指向当下具体的向来我属的生命经验,为领会者所居有。所以,实在只是此在的相关物,产生于此在的存在,随着此在的存在而展开,是人为构成的。这一点和海森堡的观点极其相似,海森堡也认为,自然科学不是单纯地描述自然,而是解释由我们的探索方式所揭示的自然。

在他看来,科学解释的先行设定对客观实在的建立具有优先性,客观性在实在中并不具有优先地位,根本不存在供科学认识的纯客观的实在。所谓的"客观实在"是科学对存在的一种把握,"这种对一般对象的把握、确定,是靠对我本己自我的抑制而生的。在一般某物的意义中包含着:我没有在对它本身的确定中一道回响……而不如说,我的这样一种回响、这样一种一道出现是被禁止了的。……它仅仅而且恰恰在认识中、亦即在理论行为中为理论自我

---

① [德]海德格尔:《路标》,孙周兴译,商务印书馆2000年版,第222页。
② [德]海德格尔:《存在与时间》(修订译本),陈嘉映、王庆节合译,生活·读书·新知三联书店2006年版,第239页。

给出自身"①。即实在是由"客体化的意识行为"构造的。爱因斯坦也表达过相同的观点:"断定'实在'是独立于我的感觉而存在的,这是理智构造的结果。"②爱因斯坦认为,"实在的存在"是人们加给有形物体的,实在的外在世界是这样建立起来的:首先从人们的许多感觉经验中,在头脑里任意取出某些反复出现的感觉印象的复合,给它们一个有形物体的概念;然后在人们的思维中赋予这个概念以独立的意义,使之高度独立于原来产生这个概念的感觉印象。人们习惯上把那些对于大家而言共同的感官知觉当作实在的东西,自然科学特别是其中最基本的物理学,所研究的就是这种感官知觉,相对论形成的基础和出发点就是在感觉经验中发现的。海德格尔认为,科学为了对事物进行理论揭示,祛除其出现在此在中的理解,夺去其我属性,将其去背景化为客观的东西。科学揭示了存在在"纯粹现成性"方面作为客观实在的理解方式,但只是存在在此在中展现自身的派生方式,用实在的纯粹客观方面的解释取代了此在的参与,导致存在者与此在被完全分离,存在者的我属性被彻底埋没,与此在的本真关联被遮蔽。所以,科学实在是科学将存在者作为对象进行认识而发生的存在之领会的残断,它不再与此在处于整体中,从而失去了此在的存在论意义。"客观化的发生事件,作为对象性的被认识的发生事件,我们称之为过程(Vor-gang);它径直消失,在我的认识着自我面前消失。"③

　　海德格尔主张实在的"我属性",目的在于瓦解主体和客体、人和存在的分离,揭示科学对实在之存在的先天承诺,指出实在是为科学而构想出来的人工制品。他将这一状况看作是最原初的,认为任何存在者都以某种方式与此在相关涉,和此在处于浑然一体的状态中,被包容于此在的存在中,表现出源

　　① ［德］海德格尔:《形式显示的现象学》,孙周兴编译,同济大学出版社2004年版,第11—12页。

　　② 许良英、范岱年编译:《爱因斯坦文集》(第一卷),商务印书馆1976年版,第513页。

　　③ ［德］海德格尔:《形式显示的现象学》,孙周兴编译,同济大学出版社2004年版,第12页。

始的我属性,这种状况先于对存在者的客观性认识。但是,海德格尔从来没有说过实在是由人"编造"的,只是主张,实在是和人沟通的"他者",是人对世界之展现的解释。他对"我属性"的分析重视实在和人的本然关联,截断了任何从人之外去理解实在的可能性,削弱了实在不是由人创造、科学是关于在人之外的实在的知识这一观念。伽达默尔对此评论道:海德格尔关于"科学客观性的观念能够在本体论上理解为人之此在(Dasein)的一种派生模式,理解为此在和世界相关的存在方式,这已然是一个有意义的洞见了"①。实在的客观性只是神话,这一观点并非海德格尔一家之言。如胡塞尔认为,实在是主体际的,是先验意识之意向活动的构成物,是意向的相关项。"就此而言,一切实在的世间的客观性,包括人和动物的客观性,也包括'心灵'的客观性,都是被构成的成就。"②科学不仅加速和加深世界的人化,还改组和重建属人的世界。而当从客观的角度着眼考虑实在时,实在的我属性就被消极地、从反面予以否定了。

三、现象性

现象通常被看作实在的外部表现,具有个别性、表面性、易变性等特点,总是在偶然出现后就在变幻不定中很快消失了。现象不能反映实在本身,甚至是达到实在的障碍,通过它只能获得模糊的、矛盾的、虚假的意见或谬误。所以,现象是不可信的。

海德格尔重新诠释了现象的意义,并着力于现象对于本质的先在性。他认为,"现象概念意指这样的显现者:存在者的存在和这种存在的意义、变式和衍化物"③。其中的"变式"和"衍化物"是存在者,所以,存在者被包含在

---

① Gadamer,Frederick G.(trans),*Reason in Age Science*,Lawrence,Cambridge:The MIT Press,1983,p.162.

② [德]胡塞尔:《欧洲科学危机和超验现象学》,张庆熊译,上海译文出版社1988年版,第245—246页。

③ [德]海德格尔:《存在与时间》(修订译本),陈嘉映、王庆节合译,生活·读书·新知三联书店2006年版,第42页。

"现象"中。现象是就其自身显示自身者,同时又是首先和在大多数情况下根本不显示自身者,是被遮蔽着的东西。现象"显然是这样一种东西:它首先与通常恰恰不显现,同首先与通常显现的东西相对,它隐藏不露;但同时它又从本质上包含在首先与通常显现着的东西中,其情况是:它构成这些东西的意义与根据"①。总之,"现象有双重意义。现象的一层意思是:采集自身、将自身带入集中状态并即如此处于其中者。但还有一层意思是:作为已经处于此者呈现一个正面,表面,一个提供给一眼望去之用的外观"②。二者在存在论层面是一体的。

关于前者,海德格尔指出,"现象"是显现者、公开者,是原本地给予的东西,是直接地显现自身。③ "现象"在希腊语中即 φαινόμενον,而 φαινόμενον 则源于动词 φαίνεσθαι,意味着"显现自身"。Φαίνεσθαι 出自 φαίνω,指大白于世,置于光明中。而 φαίνω 的词根是 φα-,指光、明。由此,"现象"意味着就其自身显现自身。这种"现象"是指显现自身的活动,是给予本身或显现本身,是按照事物自身显现自身的方式去显现事物,展现的是事物自身的显现,而非作为显现结果的现成现象或显现出来的现成内容。"现象的本质在于出现。这就是自我展现、自我阐明、持存,处于当前。"④"这个现象不是虚无。它也不是不真。它也不只是自然界中根本另外形成的某些情况的现象。"⑤它其实就是"存在"。"在这回事中有:显露出来,出现、站出来,把东西摆出来。反之不在的意思是说:从现象,从在场退出来。"⑥所以,现象即存在,

① [德]海德格尔:《存在与时间》(修订译本),陈嘉映、王庆节合译,生活·读书·新知三联书店 2006 年版,第 42 页。
② [德]海德格尔:《形而上学导论》,熊伟、王庆节译,商务印书馆 1996 年版,第 182 页。
③ 参见[德]海德格尔:《存在与时间》(修订译本),陈嘉映、王庆节合译,生活·读书·新知三联书店 2006 年版,第 33 页。
④ Heidegger, Gregory Fried and Richard Polt (trans), *Introduction to Metaphysics*, New Haven & London: Yale University Press, 2000, p.105.
⑤ Heidegger, Gregory Fried and Richard Polt (trans), *Introduction to Metaphysics*, New Haven & London: Yale University Press, 2000, p.110.
⑥ [德]海德格尔:《形而上学导论》,熊伟、王庆节译,商务印书馆 1996 年版,第 103 页。

存在即现象。现象不是作为实在的显现意义上的东西,而是存在本身及其无蔽状态;现象也不是与内在的本质不同的外在的东西,现象并不掩盖本质,而是显示本质,它本身就是本质。现象没有确定的内涵,也没有指示任何特定领域,它抵制着那种非本真的却可能起支配作用的"实在物"的存在方式。海德格尔还从在世的"让被遭遇"的含义对现象予以解释,认为现象不是虚妄的空想,也不是事物的投射,而是此在在世界之中生存所敞开和发现的过程,并且向此在本身显现出来。由此,原初地说,现象重在"现",首先关涉此在通达、把握和保存存在的方式。这是现象最源始的意义。

关于后者,按照海德格尔,现象是存在外在的具体显现,重在"象",是在显示活动中呈现出来的东西,是存在显现的结果或现成东西,这也是人们的注意力所在。进一步说,现象作为显现自身往往会进一步指涉存在者。所以,显现自身的现象总是携带着某一或某些"象",使"象"随同"现"出来。因此,"现象"包括人们一般所说的派生意义上的现象。从现象之显现方式的多样性出发,海德格尔对现相、假象做了阐述。现相不是显现者自身直接显现出来的,而是由别的东西标示出来,指示着两种存在者之间的指涉关系,它把现象呈报出来,提示着现象。病理现相就是如此,如人因感冒而出汗,出汗是一种现相,标示出身体出现变故即感冒,而感冒自身却不会显现。所以,现相包括两种含义,其一是呈报却不显现,其二是呈报者本身。假象在根本上是作为其自身所不是的东西显示自身,是仅仅看起来像而其实不是它自身的东西。假象作为现象的被夺性变式,是假装显现,是现象经常表现出来的面貌。进一步说,现象有时显现为"显似",即貌似存在本身但事实上却不是其所是者,是非本真存在。"这个在按其本质因而就必然而且常以处于显出外貌的可能性中,此外貌却恰恰把在者在真理中,也就是说在无蔽状态中的那种情况掩盖与隐蔽起来。在者现在进入其中的这个外貌,就是假象意义下的现象。"①希腊

---

① [德]海德格尔:《形而上学导论》,熊伟、王庆节译,商务印书馆1996年版,第105页。

人有时就把存在者称为这种显现者,而通达存在者的方式有多种,有时表现出来的就是假象。现相和假象是现象本身所固有的结构,以迂回的形式显示出现象本身的源始存在。所以,非本真的方式的掩盖同时也是一种自我显示,只不过是不完全的、片面的甚至歪曲的显示。但是,它们往往被人们看作一种缺陷,看作达到实在的阻碍力量。这是科学意义上的现象,由源始的现象派生而来。

现象的两层含义,即作为显现自身的东西的现象和作为外在显现的现象在结构上是相互联结在一起的。现象是基础性、构成性的,现象导致现相和假象,现相和假象都以现象本身为前提,依赖于现象。现象本身不是与本质相对立的表面现象,它直接显现自身,是最先显现出来的东西。但作为显现本身,现象并不显现在人们面前,而是派生出别的东西而示于人,于是,它被其派生物所代替并遮蔽。于是,之后派生的间接东西被人们视为"现象",而之前源始的、最先显现自身的东西则被看作"背后"隐藏着的"本质",由此而产生"现象"与"本质"的区别。这里的"现象"和"本质"是就存在者意义上而言的,是由存在的现象本身派生而来的,存在的现象因而就成为藏匿于通常的"现象"后面的东西。

海德格尔倡导"现象的一元论",拒斥本质和现象在科学上的二元论。在他那里,无论是"现象",还是"本质",在根本意义上都指的是存在本身。因此,从存在论的视域看,"现象"和"本质"是同等地位的东西,现象背后并没有所谓的本质,并没有某种隐藏起来的、尚未显现出来的、有待人们去揭示的东西。而科学思维中所说的现象则不是存在,和作为此在的人本身也没有关系,它指的是通过经验而获得的东西,是在康德意义上将经验和直观形式进行综合而形成的东西,或者是胡塞尔所说的通过先验意识构造的东西。它们都是在意识中得到的,已经接受意识所给予的前提条件,是存在者具有的某种属性。海德格尔要求在存在的基础上将二者统一起来,认为本质与现象并非不同种类的东西之间的差异,而是同一东西的不同显现之间的差异,由此消解了本质和现象的区别和对立。

据上述可知,现象包括存在本身及其变式即科学的现象和本质,二者是源与流的关系,前者构成了后者的根据。科学的现象和本质植根于源始现象的遮蔽状态和被揭示者的存在方式,源始现象的自身显现是其先在境域。没有源始的现象,也就没有科学实在的本质和现象。总之,真正的现象不是任何科学意义上的东西,而是理解科学东西的根源。

四、"无"

海德格尔说:"科学不愿与闻'无'。"①在科学看来,应该得到研究的仅仅是作为存在者的实在,研究对象应该被限制在"有"即实在的存在者范围内,而"无"则被科学拒绝和排斥在外,科学既不愿参与"无"的研究,也根本不愿去知道"无"的问题。

那么,科学眼中的"无"是什么呢? 科学立足于"真正的存在",即实在,从当下被否定之物的角度出发来思考和规定"无",认为"无"就是实在的对立面,是"没有"。这样,"无"所获得的就只是来自实在方面的规定性,在本质上从属于实在,被看作是对所有实在之物及其存在的无条件的、完全的、充分的否定。科学把"无"置于有"不"的性质即被否定的东西的更高规定之下,把对实在的存在者整体的否定看作对"无"的最高的抽象概括。也就是说,"无"是实在的"不",它表明了实在的缺失,即"无物"包括在内。因此,"无"本身就不可能是实在,是空无所有,是"非存在"。

科学断言,"无"是应该被拒斥的。因为:第一,"无"不能被科学对象化。"无"被看作"绝对不存在者",是无形的东西,不能把自己构造为一个形体,不能在某种形象中表现出来,从而也不能呈现出某种外观。而且,"无"中不能生"有",从"无"中不会产生出某种东西呈现在人们面前。所以,"无"不是现

---

① 孙周兴选编:《海德格尔选集》(上),上海三联书店 1996 年版,第 138 页。

成地存在于某处的东西,而是虚幻的,不能像某个实在之物如植物、动物等一样让人去观察,因而不能成为科学思维的对象。第二,对"无"的谈论违背科学思维的基本规则。"因为思维本质上总是关于某物的思维;若作为无之思维,它就必定要违背它自己的本质了。"①"无"是不存在者,一旦出现在言谈行为中,就成了一个被指称的存在者。"说无,就通过这种说的行为将无变为某物。他有所说的说就与他所意指的东西相反,结果自相矛盾。"②"无"也不能作为概念,对"无"的谈论是由没有意义的命题构成的,与正常思维相悖,最终只能落入荒谬和尴尬的境地。第三,"无"不能被科学进行计算性操作。计算性思维追踪事物的原因和结果,最终得出的是某物的有用性,但"无"作为空无所有的东西,具有无法计算的特征,不能对其加以分析、综合、研究和论证,不能被人们所操纵,不能为人们提供实际的效益,因而是没有用的。第四,谈论"无"会没入虚无主义。"无"被看作空洞无物,如果有人严肃地对待"无"的问题,他就是站在虚无主义的一边,支持虚无主义,最终必然成为虚无主义者。谈论"无"还会使人产生消极情绪,趋于瓦解和崩溃,从而摧毁所有文化和信仰的根基。因此,对科学来说,谈论"无"是一件可怕和大逆不道的事,于是,"无"就被科学"当作虚无的东西牺牲掉了"③。

海德格尔则将实在和"无"这两个科学认为毫无关系的东西紧密联系在一起。他指出,提出并追问"无"的问题不是可有可无的,它是一个更为本源的问题,是一个如何看待实在即"有"的问题,关系到实在存在的根据是什么的追问。这么说的原因在于:对实在的追问从一开始就和"无"的问题紧密联系在一起。"询问在者的问题一经开端,询问非在者,即询问无的问题也就随之而现。这种对无的询问并不仅仅是一种表面的伴随现象,它就其广度、深度与原始性而言,它比询问在者的问题毫不逊色。对无进行发问的方式足以成

---

①　[德]海德格尔:《路标》,孙周兴译,商务印书馆 2000 年版,第 124 页。
②　[德]海德格尔:《形而上学导论》,熊伟、王庆节译,商务印书馆 1996 年版,第 24 页。
③　孙周兴选编:《海德格尔选集》(上),上海三联书店 1996 年版,第 138 页。

为对在者发问的标尺和标记。"①所以,科学不能回避并将"无"消灭,实际上,在它否认"无"时,却不自觉地说出了"无"的存在。在科学中隐藏着某种"他物",即不在场的"无",它隐而不现地作用于实在,是实在的发源地。因此,实在离不开"无",最终归属于"无",正是借助于"无",实在才得以成其本身。

海德格尔区分了两种不同意义上的"无",即无可能性意义上的"无"和无规定性意义上的"无"。无可能性意义上的"无"就是实在的存在者,而无规定性意义上的"无"则是存在。他是从"无定型""无限定"来理解"无"的,这和古希腊哲学家阿那克西曼德的"无定"或"无限者"具有相同之处。和"有"相反,"无"不是实在,不是确定的东西,没有规定性,如果它被赋予某种规定性,就会成为和某物相区别的他物,成为固定的现成的东西。既然"无"即无规定性,就蕴含着无限的可能性,犹如地上的流水,天上的流云,丰富多样,幻化无穷,生动活泼。而这样的"无"就是原初的存在。也就是说,通过对"无"的思考,海德格尔揭示出存在作为"无定型"的尚未显现的"大全"特征。由此出发,"无"可以表现为任何存在者,存在者始终欠缺它尚不是的和能是的,总可以转向其他存在者的各种可能性的空间,并且因此总是由这样一些可能性构成一个源始的可敞开境域。

进一步说,"无"不是和实在相对的概念,它根本不是一个具体的实在,不是依附于实在而产生的。但是,"无"决不是完全空无所有的东西,它源始地属于存在本身,其本身就是存在。"黑格尔而非什么微不足道的人物说过:存在与无是一回事。"②因此,"无不是存在者的缺少和缺乏,而是存在的本性"③。"无"指的是存在的不在场、不显现和隐,它是被遮蔽着的存在者整体,是尚未得到揭示的源始境域。海德格尔根据德文中表示无的名词创造了一个特殊动词即"nichten"(成为无),将"无"规定为存在的"无化",由此赋予

---

① 〔德〕海德格尔:《形而上学导论》,熊伟、王庆节译,商务印书馆1996年版,第25页。
② 〔德〕海德格尔:《现象学之基本问题》,丁耘译,上海译文出版社2008年版,第15页。
③ 彭富春:《无之无化》,上海三联书店2000年版,第4页。

"无"以动态,表明"无"是作为一种活动而存在的。

海德格尔强调"无"对于实在的重要性:正是"无"才使得实在成为可能,实在就奠基于"无"之源始的可敞开状态。海德格尔把"无"看作万物由之涌现的渊源,主张"从'无'生一切作为'有'的'有'"①,因为"无"本身并不耐其"无",它反倒是要"有",要在赞化、生成、馈赠中成其"无"。"无"在实在的存在者之先,是最真实的。在海德格尔看来,"无"就是"有"的"不",它"使存在者作为这样一个存在者得以为人的此在敞开出来"②。例如,"这是一座山"就有"无"之"不"发挥着作用,其背后隐含着无限的"不",如这不是一条河、这不是一棵树、这不是一片云等。这无限的"不"就是说"这是……"的"根源"。进一步说,"无"并不是对实在的存在者的消极的否定和消灭,而是一种积极的运作,它在使存在者整体成为"无"的同时,使个别的实在显现出来,因而处于敞开的无限丰富的可能性之中。这样的"无"是一种纯粹的给予,是使实在展现自身的力量。实在在其发端处和"无"相形而在,在"无"中,才产生了实在如此这般存在的源始的敞开状态。"源始地不化着的无的本质就在于:它首先把此之在带到存在者之为这样一个存在者面前"③,"它——即在其不化中的无——恰恰把我们引向存在者"④。可以说,"无"是实在得以展现的根据,任何一个显现的东西都以"无"为源泉。实在只有借助于"无"才能存在,实在要想得到显现,就必须返回它得以显现于其中的根基,指向尚未显现的"无"。"无"深刻地说明了实在存在的缘由,正是由于"无"本身的运作,实在才显现为一种具有固定不变的、确定可察之特征的东西,成为并保持为可被观察到的对象。

总之,"无"是实在的源始处所,也是科学产生的源始处所。实在本质上

---

①　孙周兴选编:《海德格尔选集》(上),上海三联书店1996年版,第151页。

②　[德]海德格尔:《路标》,孙周兴译,商务印书馆2000年版,第133页。

③　[德]海德格尔:《路标》,孙周兴译,商务印书馆2000年版,第132页。

④　[德]海德格尔:《路标》,孙周兴译,商务印书馆2000年版,第135页。

也是"无",如果没有"无",实在就得不到澄明,科学就不能走向实在并且深入到实在那里,科学就成为不可能。

第三节　科学实在的研究方法

现代科学对实在的研究是在方法的指导下完成的,体现了存在的意义消退后和物的交道方式及物之物性筹划的形而上学本性。由于科学实在被按照对置性先行开启出来,必然需要一套相应的、适合的通达方式,制定和构想实在相一致的结构、形成基本概念及给予证明的方法,这就是数学方法、实验方法和逻辑方法等。这些方法不同于古代和中世纪,其基本观念始于伽利略,之后,"自然科学家,充其量是一位在方法方面最有创造性的技术家"①。科学越来越与方法相关联,"作为关于实在的理论的现代科学是以方法优先为基础的"②,"在其所有观察活动(Be-trachten)中,它的追求(Trachten)方式,亦即有所追踪和有所确保的行动方式,也就是方法,具有决定性的优先地位"③。方法可以确保研究的科学性,被看作实在清晰性和可靠性的保证。"借以把一个对象区域表象出来的方法,具有基于清晰之物的澄清的特性"④,不采用科学方法,就不能进入表象而认识实在。海德格尔借用尼采的话说:"我们十九世纪的标志并不是科学的胜利,而是科学的方法对于科学的胜利。"⑤"那种在今天肆虐着不知何去何从的科学的疯狂奔跑,乃来自方法及其可能性的推

---

　　① ［德］胡塞尔:《欧洲科学危机和超验现象学》,张庆熊译,上海译文出版社 1988 年版,第 73 页。

　　② ［德］海德格尔:《演讲与论文集》,孙周兴译,生活·读书·新知三联书店 2005 年版,第 54 页,有改动。

　　③ ［德］海德格尔:《演讲与论文集》,孙周兴译,生活·读书·新知三联书店 2005 年版,第 53 页。

　　④ ［德］海德格尔:《林中路》,孙周兴译,上海世纪出版集团 2008 年版,第 70 页。

　　⑤ ［德］海德格尔:《在通向语言的途中》,孙周兴译,商务印书馆 2004 年版,第 168 页。

动……方法拥有知识的一切暴力。"①科学研究方法具有很多局限性:不能提供实在的整体图景,是片面的;阻止了对人在实在认识中的先验地位的反思,缺乏"前理解";对实在进行程序化的设计和预设,规定着什么能够成为对象和它如何成为对象,在其中,只能发现人工制品;等等。海德格尔的问题领域是存在,探讨的是存在的可能性和意义,而科学则研究现成的存在者及其具体存在。随着问题域的转换,方法也自然发生转换。海德格尔力求超越理论的普遍统治,进入前理论的领域,就要用前理论的方法。他运用的不是认识论或纯粹方法论意义上的方法,不是分析和描述对象的技巧,而是存在论—生存论的方法,以现象学和解释学展示实在的存在方式。

一、数学方法

数学方法越来越受到现代科学的重视,被视为现代科学的标尺,占据着核心的地位。伽利略说,自然之书是以数学的语言书写的,人们必须掌握数学,才能读懂自然;笛卡尔在《科学的普遍性》中,把数学看作揭示自然真理的真正方法;康德提出,"在关于自然的特定学说中,哪里有多少数学哪里才有多少真正的科学"②;胡塞尔认为,数学是现代科学的认识方式。海德格尔指出,数学是现代科学研究实在的最主要的通达方式和决定性因素,现代科学采取数学筹划方式与世界打交道,采用数学因素表象和确定实在。

数学因素是一种心灵设想:完全由人的思想所给予的关于物的规定性的认识。即数学因素是先验的,是不出自物但为对物的认识植基的先行观念把握。"这种对物的规定并不是以经验方式从物那里抽取出来,它却是对事物的一切规定的基础,使后者成为可能并为之创造了空间。"③它是人们同事物

---

①　[德]海德格尔:《在通向语言的途中》,孙周兴译,商务印书馆2004年版,第169页。

②　[德]康德:《自然科学的形而上学基础》,邓晓芒译,上海人民出版社2003年版,第62页。

③　孙周兴选编:《海德格尔选集》(下),上海三联书店1996年版,第868页。

打交道时先已获知、根本上已经拥有的认识,借以获悉实在对象。"这种认识乃是物之制造的主要基础"①,是让物生产出来,实在是作为预设的数学因素的一种构形。数学因素以先验思考实在的方式取代了古代和中世纪惯用的以经验探究自然的方式。亚里士多德的自然图景和人的经验一致,在其中,人无法预知事物的本性和运动状况如何;托勒密的地心说也近于人的经验;哥白尼将世界看作数的,其日心说是远离经验的数学设想;伽利略说:"我在心灵中设想有某种完全自主的运动物。"②牛顿第一定律也是在心灵设想下建立起来的,其中的自主物体纯粹是主观的构造和人为的规定,是并不存在的东西,物体的直线和匀速运动也是理想化的,在现实中不存在。这就推翻了现代科学素来标榜的牢靠的事实基础。

科学以数学因素所做的筹划是公理性的。数学因素是先行规定事物本质的公理,公理即被预先给出的规定和陈述,"所有进一步的工作都以明晰的次序建立在原理的基础上"③,表现出一种约束力。数学方法以公理的形式规定事物的存在方式,将事物纳入到公理系统中,规定了对事物的获取与探究,科学实在就出于这种公理筹划。《自然哲学的数学原理》是数学方法的典范,牛顿在其中给出一系列公理,建立了一个公理化的世界,物的观念包括物体及其属性都在公理中被端呈。

由此,数学筹划对物之物性进行建构,对物的本质做预期或先行掌握,将其存在模式设定为"可计算性"。数学筹划的本质不在于运用通常的数学工具,不在于用数字做计算与测量,而在于敞开事物的现身领域,预先确定存在者整体作为何种东西显现出来,需要接纳哪些预设的概念构造和规则,将其定位于数学阐明中,提供探究它的程序。数学筹划首先开启了一种视域,展现出常住的事物,使人们从以量进行规定的要素如运动、力和位置等去认识这一事

---

① 孙周兴选编:《海德格尔选集》(下),上海三联书店 1996 年版,第 853 页。
② 孙周兴选编:《海德格尔选集》(下),上海三联书店 1996 年版,第 869 页。
③ 孙周兴选编:《海德格尔选集》(下),上海三联书店 1996 年版,第 879 页。

物。如古典物理学将事物置于绝对时空构架中，以质量和力等去说明，"把自然当作一个先行可计算的力之关联体来加以呈现"①，"即：具有时空关系的质点的自成一体的运动联系"②，只有这样的东西才被设置为考察的对象。"这些对象本身及其联系在古典物理学中被表象为几何学上的质点力学，而在今日物理学中则是通过'核'与'场'来表象的。"③"对古典物理学来说，充满空间的物体的任何运动状态随时都既可以根据位置、又可以根据运动量来加以规定，也就是说都可以明确地得到预测。与之相反，在原子物理学中，一个运动状态原则上只能在一个方面得到规定，或者根据位置，或者根据运动量。相应地，古典物理学主张，自然是可以得到明确而完整的预测的；而原子物理学则相反，它只允许一种对对象性联系的确保具有统计上的特征。"④现代科学将对事物的描述限制在数学的范围内，简化为量的关系，并因之使整个自然图像化，成为能够用数学揭示的实在，实在也就被建立起来。

这样的数学筹划是对物的普遍同一的单向度筹划。古代探求事物看到的是其多样性，对其进行多角度、多层次的追问，蕴含着多种指向的展现可能性。如亚里士多德对事物做定性研究，认为造成事物的运动方式和位置及二者关系的原因在于其自然本性，如事物的"重性"和"轻性"决定着其自然位置，轻物处上，重物居下，事物由于依其本性趋向自己的位置而形成不同的运动。现代"数学因素……在某个特定方面涉及物"⑤，导向在数量上可构造的东西，屏除不可定量的性质，取消事物及其位置和运动质的差异性，抽象为可测量性和可计算性，归于量的统一规定，如质量、空间和时间等。事物要被科学认识，就

① ［德］海德格尔：《演讲与论文集》，孙周兴译，上海三联书店2005年版，第20—21页。
② ［德］海德格尔：《林中路》，孙周兴译，上海世纪出版集团2008年版，第69页。
③ ［德］海德格尔：《演讲与论文集》，孙周兴译，生活·读书·新知三联书店2005年版，第55页。
④ ［德］海德格尔：《演讲与论文集》，孙周兴译，生活·读书·新知三联书店2005年版，第55页。
⑤ 孙周兴选编：《海德格尔选集》（下），上海三联书店1996年版，第851页。

必须提供可测性或具备测量的可能性。这样,丰富的事物成为均一化的物体。伽利略就通过时空形状的观念化,使事物变成物体,并逐步使整个自然彻底数学化,成为数学的集,成为几何形式的表现。于是,"离实在世界很遥远的作为观念的几何学成为'应用的'几何学,并在一定程度上说,成为认识实在事物的一般性方法"①。牛顿从更普遍的意义上确定物体,认为任何时间点和空间点都是等价的,自然是相同物体的总和,一切运动在本质上都是位置状态的变化和相对位置的变化量。总之,"由于筹划按其意义确立了所有物体在空间、时间和运动关系方面的均一性,它因此使得一种作为对物的本质性规定方式的普遍同一的尺度,也即一种数学式的测量成为可能,同时它也要求这种尺度或者测量"②。

胡塞尔指出,由于数学被赋予普遍规范性的意义,造成对普适性的追求,使原本只是一种方法的数学被看作真正的存在,废弃了至为关键的生活世界。海德格尔认为,数学的有用性和可用性是有区别的,可用性是衍生的,奠基于事物和此在在存在论上的照面,来自事物量的方面及其可靠性。"唯基于这种只还现成的存在,我们才可能用数学上的'函数概念'从'属性'着眼来规定这种存在者。只有事涉那种其存在性质是纯实体性的存在者,这种方式的函数概念在存在论上才是可能的。"③海德格尔反对将数学的有用性范围无限扩大,因为很多事物是不能被数学设定的,如我们不能测量和计算幸福和观念,不能用数量描述人的行为和生命,否则,得到的结果只能是空洞而无意义的。如心理学通过数学对人格进行分级、对人的举止做描述就经常遭受质疑。"人们原本认为自己所生活的世界五彩缤纷,洋洋盈耳,芳香袭人,到处都是快乐、爱和美,而现在却充满了具有目的性的和谐与创造性的理念,被压缩在

---

① Husserl, *Die Krisis der Europaischen Wissenschften und die Transzendentale Phanomenologie*, Holland: Kluwer Academic Publisher B.v., 1976, p.31.

② 孙周兴选编:《海德格尔选集》(下),上海三联书店1996年版,第871页。

③ [德]海德格尔:《存在与时间》(修订译本),陈嘉映、王庆节合译,生活·读书·新知三联书店2006年版,第103—104页。

作为有机体的大脑的某个角落中。真正重要的世界成为外部世界,这是死板、淡漠、无色无声的死寂的世界,是量的、能够被数学计算的根据力学规律运动的世界。"①"把物当作有广延的、在空间和时间中运动着的东西的数学化倾向所产生的结果是,日常打交道的被给予的东西被理解成了单纯的物质,而在感觉的多样性中被弄得支离破碎"②,被通过数学重新结合、建立联系,活生生的因缘整体被分割为碎片,最终成了无意蕴的东西。

二、实验方法

人们通常认为,现代科学与古代、中世纪科学的区别是强调事实,是实验的科学。海德格尔指出,古代和中世纪科学同样重视事实观察,也做实验,"实验或者通过对事物和事件的特定排列而获得关于事物状态的信息的试验,在古代和中世纪也已是家常便饭了"③。阿基米德的实验思想就赢得怀特海、丹皮尔等人的高度赞誉。"在这里,根本的差别并非经由观察而在普遍意义上加以试验的实验,而是设置试验的方式、目的和实施试验的依据"④,即以什么方式和在什么意义上进行实验、怎样布置事物、要由实验达到什么目的,而实验的方式取决于事物先行掌握的方式。古代科学的实验是在亚里士多德目的论的境域中进行的,主要是由人的内心体验投射于人的行动而展开的。所以,很多古代实验不具有实证性。现代科学的"实验也不是亚里士多德的 empeiria 以及 empeiria 意义上的 experimentum"⑤。"如果说罗吉尔·培根要求实验,而且他确实也要求实验,那么,他所指的并不是作为研究的科学的实

①　Burtt, *The Metaphysical Foundations of Modern Physical Science*, London: Kegan Paul, Trench, Trubner & CO., LTD.New York: Harcourt, Brace & Company, INC., 1925, p.238.

②　［德］海德格尔:《物的追问:康德关于先验原理的学说》,赵卫国译,上海译文出版社2010年版,第188页。

③　孙周兴选编:《海德格尔选集》(下),上海三联书店1996年版,第848页。

④　Heideggeer, *Basic Writings*, *Edited by David Farrell Krell*, New York: Harper & Row, 1977, p.272.

⑤　李章印:《科学的本质与追思——海德格尔的历史性分析》,《哲学研究》2005年第8期。

验,而是要求用 argumentum ex re［根据事物的判断］来代替 argumentum ex verbo［根据词语的判断］,要求用对事物本身的悉心观察,即亚里士多德的 ἐμπειρία［经验］,来代替对学说的探讨。"①正因为此,海德格尔认为,罗吉尔·培根并非现代科学实验的先行者。所以,古代实验虽然也通过一些装置和器具进行观察,但"始终与作为研究的科学的内涵,与研究实验,有着本质的差异"②。

人们还认为,现代科学经由实验发现自然的事实和规律。如在实证主义看来,实验是通过收集事实而概括出普遍规律,并由此证明理论的真假。海德格尔则认为,实际上正好相反。实证主义的科学是事实的断言,依然遵循经验原则,借助于实验发生。现代科学实验已发生了革命性变化。造成这一状况的决定性因素是:"实验始于对规律的奠基。"③即实验的先决条件不是经验,而是首先确立规律。换言之,对现代实验来说,决定性的东西是规律的预先设定。"实验是那种方法,这种方法在其实验装置和实施过程中受已经获得奠基的规律的支持和指导,从而得出证实规律或者拒绝证实规律所推导出的事实。"④如由自由落体定律做不同重量的物体在真空环境中同时下落的实验。所以,现代科学实验预设了前提和问题,向自然强求答案,即以某种规律询问自然,迫使自然在规律之内作出回答,因为"惟在法则和规律的视界内,事实才作为它们本身所是的事实而成为清晰的"⑤。总之,在现代实验中,最重要的不是实验本身,而是指导性的规律。实验作为与事物打交道的方式,古代科学也做,不过是在经验的层面进行的,而不具有反映规律的现代知识。

进一步说,现代科学实验不简单是对自然的观察和记录,更是科学筹划的一种体现,决定着对事物的掌握方式。实验通过筹划而预先设定其目标,即对

---

① ［德］海德格尔:《林中路》,孙周兴译,上海世纪出版集团 2008 年版,第 71—72 页。
② ［德］海德格尔:《林中路》,孙周兴译,上海世纪出版集团 2008 年版,第 71 页。
③ ［德］海德格尔:《林中路》,孙周兴译,上海世纪出版集团 2008 年版,第 71 页。
④ ［德］海德格尔:《林中路》,孙周兴译,上海世纪出版集团 2008 年版,第 71 页。
⑤ ［德］海德格尔:《林中路》,孙周兴译,上海世纪出版集团 2008 年版,第 70 页。

在精确的范围内所筹划而形成的关于事物的规律加以证明,创造或改变一定条件使得事物具有可预测性。海德格尔说:"进行一项实验意味着:表象出一种条件,据此条件,在其过程之必然性中的某种运动关系才能成为可追踪的。"①即做一个实验就是构想一条规律,依照这条规律在某种事物发展的必然性中事先把握这个事物。伽利略的实验方法就植根于这种设定,而牛顿经典力学则基于对事物预设的三大定律,它由此构建理论,然后才设计实验予以检验。所以,规律不是由经验归纳得来的,而是根据先验的筹划建立的,有假说的性质,但又并非臆造,而是事先看作已经被理解或在研究中能够被揭示和理解。没有这样的假说,实验就不能被看作是有意义的。假说的验证途径可以是搜集信息和观察,但设计实验去再现事物更重要,这样才能验证假说是否和在多大程度上符合实在,符合何种实在,能否创造出符合假说的实在。通过实验,将实在的某种属性抽离出来,看它是否达到了预定的规律,以此作为取舍的依据。所以,并非实验的应用使现代科学具有可证实性,相反,由于实验的先行筹划,在进行实验前,实验结果就已经被预定了。

也可以说,现代实验是从科学筹划而构成的作为对象的实在中开展出来的,是在对象领域的基本轮廓及边界的范围内完成的,又被置于对象领域的基本轮廓中。这以对实在的先行把握为前提,预设了实在必须符合某个条件,实验才能进行。科学把实在作为对象来看待,对其进行摆置,设定其应当呈现的方式,以求发现更多信息。这就需要有方法,借助于实验手段和设备,实在才能被表象出来而得到说明和探究。即实在的对置性要求科学必须做实验,科学筹划相应的实验程序并提取和采集实验数据,实验越程序化,获取的结果就越精确。"自然之基本轮廓越是精确地被筹划出来,实验之可能性就变得越精确。"②"伽利略式的自然开始变得可计算、可统治了,这就是新的理论,其特

---

① ［德］海德格尔:《林中路》,孙周兴译,上海世纪出版集团2008年版,第71页。
② ［德］海德格尔:《林中路》,孙周兴译,上海世纪出版集团2008年版,第71页。

别之处在于使实验方法得以可能。"①科学实验敞开了科学研究的领域,将事物筹划为实在,建立"事实",如伦琴射线的实验提供了不可见的 X 光。"只有根据以这种方式被筹划的自然,像'事实'这样的任何事物才能作为一个根据这种筹划得到调整(控制)和限制的实验的结果而被发现和建立。"②伽利略在比萨斜塔实验中,对事实的规定、解释和评判就都依赖于先行筹划。他主要通过严密受控的思想的构造性实验,设置了符合第一定律的理想的环境和物体,设置了新的世界图景,在其中,物之物性的筹划起支配作用,为物理学提供了新的"事实",推翻了亚里士多德的物理学。实验是对实在的控制性操作,这强有力地表明,实在是可以被制作的,同时进一步说明,在科学中没有纯粹的事实。

持同样观点的不只海德格尔。劳斯认为,实验室有三大作用。一是隔离。除去对操作者没用的东西,保留和提高有用的东西。这样,事物被简化,不再是真实的、其所是的东西。二是操纵和介入事物所显现的方式。即科学家不是旁观者,而是参与者,研究的是建构系统。发生在实验室里的现象都是必然的、事先被规定的,偶然现象由错误导致而应该忽略。三是追踪。通过监视实验的结果和事情的正常运作,使隐藏的现象成为可显示的(被隔离和控制后的现象)。所以,事物的"发现"实质上是"发明"。皮克林就指出,自然界没有夸克,夸克不是科学的发现,而是科学共同体在高速粒子加速器中让粒子相互碰撞所构建的发明。这表明,实验对实在物具有建构作用。

海德格尔对现代实验予以批判,我们可以借用歌德的话:"自在的人本身,就其使用他的健康感官而言,乃是世上存在的最伟大的和最准确的物理装置,而且新近物理学的最大祸害恰恰在于,人们仿佛把实验与人分离开来了,

---

① [法]F.费迪耶等辑录:《晚期海德格尔的三天讨论班纪要》,丁耘译,《哲学译丛》2001 年第 3 期。

② DR. William Wilkerson, "Scientific Realism and Anti-Realism in Martin Heidegger's Philosophy of Science", http://honors.uah.edu/uahr/v1n1-spring2010.php.

只想在人造工具所显示的东西身上认识自然,其实就是想限制和证明自然所能完成的东西。……通过海森堡的测不准关系,人终于明确地被吸收到工具的人造性之中,成了工具的一个组成部分。"①

三、逻辑方法

海德格尔认为,奠定科学基础的是富有成效的逻辑——不是跛行于科学之后,而是跃行于科学之前。"谁非逻辑地谈论与运思,谁就是非科学的人。"②科学被看作逻辑的卓越形式,在必然性领域中探求实在,以脱离实践的逻辑为工具思考实在,把纯粹逻辑的超物质领域看作追问的核心。科学体系的要点在于逻辑的严谨,极度依赖逻辑推理,科学说明就是纯粹的逻辑推论。科学把逻辑看作最高的法庭,看作判定实在最初和最终的权威,认为"逻辑对任何科学的以及思维的人们来说是有利的"③,逻辑的方式被看作是唯一严格的方式。

逻辑不是人们如何推理的经验科学,而是对形式的结构或准则的研究,运用推导做纯概念的思考,形成命题、公理、定理,进行推理和论证。它是设置实在的方式,决定着人们怎样根据事先确立的基本概念创设和开拓新的实在领域,揭示实在的构成。逻辑化的过程就是对实在的概念性把握的形成和结构性发展的过程,或从逻辑出发探求、构造和推演出整个实在,展开对实在的分析、综合、比较和概括,使实在服从于逻辑的一般法则,保持它的秩序。由此,科学的基本概念被展开并相互联系,描绘出科学所涉实在的图景。

在逻辑中,实在关联于对一切个体都有效的普遍之物,关联于形式化的超

---

① [德]海德格尔:《演讲与论文集》,孙周兴译,生活·读书·新知三联书店 2005 年版,第58 页。

② [德]海德格尔:《形而上学导论》,熊伟、王庆节译,商务印书馆 1996 年版,第 24 页。

③ Heidegger, Wanda Torres Gregory and Yvonne Unna (trans), *Logic as the Question Concerning the Essence of Language*, New York: State University of New York Press, 2009, p.13.

感性的东西,是超越可感的变化世界的不变本质,这源于形而上学思辨的抽象本性,是理性思维的结果。达到普遍性的途径主要有两条:归纳和演绎。归纳走的是从个别到一般的路径,排除个体的差异,抽象出其共性,从而在同质化的基础上对实在进行展现和构造。如从各种马抽象出马的概念,即马的共性;从鸭、鹤、鱼、人等抽象出动物的概念,即动物的共性……直到最高的概念,即万物的共性——存在。它抽去了一切具体的东西,脱离了一切因缘整体。经验主义者就以归纳为发现和辩护实在的支撑点,如培根。演绎走的是从一般到个别的路径,坚持先天的原理,从理智构成的观念得出经验物体。笛卡尔的《论方法》相信确定无疑的认识必须通过运用演绎方法的分析才能达到,通过清楚明白、无可置疑的基本原理,就可以推演出心灵、上帝和物质这些实在的存在。

海德格尔在谈理论的两种东西时,也阐述了各自相应的方法。对"客体性质的东西"的通达使用的是"普遍化"方法,经验科学运用的就是这种方法;对"对象性的形式逻辑的东西"的通达使用的是"形式化"的方法,这是"形式科学"的理性主义方法。普遍化用于确定的实在领域的不同种属之间,它把特殊的东西归结到普遍性的复合体中,再进一步把后者归结到更普遍的复合体中,这样由低到高递进而成。形式化源自单纯的"看法关系自身",和被经验的实在事物的具体内容无关,人们必须跳出实在事物本身,抛开实在的内容,去关注其被"看到"的方面——理论的看法关系所指向的相关项,即"理论化的关联意义",将它构成为与某一领域相关的形式的范畴对象。

科学立足逻辑的概念、命题等基本要素,将其和就实在加以概念性规定的方式及如何运用其概念的方式相联系。进一步说,在架构科学体系的过程中,形成了关于实在的基本概念,通过概念来认识实在的本质,即实在的本质是抽象的逻辑存在者,是通过概念来言说和规定的。科学在认识实在时预先制定了一种概念方式,首先用基本概念表现实在的存在机制,使实在的解释框架得到确定,"按其对象的实事特征和存在方式,每个对象领域都具有某种独特的可能的揭示、证明、论证的方式,以及如此这般形成的知识的概念构造方式"①。如苏格拉底着力于获得事物在德性方面的确切的概念性认识就是如此。随后的哲学家们则强化了这一点,柏拉图不满足在伦理道德领域内发现普遍概念,而是扩大到一切事物,由此建立了以理念为对象的知识体系;亚里士多德则把存在抽象为实体,构建范畴体系,建立关于实在的知识。海德格尔认为,这就是科学的开始。

在概念基础上的判断、推论是科学处理整个世界的方式,科学说明一定要包含普遍的概念、判断和推理。如亨普尔认为,能够提供科学说明效力的不是"叙事",而只能是定律。科学说明就是由普遍定律去涵盖个别现象,覆盖广阔的事件领域,扩大并深化人们对经验现象的理解。而一切充分的说明都潜在地具有预测性,本质上是对"事后"的预测,当以普遍命题为前提进行逻辑推论时,就能根据已知条件作出预测,所以,在论证之中,"被说明项必须是说明项的逻辑结果"②。

海德格尔认为,逻辑是在对存在的揭示中建立起来的,归根结底,奠基于对存在的领会之中。对于存在而言,抽象化的逻辑思考方式显然不适用。存在是无法抽象化的,不是靠逻辑构成的,不能被纳入逻辑之中,无法用逻辑规定。即使根据逻辑获得了概念等的形式,也绝不是存在本身。因为,一旦出现在逻辑中,存在实际上就成了一个被言谈和指称的存在者,通过逻辑方法跃入存在的特殊领域即实在,在实在的构造中揭示它,通过单纯的"普遍化"成为纯粹形式的无限观念化的东西,达到实证科学。这样的存在归根到底是由逻辑的形式结构构成的,不断地被逻辑赋予规定性。

爱因斯坦的世界图景就出于这样的逻辑构造,离不开其逻辑化的系统。在他看来,"科学是这样一种努力,它把我们纷繁芜杂的感觉经验与一种逻辑

---

①　[德]海德格尔:《路标》,孙周兴译,商务印书馆 2000 年版,第 54 页。

②　Hempel C., *Aspects of Scientific Explanation*, New York:The Free Press,1965,p.247.

上连贯一致的思想体系对应起来"①。狭义相对论的狭义相对性原理和光速不变原理，以及广义相对论的广义相对性原理和等效原理，都表现出爱因斯坦在概念、判断等逻辑构造方面的热情。爱因斯坦说："事实上，我相信，甚至可以断言：在我们的思维和我们的语言表述中所出现的各种概念，从逻辑上来看，都是思维的自由创造，它们不能从感觉经验中归纳地得到。"②按照胡塞尔的观点，科学的世界只是穿上了理念外衣的世界，虽然科学家认为，这个由他们构造的世界是真实的。"理念化"是现代科学的根本特征，科学"在归根到底大家都赞同的最高理想目的的支配下，去建立一种无条件的真的存在（一种通过永远不断的努力去实现的理念）"③。它歪曲了实在的真正本质，其实不过是一种臆测，甚至只是假说。

现代科学追求普遍性的目标在于保证实在的齐一性，建立起秩序与和谐。在爱因斯坦看来，一切科学的目的都在于使人们的经验相互协调，并且把它们纳入到一个逻辑体系之中，相对论是反映自然普遍特征的原理，"为广义相对论所依据的狭义相对论，适用于除了引力以外的一切物理现象；广义相对论则提供了引力定律，以及它同自然界别种力的关系"④。这暴露了逻辑方法的通约化本质。实在的均一化使现代科学成为可能，而对事物复多性的关注有碍科学所追求的普适性。但是，现代科学把多种多样的实在事物、时间、地点和运动都简化、平均化，从而不断地把其中独特的东西抽离开来，是"遮蔽一切原初事物"的"削平"。

四、现象学方法

海德格尔说："'现象学'这个词本来意味着一种方法概念。"⑤与认识论

---

① ［美］爱因斯坦：《爱因斯坦晚年文集》，方在庆、韩文博、何维国译，海南出版社 2000 年版，第 94 页。

② 许良英、范岱年编译：《爱因斯坦文集》（第一卷），商务印书馆 1976 年版，第 40 页。

③ ［德］胡塞尔：《胡塞尔选集》（下），倪梁康选编，上海三联书店 1997 年版，第 1085 页。

④ 许良英、范岱年编译：《爱因斯坦文集》（第一卷），商务印书馆 1976 年版，第 110 页。

⑤ ［德］海德格尔：《存在与时间》（修订译本），陈嘉映、王庆节合译，生活·读书·新知三联书店 2006 年版，第 32 页。

和方法论层面上具有客观性和现成性的科学方法不同,现象学是对科学予以反思的本体论层面的方法,其特征为意向性和构成性,要求本源的展现。现象学处理的不再是"对象"而是"现象",是"存在显现"的途径,关注的是事物"如何"得以展示。现象学的任务不是从实在方面描述存在,而是通达最本源的所在,展现源始意义上的存在,即"让人从显现的东西本身那里如它从其本身所显现的那样来看它"①,不再把此物作为彼物来展示。现象学使被遮蔽的存在展现出来,廓清了存在的意义。海德格尔将现象学方法运用于科学中,把作为一种现象的科学实在展现出来,但着力的不是其结果,而是发生过程,是对实在的重构。

现象学的基本原则是"面向实事本身",反对无根的构造。其中的"实事"并非作为现成实在的事实,而是存在本身及人的生存整体。实在归属于存在,在其中和人照面,不能游离于生存整体之外。必须将科学置于实事即存在和人的生存中,才能让实在真正从其自身而显现。"这个原则中的原则本身不再是理论性的东西;在其中表达出现象学的基本态度和生活态度:对生命的体验同感(Sympathie)！这乃是原始意向(Urintention)。"②进一步说,"现象学"方法直接基于直观的给予,但并非主体意识之直观的给予,亦非反思的给予,而是由生命体验而给予,聚焦于在体验直观中显现的原初世界。所以,现象学是和生命体验同一的。这样,海德格尔就使认识"实事本身"的方法由胡塞尔先验意识的理论性直观深入到更源始的前理论的生命体验。

作为实事本身,存在虽然存在于显现物之中,化育着显现物及其意义,是显现物的根据,却首先与通常在根本上不仅不显现自身,还和显现物相对。换言之,存在总是被遮蔽着,甚而被遮蔽到完全隐没,及至其意义问题不再出现。

① ［德］海德格尔:《存在与时间》(修订译本),陈嘉映、王庆节合译,生活·读书·新知三联书店 2006 年版,第 41 页。

② ［德］海德格尔:《形式显示的现象学》,孙周兴编译,同济大学出版社 2004 年版,第 16 页。

所以,存在就需要经由现象学特地让自身显现出来。那么,具体来说,如何真正进入被遮蔽着的实事本身,从而真正进入科学实在本身呢? 这需要通过现象学的三个基本环节即还原、解构和建构来实现。

现象学还原是使存在者回归于存在者的存在,以通达被遮蔽着的存在。现象学要显现的是和存在者相关联的存在,但首先起步于存在者,随后从存在者导向其存在,即让确定的存在者回到生成涌现着的存在,回到源始的实事之中,是一种通过前理论的领会以复归源头的方式。这不同于胡塞尔的现象学还原,后者旨在把一切还原为纯粹意识或先验自我,将纯粹意识看作自然世界及其科学的根据和源泉,将无法在纯粹意识中直接呈现出来的东西排除在外,依然是传统形而上学理论化的理路。海德格尔认为,纯粹意识把人缩小了,现象学应该展现人之存在的一切可能性。伽达默尔指出,按照海德格尔,"现象学探究的本体论基础,应当是那种不能证明和不可推导的此在的实存性,即生存(Existenz),而不是作为典型普遍性本质结构的纯粹我思"①。所以,还原工作不能止于纯粹意识,而应该将意识本身一直追溯到生存论—存在论的源头,如此在的"在世"及操劳,使存在本身显现出来。还原的指向是将显现物投于人的生存和原初存在之中并予以展现,展示实在及其科学的发源处。进一步说,要获取在科学中可通达的"对象",就必须经过还原而返回到"对象"由以产生的源始经验中。所有的被给予者都永远和其给予者结伴而行,现象学就是去找到这一给予者,使事先给予而又隐而不显的东西昭示于人。为了避免人们从理论的角度理解存在,还原把流俗的东西搁置起来,以杜绝理论思维方式,防止存在又退回到现成的实在领域,通过更为源始的非恒定的方式自由地开展出存在,真正进入到前理论的领域之中,将存在从对象性实在的沉沦危险中拯救出来,直指人的生存现象,并由此使存在本身得以初步显现。

现象学解构作为一种批判,是现象学基本的和关键的环节,直接对立于对

---

① [德]伽达默尔:《真理与方法》,洪汉鼎译,商务印书馆 1999 年版,第 327 页。

象化倾向。存在的被遮蔽源于对原初显现的进一步显现中所出现的非源始显现，包括科学研究的对象即实在，现象学就是要解构非源始的显现。具体而言，由于存在总是展现为存在者并被从存在者出发进行筹划，所以，关于存在的探索往往由关于存在者的经验所规定，在存在的概念中进行。但是，概念化的视域和进路绝不能源始而本真地把握它们所要通达的存在本身。由此，对存在的概念化认识就必定需要一种解构，对这些概念进行剖判，回到它由以化生的泉源。而不解构通常的实在观念，存在就不能依照它自身所是的样子显现出来。在科学中，生命体验日益退化和淡化，无法展示其源始的力量，解构的目标就是使隐含着在概念中的存在再次清晰起来，使生命体验的源始意义重新显现出来，把人们带回到源始的体验之中。因此，解构并非单纯破坏性的损毁。进一步说，源始的存在是前理论的、非现成的东西，要对它获得理解，只能先将理论的现成的东西完全解构掉。现象学必须冲决现成的存在者，打破那些被视为无可置疑的东西，发掘实事本身，复归于"根"。现代科学制造了理论化的现成实在，必须首先破除这些现成物，这也是现象学要做的事情。由此，各种各样的存在者就会在不同的时空、对不同的人以不同的方式展现出来。

　　现象学的建构方法是为了揭示科学实在的发生。胡塞尔的现象学沿袭了笛卡尔所开创的理性化的心物关系，把先验自我的意向性作为构成对象的手段，作为产生实在的根源，在意识中构造其对象，实质上构造的是存在者，这是以理论的方式看待前理论的东西，最终使前理论的东西倒退回理论的东西。海德格尔批判胡塞尔的这一做法，他要构造的是存在。在他看来，存在不像存在者那样容易通达，必须进行如其所是的自由筹划，"这一对预先所与的存在者向着存在以及其存在之结构的筹划，我们称之为现象学建构"①。现象学的建构既不是理性的逻辑建构，也不是主体的社会建构，而是此在的生存建构。

———————

① ［德］海德格尔：《现象学之基本问题》，丁耘译，上海译文出版社2008年版，第25页。

海德格尔把实在的发生和此在存在方式的变化相联系,他通过此在的在世、操劳、寻视等,揭示科学实在是如何产生、演化并最终使人处于其支配之中的。在他看来,只有此在才会向预先存在的存在者进行筹划和领会,并且在这种筹划中以把握和理解存在者的存在为目的,把筹划的方向和目标指向存在本身及其存在的结构。这是他力求达到的目标。

在方法意义上,海德格尔的现象学是要避免对象化的思维,把存在不是作为一个最终有效的普遍之物,而是此在具体的实际的生命处境;不是对它的内容作规范性的固定,而是改变为一种当下个体化的存在的阐释,推动、激发向来我属的个体化的生命或者生存。现象学是生成性、非实体化、非范畴化的,指示着原始的可能性。"比现实性更高的是可能性。对现象学的领会唯在于把它作为可能性来把握。"①而科学实在正是这种可能性之一。

五、解释学方法

海德格尔使解释学从以往认识论和方法论的层面转向本体论即存在论—生存论的层面,并站在这一立场揭示存在。按照海德格尔的观点,解释学所打开的存在是科学研究其实在领域的前提,是科学实在生长的原初方法。

这种解释学不是文本阐释的字句疏通,也不是程序化的方法和技巧,而是对存在意义的理解。这里的理解并非理性的认识,亦非移情的体验,反倒是它们的基础和条件。理解是此在基本的生存方式,是前意识的、先验的,它对存在的可能性进行筹划,为存在之展现提供背景,在其中,世界对此在首先和主要表现为意义和价值而非对象。理解的筹划通过解释使自己成形,即把在理解中所筹划的存在的可能性整理出来。如上手事物向来就处于由此在的理解所展开的因缘整体中,需要解释将对它的明确理解从这一因缘整体中表现和凸显出来。"在解释学中,对于此在来说所形成的是一种以自己的理解方式

---

① [德]海德格尔:《存在与时间》(修订译本),陈嘉映、王庆节合译,生活·读书·新知三联书店2006年版,第45页。

自为地生成(zu werden)和存在(zu sein)的可能性。"①所以,解释学就是此在展现和理解的方法,伴随着生存的体悟。解释学"必然地在其实际处境范围内,发端于一种确定的预先给定的实际生命的被解释状态"②,展现"在其最本己的处境意义上、并且为了这种处境而被理解的东西"③,要求人们离开摆置在面前的实在,面向作为其基础的东西,使其展现在当下的解释学处境中。

解释学具有循环性。具体而言,解释从来不是从虚无开始的,不是对先行给定的东西进行无前提的把握。解释中包含着"作为"结构,"'作为'组建着解释。寻视地解释着和周围世界的上手事物打交道,这种活动把上手的东西'看'作为桌子、门、车、桥"④。"作为"结构是实在的本体论条件,是实在作为对象的基本前提。而"把某某东西作为某某东西加以解释,这在本质上是通过先行具有、先行视见到与先行掌握来起作用的"⑤。此在对事物的解释不是以"白板"似的心灵进行,不是无前提的把握。"任何解释工作之初必有这种先入之见,它作为随着解释就已经'设定了的'东西是先行给定的,这就是说,是在先行具有、先行视见和先行掌握中先行给定的。"⑥先行具有是此在预先已有的东西,即此在并非空无所有地去理解,而是在理解之前已经处于因缘整体中,如某种历史处境和风俗习惯,要理解的事物就被置于其中,它决定或限定着此在对事物理解和解释的界限和范围。先行视见是解释的着眼点,是此

---

① [德]海德格尔:《存在论:实际性的解释学》,何卫平译,人民出版社 2009 年版,第 18 页。
② [德]海德格尔:《形式显示的现象学》,孙周兴编译,同济大学出版社 2004 年版,第 92 页。
③ [德]海德格尔:《形式显示的现象学》,孙周兴编译,同济大学出版社 2004 年版,第 79 页。
④ [德]海德格尔:《存在与时间》(修订译本),陈嘉映、王庆节合译,生活·读书·新知三联书店 2006 年版,第 174 页。
⑤ [德]海德格尔:《存在与时间》(修订译本),陈嘉映、王庆节合译,生活·读书·新知三联书店 2006 年版,第 176 页。
⑥ [德]海德格尔:《存在与时间》(修订译本),陈嘉映、王庆节合译,生活·读书·新知三联书店 2006 年版,第 176 页。

在理解事物的立场或角度,它把此在的注意力引向某一领域,即事物被解释的特殊方向,它使已得到理解却仍然含混的事物明确起来。先行掌握是此在预先已有的假设,即此在所认可的已经设定的理解事物的某种概念框架——既可以从事物中得出,也可以强行使事物进入,使解释"及其在生命之到时过程中的统一性成为范畴上显明的"①。先行具有、先行视见到与先行掌握共同构成"理解的前结构",它是在清晰解释事物前已有的理解,是一切解释的基础。在这里,被解释的事物在被解释前就已经在一定意义上被理解了。但这并非恶性循环,而是表明了最源始的认识,是一切存在和认识的本体论条件。

科学对实在的研究作为一种解释,也具有前结构,处于"先入之见"即对象性联系之中。所以,科学对实在的认识并非"初识",而是"再次聚首"。由此看,伽利略和洛克关于物体的第一性质和第二性质的区分并不合理,因为第一性质和第二性质一样,都不是和人无关的客观存在,而是在理解之前结构的引导下加以解释而得出的。而科学实在也绝不可能是无背景条件的纯粹的事物,同样是经过解释而形成的,即它也是对事物的先行设定,是对事物的理性化解释,是在科学预设下的一种显现,只是解释事物的一种模式,展示的只是事物的一个方面,因而不具有权威性。进一步说,此在的一切活动都展现出对存在意义的理解,实在及其科学就是在此在对存在意义的理解中生成的,建基于构成性解释上,与此在对世界的解释分不开,是从日常对世界的理解中派生出来的,日常的理解牢牢地嵌入到此在对实在的态度中。"先于科学已然熟知的东西在此在之中、即在展开的在世的存在之中,向其特有的存在筹划。随着这种筹划,划定了存在者的领域,通向这种存在者的通道获得了方法上的'指导',解释的概念方式的结构获得了草描。"②当此在对存在者采取科学的

---

① [德]海德格尔:《形式显示的现象学》,孙周兴编译,同济大学出版社 2004 年版,第90 页。

② [德]海德格尔:《存在与时间》(修订译本),陈嘉映、王庆节合译,生活·读书·新知三联书店 2006 年版,第 444 页。

立场、从存在者的属性及结构等出发对存在者进行限定性认识时,由因缘整体所给予的前结构的东西就会散落,被关注的存在者的实在方面就被分离出来。

解释学方法被很多哲学家和科学家所认同。伽达默尔将前结构称为前理解,认为它是理解的必要条件。他说:"一切诠释学条件中最首要的条件总是前理解,这种前理解来自于与同一事物相关联的存在……正是这种前理解规定了什么可以作为统一的意义被实现,并从而规定了对完全性的先把握的应用。"①前结构以事情本身为出发点,是人们在理解事物时预先有的筹划或预期,因而并非随心所欲的。但是,理解也不是客观的,而是被解释者的传统、成见和历史境遇等规定着。哈贝马斯的兴趣构建着不同解释的"前理解",如在自然科学中,自然在"技术的认识兴趣"指导下被理解为由工具和技术规范处理的对象。一些科学哲学家提出"观察渗透理论",主张材料被理论充塞,受到理论的干扰,根本没有丝毫不受理论"污染"的纯粹材料。科学知识社会学将一切自然科学都视为社会建构的产物,显示出科学的解释学性质。科克尔曼斯认为,科学在一切方面都具有解释学的因素。迪亚指出:"在牛顿以前,科学家们由以理解自然的前理解含有对具体存在者的兴趣,因此包涵着解释学对存在的展开;在牛顿以后,因为科学家们将具体存在者看作中立的表现为普遍规律的前理解,它们的解释学视域被局限了。"②实际上,他的话有失偏颇。爱因斯坦认为,理论决定着能观察到的东西,要用奔放不羁的思辨去捕捉实在,"试图按我们理解一件艺术作品的方式去理解自然界,把它当作一种创造"③。

海德格尔和哲学、科学领域的学者在运用解释学阐释实在上是一致的,但他更具有独到之处。他看到,解释学对存在的理解和解释不能直接为科学实

①　[德]伽达默尔:《真理与方法》,洪汉鼎译,商务印书馆1999年版,第378页。
②　Shannon Dea, "Heidegger and Galileo's Slope", *Dialogue*, No.48, 2009.
③　[英]波普尔:《客观知识——一个进化论的研究》,舒炜光、卓如飞、周柏乔等译,上海译文出版社1987年版,第194—195页。

在提供基础,因为科学不是对存在本身理解和解释的展开,反倒是遮蔽。即解释学是对此在在操劳活动中关于存在的混沌理解的明朗化,而这却导致向着现成实在的退变。所以,对实在及其科学的筹划是对源始敞开的遮蔽。

总之,科学研究实在的数学、实验和逻辑方法作为此在的存在方式,来自生存论的解释学,属于此在在世的解释活动,是此在将前来照面的存在者视为实在而设定的相应的方法论进路。科学方法是现代科学的前结构,科学实在是由它们解释事物而生成的,体现着解释学循环,但不能真正解释科学怎样提供了对实在的理解。它们在本质上是说明,即以彼物说明此物,如以概念说明事物,解释学则是按事物本身去理解和解释,是说明的先验基础。

第四章　科学的形式即命题

实在被确定后,就涉及其基本表述问题。科学借助于命题来完成对实在的表达,并立身于这样的命题。进一步说,科学知识的本质被看作是判断,并进一步以明确的、规则的命题形式表征或呈现出来,而科学理论就由命题或命题体系构成。对于命题,海德格尔从科学之解释学性质的层面进行阐明。他坚持人类理解的在世特征,抛弃纯逻辑的非物质领域和作为思想场所的先验意识,要澄清命题的意义,认为命题是非本真的表象、解释的衍生样式、领会的变式和存在本身的蜕变,是理论地"看"世界的方式,产生于此在对世界之态度的转换。

第一节　科学的理论形式——命题

海德格尔认为,人们通常从逻辑上认为,科学是关于实在之真正认识的命题的集合,是由一系列真实、有效的命题构建的可以推理和论证的网络。即"科学通常被定义一般地被规定为通过诸真命题的相互联系而建立起来的整体"①。命题表明的是对实在世界的认识,而科学只有借助于命题的形式,才

---

① [德]海德格尔:《存在与时间》(修订译本),陈嘉映、王庆节合译,生活·读书·新知三联书店 2006 年版,第 14 页。

能将知识组织成一个有机的、系统的整体。因为，"知识作为科学，必须按照一种方法来处理。科学是作为体系的知识整体，而不单是其堆积物"①。命题正是适合于科学这一要求的规则，它规定着在实在中寻求的真理是什么。

一、主词和谓词的连结

传统的观念认为，命题作为一种理论的形式，是表达判断的陈述，具有规范的语句系统，是纯逻辑的非物质领域。命题被从述谓意义上看待，由表示概念的词项构成，是词与词之间的关系，是一种被连结在一起的词语序列，是一种主谓词的关系，即把一个谓词加到一个主词上去，是纯逻辑的非物质领域。"一个主词和一个谓词，这就是要构造一个命题所需的全部。"②进一步说，命题内在的逻辑结构以主谓关系为基准，是由主词和谓词两部分通过系词连结而组成的。其中的主词、谓词和系词属于逻辑学的范畴，并不用于所有的句子，只用于命题中。具体来说，主词（subject）也称主项，是被陈述的东西，而这种被陈述的东西是位于前面的东西，是陈述的基底，是"主体"。因此，主词充当命题中行为或属性的主体，作为命题的对象，是有所展示的命题的"关于什么"，是命题所要表达的东西，是为命题奠基的东西。谓词（predicate）也即谓项、述语，它对主词有所陈述，用以描述、刻画或判定主词所指对象的特征、性质或者与其他对象之间的关系，是对主词的说明，是被规定的和质料性的东西，指出主词"是什么""做什么"或者"怎么样"，主词状态的如此如此由以被确认。如在"这把锤子太重了"中，命题所陈述的东西不是谓词，而是主体"锤子本身"；相应地，命题用以陈述即用以规定的东西则是谓词"太重了"。

主词和谓词是在展现范围中生长出来的，在古希腊分别对应的主要是名词（ϱνομα）和动词（ϱῆμα）。ϱνομα 是人与物的名称，进而发展为ὀνόματα，狭义地指称实体。ϱῆμα 则意指言说、传说、用词把它说出来，后来转义为说

---

① ［德］康德：《逻辑学讲义》，许景行译，商务印书馆 2010 年版，第 92 页。
② ［德］海德格尔：《现象学之基本问题》，丁耘译，上海译文出版社 2008 年版，第 258 页。

话。这和古希腊人对存在的理解有紧密联系。ὄνομα 作为事情的敞开状态，和 πρᾶγματα 即人们与之打交道的事物相关，所以又叫 δήλωμα πράγματος，即事物词类。ῥῆμα 指某种行动的敞开，因此和 πρᾶξις 即行为相关，又叫 δ ῆ λωμα πράξεωι，即动作词类。柏拉图最早在《智者篇》中对这一区分进行了解释和论证。首先，他认为广义的 ὄνομα 就是存在者的存在通过宣告的途径而在关涉范围及其周围敞开和进行揭示的活动，接着，他在存在者范围内区分出人们所关涉的事情和广义的行为。因此，ὄνομα（名词）专指对事物的揭示，ῥῆμα（动词）则专指对行为的揭示。事物与行为的区分体现出对存在及其方式的领会。

"命题是由两个连接在一起的名词所构成的稳定的表述，它们表示了这个说话人说出的东西。"①主词和谓词相互关联，"为了某物在自身即可知，从自身即可理解，并不需要别的，只要对有关存在者所陈述的谓词是：de ratione subjecti［拉］，来自主词概念"②。所以，谓词在任何时候都是在和他物的关系中被设定的，表达了内在于事物的联系。同时，主词拥有谓词，由谓词得到规定，"没有显示于谓词中的东西，主词就无法被思想"③。主词和谓词的"结合""聚集"就构成了命题，而"聚集"这个词就是 λόγος，命题的形式逻辑概念就是把某某和某某连结起来。亚里士多德在其《形而上学》中将 λόγος 看作命题，在命题的意义上将 λόγος 消解到"格式化"的体系中。他着眼于命题的逻辑形式结构，赋予其严格的秩序，由此使其达到了前所未有的抽象性和无歧义性，建立了阐明和规范思想的方法。这一对 λόγος 本质的看法对于之后的逻辑命题的形成起了标准和典范的作用，有着决定性的意义，一直被沿用至今。"λογοs 本身是一存在者：按照古代存在论的方向，λογοs 是一现成存在

①　［德］海德格尔：《现象学之基本问题》，丁耘译，上海译文出版社 2008 年版，第 245—246 页。
②　［德］海德格尔：《现象学之基本问题》，丁耘译，上海译文出版社 2008 年版，第 36 页。
③　［德］海德格尔：《现象学之基本问题》，丁耘译，上海译文出版社 2008 年版，第 36 页。

者。当 λογοs 用词汇和词序道出自身的时候,词汇和词序首先是现成的,也就是说像物一样摆在面前。人们在寻找如此这般现成的 λογοs 的结构之时,首先找到的是若干词汇的共同现成的存在。……诸语词着眼于在 λογοs 中公开的存在者而合成一个语词整体。……任何 λογοs 都既是 συνθεσιs〔综合〕又是 διαιρεσιs〔分解〕……展示就是合成与分离。……'连结'的形式结构和'分割'的形式结构,更确切地说,这两种结构的统一,在现象上所涉及的东西就是'某某东西作为某某东西'这一现象。按照这一结构,我们向着某种东西来领会某种东西——随同某种东西一起来领会某种东西;情况又是:这一领会着的对峙通过解释着的分环勾连又同时是把合在一起的东西分开来。……判断活动即是表象与概念的连结和分割。连结与分割还可以进一步形式化,成为一种'关系'。"①

因此,命题以关系的方式设想与某物或某物的规定性的关涉。系词就是"关系"的纽带,它在命题中处于主词和谓词之间联系性的中间位置,指一种一般的、绝对的综合,即对主词和谓词所表达的东西的综合,是判断综合的永久语法标志。系词将命题的两个环节相勾连,即把主词和谓词连结在一起,在主词和谓词之间设立了存在的判断的联系,形成一种类属关系,将主词所反映的概念类属于谓词所反映的概念之中,指示着主词和谓词关联于相同的东西,引发关于同一种东西的思想。"系词这一纽带摆明了:首先是综合结构被当作自明的,而且综合结构还担负了提供尺度的阐释功能。"②"在亚里士多德那里,系词本来是具有'断真'功能的,但近代哲学特别是康德哲学以及后来的分析哲学把 Sein 与 Existenz 严格区分开来。Sein 逐渐成为纯粹形式的系词,而 Existenz 则完全成为现成存在者意义上的'现成存在'。随着 Sein 和

---

① [德]海德格尔:《存在与时间》(修订译本),陈嘉映、王庆节合译,生活·读书·新知三联书店 2006 年版,第 186 页。
② [德]海德格尔:《存在与时间》(修订译本),陈嘉映、王庆节合译,生活·读书·新知三联书店 2006 年版,第 187 页。

Existenz 的双双退变和完全分离,Sein 的实存意义就被完全剔除出去,其'断真'功能也就被形式化为纯粹符号逻辑意义上的'断真'。而 Sein 用来描述本真存在的'断真'功能,也就随着描述'现成存在'的'断真'功能,而一起被剔除掉了。但在海德格尔看来,系词'是'(存在)除了指称主谓联结的逻辑形式之外,即除了作为纯粹形式化的符号逻辑的系词之外,它还确实具有源始的'断真'功能,而且这种源始的'断真'功能不是断定'现成存在'的'真',而是'断定'作为无蔽状态和被揭示状态的存在者之存在的'真'。……海德格尔这样做的理由应该是这样的,系词的主词本来不是现成的存在者,而传统哲学包括胡塞尔现象学都把它变成了现成的存在者。现成存在者的'存在'是给定的、现成的,也因而可以被看成形式化的系词。但是非现成的存在者的存在是需要追问的……因而,用来'断定'非现成存在者之存在的系词不能也不可能成为纯粹形式化的系词,而只能是具有源始'断定'功能的系词。"①

　　海德格尔认为,传统形而上学将命题看作词项的序列,这表明,传统形而上学以逻各斯指引着存在意义的走向,使存在的意义建立在逻辑的基础上。"哲学思考首先把 λόγος 作为命题收入眼帘,所以,它就依循这种逻各斯为主导线索来清理话语形式与话语成分的基本结构了"②,而当人们按照逻各斯去解释存在时,就将其与命题的判断活动关联在一起,以命题的结构展现存在的结构。如前所述,在亚里士多德看来,逻各斯既是综合,又是分析。所以,命题作为对现成存在者的陈述或断定,不但综合、连结存在者,而且分析、分割存在者,因此,命题以综合与分析的结构展现出来,将不同的词语连结起来,由以对存在者进行表达。逻辑的命题不仅将认识的丰富内容抽离,也将认识和其对象即存在者之间的具体关系抽离,仅仅剩下概念性的词语及其关系的一般思

---

　　① 李章印:《解构—指引:海德格尔现象学及其神学意蕴》,山东大学哲学与社会发展学院博士学位论文,2009 年。
　　② [德]海德格尔:《存在与时间》(修订译本),陈嘉映、王庆节合译,生活·读书·新知三联书店 2006 年版,第 193 页。

维形式。而这样的命题具有一种规范的力量，它"能在一种明确的秩序中把相关的对象表象为相互包涵和隶属的对象"①，以构建普遍的、一般的知识结构系统，取得了对科学予以说明的支配地位。但是，在命题对存在者进行综合和分析的过程中，原本的在世结构及因缘就被遮蔽了。

这样的思维方式将命题看作词项的复合体，作为僵死的材料来处理，只着眼于现成结果——命题、理论——去理解和领会科学，而不注重科学的认识过程，使科学认识的结果和科学认识过程的因缘从整体中分离开来，把科学和命题及其系统相等同，将科学作为现成的命题去研究，由此揭示世界。如罗素、维特根斯坦、逻辑实证主义者都认为，世界的逻辑构造对应于一个理想的逻辑语言体系，世界的构造和终极成分与语言中的命题具有对应关系，把握了语言的逻辑结构，就能够理解世界的本质，由此而追求知识的确定性。这种方式割断了科学和源始存在的关联，使科学失去了存在论基础。于是，事物就在其纯粹的现成在手中而被谈论，因为存在被在命题中表达，命题是什么样的，命题中所显现的存在就是什么样的，人们所述说的世界就是什么样的。命题总是将视野集中于现成事物即存在者，进一步说，命题总是着眼于事物的实在性、物质性、广延性等存在性质。所以，海德格尔说："当命题把某种确定的特征加在现成在手的事物之上时，它就将这个事物作为'什么'来看待，而这个'什么'是从现成在手事物本身中抽取出来的。"②命题只展示了关于存在者的状况，虽然它们被整齐有序地排列着，但却只是僵死的残骸的集合，表现为存在者的大量个别部分和碎片。

二、真理的处所

传统的观念主张，认识必须表现在命题中。作为一种表象的思维形态，命

---

① [德]海德格尔:《在通向语言的途中》,孙周兴译,商务印书馆 2004 年版,第 87 页。

② Heidegger,John Macquarrie and Edward Robinson(trans), *Being and Time*,New York:Hagerstown,San Francisco,London:Harper & Row,Publishers,1962,p.200.

题是对能正确反映某种东西的意义的掌握,是真理(这里的真理是在知识论或科学的意义上而言的)的本来"处所",是真理的表达形式,是作为思想场所的意识中的东西。也可以说,命题是主体获得的关于某个存在者的表象。在《存在与时间》一书中,海德格尔说:"1. 真理的'处所'是命题[判断]。2. 真理的本质在于判断同它的对象相'符合'。3. 亚里士多德这位逻辑之父既把判断认作真理的源始处所,又率先把真理定义为'符合'。"①也就是说,真理表现在命题(陈述、判断)之中,离开了命题(陈述、判断)就无所谓真理。因为,命题作为表达判断的形式,具有两个基本特征:第一,任何命题都必须对某个事物的情况有所断定,即命题对思维对象有明确的肯定或否定,绝不模棱两可。凡是不能进行肯定或否定的思维形式,就不能被叫作命题。第二,与断定相关,任何命题都有真假之分,要么为真,要么为假,"必定或者真实,或者虚假"②,判断为正确的命题为真命题,反之则为假命题,但不做判断的句子一定不是命题。

从符合论出发,命题表现了认识内容和认识对象、主体和客体之间的符合情况,即一个命题要么符合实在,要么不符合实在,真理就是符合于实在的一种实际状态的命题的特征。命题可以为真,也可以为假,因为命题作为思维的一种形式,是关于一个存在者的,与这一存在者的关系是既有同一性,又有差异性,当对这一存在者加以断定时,断定就有真有假。如果命题与它的对象(物)相一致、相符合,它就是真理。所以,先确定一个命题,如果越来越多的事实和这一命题相符合,就可以证明这一命题是正确的、可靠的,这一命题也自然被看作确证无疑的真理,从而被人们普遍地接受,即有效的命题表明的是一切认识者都应该说的东西。而科学就是这样的真命题,科学命题被赋予了

---

①　[德]海德格尔:《存在与时间》(修订译本),陈嘉映、王庆节合译,生活·读书·新知三联书店2006年版,第247页。

②　[古希腊]亚里士多德:《亚里士多德全集》(第一卷),苗力田主编,中国人民大学出版社1990年版,第58页。

颠扑不破的真理性。

海德格尔认为,按照亚里士多德的思想,"真"和"假"的问题只能属于命题,而判断命题真假的根据是看它和"事实"是否一致。霍布斯把事物的真理还原为关于事物的命题之真理,并"直截了当地说,真理一向就是真命题。……真理持存于所说本身而非诸物之中。……虽然真的东西偶尔会与假象或者幻象相对立,然而'真'这个概念还是必须回溯到本真的真理,亦即命题的真理上去。……真性存在乃是命题之规定"①。康德则继承了逻辑给存在之意义奠基的做法,并没有对存在本身进行分析,认为命题式的真理就是源始的真理,真或假只存在于对思维对象的判断中,真正的科学知识是具有普遍性和必然性的先天综合判断。罗素也认为,事实是使命题或真或假的东西。在他看来,与原子事实对应的是原子命题,与复杂事实对应的是分子命题,分子命题由原子命题构成,其真假由原子命题决定,而原子命题所包含的词是通过与经验事物相关联而获得意义的。逻辑实证主义坚持,包括数学命题在内的科学的一切命题都是实证命题,都和事实相对应。哲学家需要做的工作是甄别科学命题的真假,摒除无意义的假命题,而将真命题交给科学家,对其展开准确的逻辑分析,考察思维规则之运用的正确性,强调其和事实的关联。所以,无论是亚里士多德、霍布斯、康德,还是罗素、逻辑实证主义,都把命题和真理联系在一起。而且,对于作为真理处所的命题,人们仅仅着眼于是否具有正确性来加以探讨。

海德格尔认为,命题的正确性不能囊括真理的本质,非真理也不能与命题的不正确性相等同。真理本身并非知识,因而也不是命题或判断。而"命题符合于在知识中被知道的东西,因此符合于真的东西"②。在《论真理的本质》一文中,海德格尔探讨了真理之符合的内在可能性和正确性之可能性的

① [德]海德格尔:《现象学之基本问题》,丁耘译,上海译文出版社 2008 年版,第 252 页。
② D.Frede,"Beyond Realism and Anti-realism:Rorty on Heidegger and Davidson",*The Review of Metaphysics*,1987.

根据,他认为,人们之所以将命题真理视为最原初的真理,使真理局限于命题真理,是因为传统思想以 λόγος 引导存在,让逻辑为存在的意义奠基。海德格尔坚持真理的解蔽特征,拒绝将真理诉诸命题,认为命题无情地使人偏离了真理本身,进一步突出了重要的东西。从现象学来看,"真理之作为判断这一看法歪曲了意向性的根本事实,即,命题关涉的是事物本身,而非'表象'"①。在命题中被意指的存在包含了被揭示性。所以,命题不是真理原本的处所,它是此在在世生存的一种方式,是此在揭示存在者之存在状态的一种方式,基于此在的敞开状态。只有在"澄明"中,命题才能是真的或者假的,表象的真理运行于源始意义上的真理之中,命题是真的还是假的,是解蔽的还是遮蔽的,取决于源始的真理这一存在论前提。作为解蔽的真理是某种在任何时候都向人们展现的东西,展现有真有假,展现出来的东西不一定和命题所及的东西相对应,命题仅仅对应于一种解蔽,即对应于符合论理论。一个尚不知道是真还是假的命题缺乏相应的解蔽。真理(不是真的或假的东西)的处所是存在的敞开状态,而不是人的理论命题。当人们提出一个命题时,这种命题本身并不创造敞开状态,而只是进入这片敞开的领域,把命题中的东西带到敞开的领域,敞开出来成为"在场的东西""存在者"。总之,"'真理'并不是正确命题的标志,并不是由某个人类'主体'对一个'客体'所说出的、并且在某个地方——我们不知道在哪个领域中——'有效'的命题的标志;不如说,'真理'乃是存在者之解蔽,通过这种解蔽,一种敞开状态才成其本质"②。因此,本真的真理只能是存在本身的真理,它具有无限丰富的可能性,而科学的命题只是在源始真理的敞开状态中实现的,是源始真理的一种派生方式。"命题是真理的本来'处所'。"实际上应该颠倒为"最源始的'真理'是命题的'处所'"③。

①　Martin Weatherston, *Heidegger's Interpretation of Kant: Categories, Imagination and Temporality*, New York: Palgrave Macmillan, 2002, p.74.

②　[德]海德格尔:《路标》,孙周兴译,商务印书馆 2000 年版,第 219 页。

③　[德]海德格尔:《存在与时间》(修订译本),陈嘉映、王庆节合译,生活·读书·新知三联书店 2006 年版,第 260 页。

但是，"真理从它的源头走出来，走向了命题体系的深渊，被命题真理所取代，也就是真实性、事实被正确性所取代了。真实性是一个不可判断的东西，事物真实与否，只取决于它本身，或者被从它自身来看，从而确认自身，然而正确性却使真理纳入了命题的判断体系"①。命题的正确性成为科学展示存在者的依靠或根据，然而，命题并不关注存在者的存在，对存在自身更是漠然，从而错失了源始的存在之真理。进一步说，虽然科学尽可能地要求命题和存在者相符合而达到正确性，但是，命题是否正确，却取决于作出命题的人的看法。即真理是某种发生一如心理过程那样的东西，存在于主体之中，是灵魂的规定，是某种内部的东西，某种内在于意识的东西。所以，真理不是出现在其他现成存在者之间的存在者，无法判断它能否造就对存在者之存在即现成性的一个规定，理论被推向了一切可能的臆造。实际上，真理并不像现成存在者那样厕身于诸物之列，但它还是以某种方式归属于诸物。如果把知性理解为现成心理主体的过程，那么，真理就存在于这个意义上的知性之中，即出现在一个主体之中。这样，命题之真存在不在事物之中，而是在思想之中，在知性、理智之中，日益远离了与最初的事实的关联。这就使命题真理跌入困境之中。

海德格尔并不完全否定命题真理，不是要抛弃命题对事物的认识，而是提示人们，在彼此联系的命题系统中，科学内在地蕴含着危险，即由于更关注自己的理论形式，因而疏漏了应该得到理解的事物。在对理论清晰度的片面追求中，命题必然会掩盖其背后所描述的实在，使得真理深陷由于推理和论证而相互交织的命题网络中，以致忽略了对实在本身的理解。在认识论、逻辑学的主导下，命题认识日益被看作科学的主题，科学从实在本身脱落的倾向也就变得日益有意与明确，从自身所关注的东西那里离开了。正因为如此，海德格尔担心，命题会堵塞、抵制人们遇到和谈论实在的亲熟方式的可能性。在他看

①　郭洪水：《马克思与海德格尔：科学技术思想的比较》，首都师范大学政法学院哲学系硕士学位论文，2007 年。

来,科学中最大的危险不是错误,而是命题的空洞堵塞了对实在的真正可陈述性。真理的目的是理解实在,真理最重要的任务是帮助恢复事物本身的真正敞开。因此,海德格尔坚持,作为正确命题的真理奠基于更基本的作为无蔽的真理之中:正确性不会产生真正的理解,除非实在本身从单纯谈论的埋葬中不断地被攫走。我们可以将海德格尔对作为实在(当前事物)之发现的科学的记述和科学奠基于基本本体论的主张连接在一起。在对当前事物认知的关注中,命题不可避免地将我们从它最高的可能性(源于对命题中的实在的批判和对批判的开放)那里拉开。只有离开关于实在的符合论真理,向着实在在其中被揭示的存在之理解,命题才能对事物本身的真理揭示保持开放。

　　总之,传统观念将真理界说为正确的命题,认为真理存在于能够正确判断事物的命题中,它采取这一意义作为真理的基本的意义,并以此来发展了西方文明的独家特产——科学。但是,真理并不存在于命题中。认为命题是真理的处所这种看法的缺陷在于,它仅仅在确定的形式中建立真理,而否定其他形式的真理,无法解释利用其他方法表现的真理,被看作真理缺席的理论。因为真理通常是指这个或那个特殊的真理,也就是指某些真实的事情。表述在一个命题中的认识,可以是这种真实的事情;我们也可以说某物是真的,如与赝品相对的真金,真在此处指真正的存在者;我们还可以说诗歌、艺术作品里面有真理,但其中有的是一种彰显,而没有某种作为合理认识的真命题。

三、理论地"看"世界的方式

　　通常认为,科学通过不停地积累真命题,就会逐步抵达、赢获对实在世界的认识。命题是科学知识对世界的实在物进行描述的形式,其意义就在于以某种方式去表现世界,在命题和事实之间确立起因果关系。如卡尔纳普认为,科学命题的意义在于能够还原为中立的观察经验。命题将存在者的理论模式置于人面前,使人在这种理论模式中去看存在者的显现。因此,命题实际上隶属于科学理论,显示的是科学借助于符号去理论地"看"世界的方式。

命题作为符号系统,是人为了掌握实在世界而设计出来的,是从事物中抽象出来的具有稳定性的东西,其功能只是传达现成事物及其世界的观念和意义。"符号"一词在亚里士多德那里是 $\sigma\eta\mu\epsilon\tilde{\iota}\alpha$,亚里士多德在明确使用 $\sigma\eta\mu\epsilon\tilde{\iota}\alpha$ 这个词的同时,也谈到了另外两个词,即 $\sigma\acute{\upsilon}\mu\beta\omicron\lambda\alpha$(相互保持者)和 $\acute{o}\mu\omicron\iota\acute{\omega}\mu\alpha\tau\alpha$(相应者)。亚里士多德在谈这些词的时候,是从"显示"出发,在"让显现"——这种让显现本身依据于去蔽($\alpha\lambda\acute{\eta}\theta\epsilon\iota\alpha$)的运作——的意义上来理解它们的。海德格尔指出,对亚里士多德来说,"显示以多样的方式——或揭示着或掩蔽着——使某物得以闪现,让显现者获得审听、觉知,让被审听者得到审察(处置)"①。但是,在人的作用下,显示的意义变成了符号的意义,显示和显示的东西之间的关系演变为符号和符号所指的东西之间的关系。也就是说,在古希腊时代,符号还是根据显示来理解的,而自泛希腊化即斯多亚学派时代以来,通过某种固定而形成了人制定的作为描述工具的纯粹标记意义上的符号,符号就被变成了指号,而不再是让显现意义上的显示。符号原本是一种显现者,由于显现和它们所显现的东西的关联没有从其本身及其本源方面得到理解,所以这种关联不再是指示和被指示的关系,而是转变成约定俗成的符号与它所描述的东西之间的关系。于是,对某个对象的表象就被调准和指向另一个对象,命题就是在这一意义上允许事物不同地表现出来的符号。

在命题中,词项之间的排列顺序和表象的先后顺序相应,反映的是一个表象和另一个表象的关系,而和命题相应的表象体系实际上是在人的理性思维中形成的现成存在者。在这里,被看作表现存在者之"意义"的命题,也是在人的理性思维中产生的,是关于存在者的纯粹表象,它对应于人的心理的存在者,即道出命题的人对这一存在者进行表象的心理状态。也就是说,和词项关联相应的是心灵中的表象关联。而从科学的视域看,这种关联反映的必然是外在世界。因为,既然词项和具体的存在者相对应,那么,由词项组成的命题

① [德]海德格尔:《在通向语言的途中》,孙周兴译,商务印书馆2004年版,第242页。

理所当然和存在者构成的世界相对应。进一步说,命题以词项表达可以独立存在的现成存在者,也就是将现成存在者从逻辑上进行规定,以主体的表象对其予以摆置。或者说,存在者作为对象,被从理论命题即主体的表象性思维去认识,所以,由代表对象的词项结合而成的命题就是主体的表象。罗素把整个宇宙看作建立在原子事实之上的逻辑构造,认为任何关于世界的复杂陈述句都是由原子命题的各种组合构成的,因而,我们首先确定原子命题的真假,然后将其真值代入复杂陈述的命题函项,就能知道复杂陈述的真值,并由此获得全部关于世界的知识。

通过《艺术作品的本源》一书,海德格尔就传统形而上学对物的定义指出,物被看作是其本身固有特性的基体,物之物性被规定为具有诸属性的实体。他说:"简单陈述句由主语和谓语构成,主语一词是希腊文 ὑποκείμενον [基体、基底]一词的拉丁文翻译……谓语所陈述的则是物之特征。"[1]命题所陈述的东西即用以规定的东西是事物的某种性质,它以理论判断的方式把事物的属性预先设定为陈述的意义。这体现的是命题和物、命题结构和物之结构的基本关系,即命题中的主词和谓词分别对应着物的实体和属性。在亚里士多德那里,ὑποκείμενον 具有特有的双重意义。"一方面,它指的是持续地保持在其质的变化中的个别事物本身——因而是对'事物的存在'本身的决定;ὑποκείμενον 在这里有一个本体论的意义,意味着事物的恰当存在。然而,另一方面,ὑποκείμενον 指的是命题即 λόγος 确认的东西,是确认中谓词的基础。因此,ὑποκείμενον 在这里有逻辑的意义,指的是 λόγος。这两个意义不要求一致,然而,两者'能够'同时进行。例如,希腊人将整个存在把握为在场的东西,同时,陈述 λόγος 就是这个存在的原初形式和尝试。"[2]对亚里士多德而言,主体是构成基础的支撑物,也就是支撑其他所有东西的实体,别的

---

① ［德］海德格尔:《林中路》,孙周兴译,上海世纪出版集团 2008 年版,第 7 页。

② Heidegger, Wanda Torres Gregory and Yvonne Unna (trans), *Logic as the Question Concerning the Essence of Language*, State University of New York Press, 2009, p.117.

东西被如其所是地建立在它上面,是一种与属性或偶性相对的东西,是属性的载体与根据。所以,在逻辑的推论中,它又被作为所有谓词的主词即支撑者。即主体也就是主词(subject),所有其他的范畴都是用来述说主词的,起主词之谓词(predicate)的作用。也就是说,九个偶性范畴都是用来述说实体的,而实体则不述说任何其他范畴。进一步而言,偶性范畴以主体为载体,存在于主体中,所有的数量、性质和关系等只能从属于主体,而不能离开主体独立存在。正是以这一范畴学说为基础,亚里士多德进一步展开了他的命题理论。命题结构和物的结构的对应可以从两个不同的视界看待:命题的结构是物的结构的映像,是对物本身状况的反映;物的结构是人依照命题的结构进行筹划和设定而展现出来的,是人们将把握物的方式即命题结构转嫁为物本身的结构。这涉及命题结构和物的结构中哪个是第一性的问题。海德格尔认为,"从根本上说来,既不是命题结构给出了勾画物之结构的标准,物之结构也不能在命题结构中简单地得到反映。就其本性和其可能的交互关系而言,命题结构和物的结构两者具有一个共同的更为原始的根源"①。但由于物的结构被表现在命题的结构中,就使得物本身和人保持着距离。

作为一种科学语言,命题适应科学理论对世界的思考,去除了日常语言内在的不确定性、模糊性和直观性,确切地描述和说明科学系统中表现出的各种现象,对事实予以精准、直接、明白的表述,或针对某一事理予以探求、推导和证实,将对事物的经验予以提升,反映事物存在的本质特征和基本规律。命题以高度抽象的力、质量、时间、空间、能量、量子、守恒、熵等基本概念为要素,严格按照常规的逻辑与数学规则构建成牛顿定律、相对论等各种命题、定律、原理和推论之类的科学形式和体系。由概念组成的命题是科学知识对自然界的实在物进行描述的基本形式,渗透在科学整个研究活动的各个环节中,主要还是作为对科学知识的表达工具而存在的。正如卡尔那普所言,"知识只有在

---

① [德]海德格尔:《林中路》,孙周兴译,上海世纪出版集团2008年版,第8页。

我们用符号把它表示出来、表达出来,只有用语词或其他符号给出一个命题,才可能存在"①。科学将世界置于命题之中,通过这使世界呈现在人们面前,"没有这种语言,事物的大多数密切类似对我们来说将会是永远未知的,而且,我们将永远不了解世界的内部和谐"②。

由于科学具有非自然的特征,与之相应,抽象、统一的科学命题也是人为的,它套用符号逻辑,将宇宙间的各种事物及其现象仅仅表现并对应于死硬的概念、术语、定律、原理等,虽然能够比较准确地把握和普遍地涵盖实在,却使其日益远离事物本身,也失去了与事物的直接接触。"我们不去考虑对我们的意图来说无关的那些事实特征,而通过把事实引入概念之下简化了事实,同时通过把该类型的所有特征包括在内扩大了事实。"③"这种语言的结构和逻辑形式是狭隘的,具有过分简化的危险。在逻辑中,注意力只集中于一些很特殊的结构、前提和推理间的无歧义的联系、推理的简单形式,而所有其他语言结构都被忽略了。"④总之,事物陷于纯粹形式的、无意义的符号和框架中,其蕴含的丰富意义失落了。

现在,人们已经开始认识到,面对纷繁复杂的世界,不能严守确定的命题,很难找到普遍的准则。玻尔在对量子理论进行物理的诠释时,就反对公理化的构架和论证,提出以"互补"的方式去描述量子的不确定性,他实际上是研究如何适当地使用语言,并因此"鼓励了物理学家们宁可使用一种含糊的语言,而不使用一种无歧义的语言,以符合于测不准原理的比较模糊的样子来使用经典概念,交替地使用那些在同时使用时会导致矛盾的经典概念。以这种方式,人们谈论电子轨道、物质波和电荷密度、能量和动量等等,总之意识到这些概念只有很有限的适用范围"⑤。

① ［美］卡尔纳普:《世界的逻辑构造》,陈启伟译,上海译文出版社1999年版,第326页。
② ［法］彭加勒:《科学的价值》,李醒民译,辽宁教育出版社2000年版,第iv页。
③ ［法］彭加勒:《科学的价值》,李醒民译,辽宁教育出版社2000年版,第139页。
④ ［德］海森伯:《物理学和哲学》,范岱年译,商务印书馆1981年版,第111页。
⑤ ［德］海森伯:《物理学和哲学》,范岱年译,商务印书馆1981年版,第111页。

这样运用命题对科学问题加以说明同样存在困难,从而促使科学命题再次回到具有准确性和无歧义性的方案中,虽然在形式和内容上都和以往有所不同,具有互补性,但依旧是重新走向了具有稳定性和规范性的"定法"。海森伯说:"在物理学中使用的这种语言的模糊性,已因此引起规定另一种准确语言的尝试,这种准确语言遵循完全符合于量子论数学方案的逻辑形式。"①"这种普遍的逻辑形式(其细节不能在这里描述),准确地对应于量子论的数学形式系统。它构成那种用来描述原子结构的准确语言的基础。"②但这也造成了许多新的困难,如在意义方面,命题不同层次间的关系不再是一一对应的;在本体论方面,命题不再被限制在描述事实的范围内,不再是对实在的描述,它所描述的"原子或基本粒子本身却不象是真实的;与其说它们构成一个物与事实的世界,不如说它们构成一个潜能或可能性的世界"③。从根本上来说,科学命题就是要直达统一的理论,获得对世界的最终认识。

第二节 科学命题产生的根据

海德格尔还原了命题的存在论基础,认为命题是以存在为根本的。同时,命题又是生存论的,"道出命题并不是一种漂浮无据的行为……道出命题总已经活动于在世的基础之上"④。在他看来,假使此在一直以操劳着将存在者作为用具的方式而存在,他对存在者获得的就只是和自身个体生存相关的源始的理解,也就不可能有关于存在者的科学的命题形式的认识。事实上,因为科学在形而上学的视域中具有确定性和普遍性等特点,所以,科学的研究和成果不是个人的东西,而是人类共同的东西,于是发展出了相应的科学命题系统。

---

① [德]海森伯:《物理学和哲学》,范岱年译,商务印书馆1981年版,第119页。
② [德]海森伯:《物理学和哲学》,范岱年译,商务印书馆1981年版,第122页。
③ [德]海森伯:《物理学和哲学》,范岱年译,商务印书馆1981年版,第123页。
④ [德]海德格尔:《存在与时间》(修订译本),陈嘉映、王庆节合译,生活·读书·新知三联书店2006年版,第183页。

一、存在意义的敞开

海德格尔认为,科学使存在的意义奠基于命题的做法颠倒了,事实上,命题应该建立在存在意义的基础上。所以,他探讨命题,是为了展现存在者的存在意义。在命题中,人们将存在意义的概念局限于判断内容的含义上,由此表现科学的、理论知识的真理。而判断"是依循'通行有效'(Geltung)这一现象来制订方向的"①,"通行有效"被看作一种"元现象",它具有三种含义:第一,就判断本身而言是通行有效的,它是和判断内容相一致的不变的本质,指永恒性;第二,就客体而言是通行有效的,即判断的意义具有客观有效性和一般有效性,指客观性;第三,就任何有理性的判断者而言是通行有效的,即对判断者具有"约束性"和"普遍有效性",指普遍性。通常认为,只有具备如此特性的命题才能表现科学的真理和存在的意义。海德格尔认为,恰恰是这样的命题使存在者的存在本身始终遮蔽着,或者只是以一种歪曲的方式展现自己。他运用现象学的方法,对"意义"概念进行存在论—生存论的阐释,认为意义植根于此在的存在论结构,植根于存在本身,以此来展现被掩盖的存在。

海德格尔认为,追问存在的意义就是追问存在本身即展现,将被发现的规定奉于存在者,一如存在者自在的那样。但在科学理论的论证中,存在的意义总是从主体和客体符合的真理角度去看待的。对此,海德格尔认为,"命题真理的本质在于陈述的正确性"②,它"植根于一种更为源始的真理(即无蔽状态)中,植根于存在者之前谓词性的可敞开状态中"③,只有存在者向人表现自身而人按照这种表现陈述存在者时,才有人的表象与存在者的符合,才有命题真理,如果存在者不显露在其存在的光亮处,就谈不上任何真理。其实,存在

---

① [德]海德格尔:《存在与时间》(修订译本),陈嘉映、王庆节合译,生活·读书·新知三联书店2006年版,第182页。
② [德]海德格尔:《路标》,孙周兴译,商务印书馆2000年版,第152页。
③ [德]海德格尔:《存在与时间》(修订译本),陈嘉映、王庆节合译,生活·读书·新知三联书店2006年版,第210页。

原初地是 φύσις 即涌现,在 φύσις 变成了外观即 ιδέα 之后,无蔽状态也随之变成了正确性,因为本真的存在者被看作 ιδέα,而且 ιδέα 被看作原型,因此,每次把存在者展现出来都必须和原型相等同,使关于存在者的观念和 ιδέα 相一致,于是解蔽的过程就成为以 ιδέα 为原型的一致关系,这个一致关系又固定在命题的真伪上,无蔽状态也就成为符合意义上的命题的真理了。

对海德格尔而言,命题和科学的存在论根基有密切联系,建立在对存在的揭示之中,命题所指的东西即存在者本身。从存在论的角度看,"一命题是真的,这意味着:它就存在者本身揭示存在者"①。即说一个命题是真的,指的是这个命题使存在者展现在被揭示状态中,说出、指称存在者,"让"存在者"被看见"。当人们说出一个命题时,命题本身并不创造敞开状态,它只是进入这片敞开的领域,把命题中所涉的东西敞开出来成为"在场的东西"。因此,"任何述谓都只有作为展示才是它所是的东西……述谓加以勾连的环节,即主语和述语,是在展示范围之内生长出来的。并非规定首先进行揭示;情况倒是:规定作为展示的一种样式,先把看限制到显示着的东西(锤子)本身之上,以便通过对目光的明确限制而使公开者在规定性中明确地公开出来"②。

在海德格尔看来,世内存在者总是和此在相关,两者不是客体和主体二元对立的关系,而是彼此不能分离的相融关系。世内存在者是随着此在之在被揭示或领会的,存在者总是显现为一系列可能性,要此在去筹划,将它"作为"什么,从而表现出其意义所在。这里的意义指的是存在者之存在的显现,是在理解着的展开活动中可以被连结为整体的东西,是存在者之可理解性的栖身之所,"是此在的一种生存论性质,而不是一种什么属性"③。这种意义中包含着最源始的认识的一种积极的可能性,只有在这里,存在者的存在才能得到真

---

① Heidegger, *Sein Und Zeit*, Frankfurt am Main: Vittorio Klostermann Verlag, 1977, p.289.

② [德]海德格尔:《存在与时间》(修订译本),陈嘉映、王庆节合译,生活·读书·新知三联书店 2006 年版,第 181 页。

③ [德]海德格尔:《存在与时间》(修订译本),陈嘉映、王庆节合译,生活·读书·新知三联书店 2006 年版,第 177 页。

实的掌握。

海德格尔在一定程度上承认命题的正当性,认为命题表述的是某种认识,它是此在存在以及解蔽的一种方式。但是,命题把存在本身作为特殊的存在者即对象、客体去看待,使存在论降格为关于存在者的理论体系,成为对存在者的陈述。也就是说,存在者虽然是在存在的境域中被敞开的,但是,由于命题的意义被视为对存在者的展现,而命题则开展出一个视域,使其中的存在者获得一种可理解的意义框架,表现出客观的、抽象的、理想化的和形式化的特性,于是,存在者本身的存在就远离于存在论,存在者之所以是其所是这一根本的存在论问题也就随之萎缩及至消退了。换言之,当人们提出一个命题时,是把命题当作某种现成的东西,把这种现成的东西当作对另一些现成的东西即命题对象的解蔽,认为道出的命题这一现成的东西和所谈的存在者这一现成的东西存在一种关系,即符合关系。正因为被揭示状态与某种现成东西相联系,真理就成为两种现成的东西之间的现成关系。这样,“不仅真理是作为现成的东西来照面,而且一般的存在领悟也首先都领会为现成的东西”①。展现本来是存在的方式,一旦把它视作现成的东西,它就成了存在者。把现成性同一般的存在意义等同起来,也就遮蔽了存在的源始意义。也就是说,最源始的真理现象本来应该指真实情况展示的过程,但人们往往着眼于展示出来的东西,而这些东西由之展示出来的过程本身却被忽略了。最源始的存在之真理就是命题之解蔽和遮蔽可能性的存在条件。“因此,试图通过逻辑学的理论命题或者这之类的东西来开始语言的分析,这是彻底错误的。”②

进一步说,命题的意义不是和存在的展现一起得到源始体验的。展现本来是存在的方式,但人们往往着眼于展现出来的东西,以命题对存在的揭示预先予以设置,并进行固定,从而使存在被遮蔽了。具体来说,λόγος 的“作为”

① [德]海德格尔:《存在与时间》(修订译本),陈嘉映、王庆节合译,生活·读书·新知三联书店 2006 年版,第 271 页。
② [德]海德格尔:《时间概念史导论》,欧东明译,商务印书馆 2009 年版,第 363—364 页。

结构把存在"作为"另外的东西、通常的存在者特别是作为现成存在者来揭示，所以，应该解构其中的"作为"结构，并解构其命题的"作为"结构，从而让存在本身显现出来。在理论性的命题中，人们所能把握的只是现成的内容和理论认识的对象。也可以说，由于源始存在的展现过程就从人们的视野中消失，从而使存在本身被遮蔽，变成现成的存在者。这就使得被展现的存在者成为理论把握的东西，最终造成命题的产生。总之，存在者一旦被作为对象加以认识，就会使敞开状态终止，而理论命题就是存在的次生品。我们绝不可能在那里掌握存在，相反，通过命题严格的安排，遮蔽、伪装了存在本身，存在的意义被降低到了一个狭窄的维度，最终禁锢了存在本身。

事实上，存在先于命题而被揭示。命题只有在它的内容和所揭示的对象相一致时才是真的，而这实质上是对存在者之"存在"的展现。如果存在者的存在本身不展现并得到揭示，命题之真假断言就不能被实在化，而命题本身也就成为不可能的。所以，命题是以存在的前命题展现为前提的。述谓也是如此，它以展现为基础。在述谓中，被揭示的存在者被分析为命题的组成要素，这些要素实质上归属于被揭示的存在者。述谓指示着某一存在者以什么样式出现，但这一指示是基于存在者的展现和分析的，它表明了命题何以既是分析的又是综合的。这就涉及 λόγος 的综合，但它并非命题和对象是否符合这样的综合，而是作为存在者之存在显现的聚集、综合。

命题的"真在"必须理解为揭示着的存在，它正在开启着，是一种存在的方式。存在的东西首先一定要在其存在中得到表现，如果存在者不显露在其存在的光亮处，其实谈不上任何命题。存在必定被向着某个存在者而筹划，被规定为对象化的东西，被以命题的方式把握。这样，命题就被限制在具体的存在者领域中，而不关涉一般存在，也就不会考察对存在本身的领会。命题总是意谓着存在者，停留在现成者的存在中，将视野集中于现成事物即存在者，而不是在其上手状态中的存在者，着眼于存在者的实在性、物质性、广延性等存在性质。于其中，命题把前理论的存在的领会转变为对存在者的一种明确领会,揭示出存在性知识的内在可能性,将存在论构造成为科学。由此,命题就只是一种"模式化"的东西。它追求精确性,把存在者作为可量化的东西处理,通过分析、综合和抽象概括,进入存在者内部,以求达到存在者的明了性,使存在者按其所是以及如何是展现出来,使人们借以获悉存在者的特性和有用性,存在者的被揭示状态贯彻着一种同现成东西的联系。命题成了一种计算的对象,按照其逻辑进一步发展,最终走上了技术化的道路。

二、人类理解的在世特征

海德格尔认为,科学命题的意义和正当性的理由必须是规范的,而不仅仅是在事实上可能的东西;科学不可能在由认识论—方法论的规则指引下的所谓正确知识中自行显现出来,也不可能在关于正确知识的命题中自行显现出来。他追问此在的生存论性质,分析了科学命题产生的根据。实际上,他是将命题置于更大的在世的相互作用模式中去说明,而不是在实在之间全部关系的理论结构中去说明。他重视此在和自己周围环境更基本的打交道的关系,把命题理解为和世界之间的相互作用,而不是直接和世界联系在一起的意义的形式结构。按照海德格尔,严格地说,从生存论—存在论来看,只有此在才有意义,而非此在式的现成存在者是无意义的,因而意义现象植根于此在的生存论结构。在他看来,命题原本是在人的生存中自行显现出来的,如果不首先进入生存之中,就不可能进入命题之中。命题对世界的把握是脱弃生命的,但是,以脱弃生命的方式去把握世界的命题本身是不可能脱弃生命的。

海德格尔主张,命题是一种揭示,但它并非进行原本的揭示,而是一向按照其意义和预先所与的被揭示者及揭示者相关。命题作为揭示属于此在,奠基于此在的揭示活动。即依照其存在论结构,关于某个存在者的命题植根于此在自身的基本存在建制——"在世界之中存在"。进一步说,"'在—世界—之中—存在'属于此在之生存,确切地说是以这样的方式:对于在世而言,事情涉及这个存在本身。事情涉及这个存在,这就是说,这个存在者,此在,以某种方式掌握了其本己的存在,就它以如此这般的方式对其存在能力有所施为而言,就它已经以如此这般的方式决断赞成抑或反对之而言"①。命题并不是由一个无世界的超验的自我得出的,它是在世界之中生存的此在对自身所处世界的某种理解和判断。命题必须将此在设定为前提,以此在理解的在世结构之先行展开为基础。具体而言,作为命题可能的所关涉者,存在者总是已经以某种方式作为被揭示者和可通达者预先给予了命题。而存在者作为被发现者又被预先给予了此在,这就表明,它具有"世内性"的特征。"命题一旦道出,存在者的被揭示状态就进入了世内存在者的存在方式。"②由于此在以在世界之中存在的方式生存,存在者才随着此在之生存被揭示给此在,并作为被揭示者成为某个命题的可能对象。

"在命题中,已经包含着此在结构的分环勾连。道出命题之时,此在已先行掌握。"③而只有当在世界中存在的此在具有了展开状态这一存在结构,才有理解。源始的理解是主客未分的活生生的状态,在其中,此在在展开自己的过程中把存在者带进自己的世界,对存在者进行照料,也让它的存在展开出来,使其成其所是。即此在使存在者的存在涵浸于自己的生存中,并由此去理解存在者。而这种理解是先行于存在者的,也先行于存在者之被作为对象看待。每个实际生存着的此在——这意味着言说着的且说出自己的此在——已经理解了在他的存在中的不同存在者之多样性。此在生存着理解了世界这样的东西,并随着世界的被展示性而自为地揭示了自身。此在生存于它自身以及它与之相关的存在者之被揭示性中。本真存在乃是揭示,揭示并不像人们认为的那样,是自我的一种行为,因而本真存在也不是某种主观的东西。命题之本真存在存乎其结构之中,因为在其自身之中的命题乃是此在之行为。

---

① [德]海德格尔:《现象学之基本问题》,丁耘译,上海译文出版社 2008 年版,第 377 页。
② [德]海德格尔:《存在与时间》(修订译本),陈嘉映、王庆节合译,生活·读书·新知三联书店 2006 年版,第 258 页。
③ 赵异:《康德、马克思、海德格尔实践与认识关系思想比较研究》,吉林大学博士学位论文,2011 年,第 171 页。

　　只要此在作为在世生存,就已经逗留在某个存在者那里,该存在者就在某个范围内、在某种意义上以某种方式如命题的方式而被揭示了。不仅仅此在在它那里逗留的那个存在者被揭示了,而且作为此在的存在者自身也同时被揭示了。或者说,此在向来就已经以某一方式去理解自身的存在,去理解在自己周围世界中的各种具体的存在者,并对自身和存在者作出判断——肯定或否定。此在向一种可能性筹划自己,就是把自己揭示在特定的存在如命题之中。关于正在发生的事物的命题通过此在先天地沉浸于世界中,由此在以规定的方式在世界中展开。在揭示性命题中,此在指向了它自始便在其被揭示性中领会的事物。因为揭示性命题之意向相关项具有被揭示性,仅当此在揭示存在,即仅当此在生存,被揭示性才存在。命题按其本质绝非像一物那样现成存在,而是生存着。因此,命题作为人类的一种理解,具有在世的特征,命题的展示总是活动于在世的基础上,是此在在世的一种方式,是对存在者进行揭示或展开的一种在世模式,所以,要生存论地对待命题。

　　作为允许事物在世界中特别地显现自己的符号,命题指出了事物。海德格尔认为,在这个方面,命题依赖于此在日常的实际生活。事物的前理论体验和此在在世界中生活的方式密切联系,使此在本身在生存中和事物及其操劳之因缘整体结合在一起,事物只有经由此在和它们的关联才能获取自身的源始意义。源始的操劳表明命题具有这样一种意义,即它并不将属性视为附于实在事物的东西,而是看作此在和事物之间的生存关系。命题建立在事物的前理论揭示的基础之上,表明的是它们在此在在世界中的实际生活中所展现的生存意义。由此,海德格尔强调命题的可能性,将命题看作此在所做的某件事情,而不是获得并回顾性地评价的知识,更不是确定知识的积累。

　　海德格尔说:“表象性陈述与物的关系乃是那种关系(Verhältnis)的实行,此种关系源始地并且向来作为一种行为(Verhalten)表现出来。但一切行为的特征在于,它持留于敞开域而总是系于一个可敞开者(Offenbares)之为可敞开者。如此这般的可敞开者,而且只有在这种严格意义上的可敞开者,在早先的西方思想中被经验为'在场者'（das Anwesende）。"①"行为向存在者保持开放……依照存在者的种类和行为的方式，人的开放状态各各不同。任何作业和动作，所有行动和筹谋，都处于一个敞开领域之中，在其中，存在者作为所是和如何是的存在者……只有当存在者本身向表象性陈述呈现自身，以至于后者服从于指令而如其所是地言说存在者之际，上述情形才会发生。由于陈述服从这样一个指令，它才指向存在者。"②此在作出真的陈述意味着：这陈述就此存在者本身之所是来揭示或开启此存在者，它说出和显示此存在者，让存在者在其被开启的状态"被看见"。一切科学命题都可以追溯到更为源始的、在世界中存在的事物或发生的事件，只能在生存世界的前理论中返指其源始。

命题关涉的世内存在者是共在，其本身就活动在操劳共在的特殊方式之中，使人可以对它们进行交流。存在者及其指涉关系一旦被理论观察所通达或揭示，就需要以理论命题的形式将它们把握和表达出来，并通过命题加以保持和传达。但是，命题会使源始的敞开亡佚一些东西，而在进一步传达的过程中则会亡佚更多东西。进一步说，命题能够正确表明实在是当前发生的，也必然使所涉的东西在模糊的理解中传递。因此，命题是"模棱两可"的，它可以带着理解说，也可以不理解就说，最重要的是，它可以对正在被说的东西带着责任去说，也可以不负责任地说。在进行可交流的理解中，命题也使理解的纯粹表面现象成为可能。这种由于命题及其传达而产生的对存在的遮蔽具有必然性，是无法规避的。海德格尔要使这种认识论层面的命题建基于源始的存在论—生存论之上，从而整肃理论性的命题。

总之，命题表现的也是现成事物在世界中的照面，只有在此在之"在世"这一境域中，科学命题才能得到真正的理解。科学命题的形成，离不开其本源即世界，不可能在完全脱离世界的纯粹理论中诞生。把事物作为正在发生的东西，就预设了对在用具方面相互关联的"世界"的理解。作为用具，存在者

---

① ［德］海德格尔：《路标》，孙周兴译，商务印书馆2000年版，第212—213页。
② ［德］海德格尔：《路标》，孙周兴译，商务印书馆2000年版，第213页。

在其前理论的存在结构是其预想设想的结构,是一切命题在其中之所以成为可能的视域,它所具有的意义是科学命题的意义所孕育和生长的土壤。那种脱离此在之在世存在的抽象的科学命题,已经成了无源之水、无本之木,无法汲取此在之现实生活的丰富养料,最终只能沦落为贫乏而空泛的词项组合。

德国哲学家汉斯·李普斯发展了海德格尔的思想,他反对传统逻辑所声称的具有自在本性的、和日常的生活情境毫无关联的逻辑存在,认为逻辑的结构和存在一样,都形成于人们的生活,有着实现人的日常生活中特定语言情境的源始功能。所以,在原初意义上,命题是一种把尚需裁断的问题最终决定下来的行动。这一思想和海德格尔一脉相承,体现并强化了海德格尔本人对命题和此在在世之操劳活动之间关系的关注。这也是我们下面要谈的问题。

三、此在对世界之态度的转换

生存论表明关于当下实在的命题揭示是如何通过改变与上手用具之间的日常参与的密切关系而出现的。"命题是根据已经在领会中展开的东西和寻视所揭示的东西进展展开的。"①理论命题是操劳之因缘整体的残断,只有把和此在在世生存密切相关的上手状态分离,把存在者作为现成状态的对象加以规定,才能走向命题性认识。理论命题发生的关键在于,此在在世的源始存在状态即操劳活动由于用具的障碍会出现中断,上手事物的存在被褫夺,现成在手性质映现、暴露出来,其存在结构发生变化。命题的述谓就是把源始展现的上手事物限制在在手性质上,而命题的传达则进一步把命题本身作为存在者在共同分有的范围内风传、扩散开来,并在此过程中被逐渐固定为具有通行意义的东西。

海德格尔也对在操劳活动中和此在照面的上手用具如何转变为理论命题的现成对象这一状况进行了诠解。在他看来,在操劳活动中和此在照面

---

① ［德］海德格尔:《存在与时间》(修订译本),陈嘉映、王庆节合译,生活·读书·新知三联书店 2006 年版,第 183 页。

的上手用具与理论命题的现成对象处于此在在世的两端,其间的存在者尚非随便摆在某处的事物,依然存在于周围世界的事件、情境之中,还没有完全摆脱其上手性,不是用理论的形式进行表达的,因而也未能彻底显现在命题中。换言之,"'理论'的存在论可能性就被归因于实践的阙然,亦即归因于一种阙失"①。但具体操劳活动的缺失并不会让人因此而立刻获取命题,"这时,操劳活动倒毋宁特特试着仅仅左寻右视。但这还绝未达到'理论的'科学态度"②。命题的发生在生存论上具有复杂的结构,不是单纯得到理论认识就能组建的。但是,尽管这时产生的认识并非理论命题,却迈出了理论命题形成的最关键的一步,已经在孕育着理论命题,是理论命题的生存论根源。

对于海德格尔来说,命题意味着展现,即让人从存在者本身去看存在者。海德格尔认为,"设置主语、设置述语、以及相互设置两者,这些句法上的构造完完全全是为了展示而设的"③。命题之述谓原本是对预先所与者的分析,这个分析的意义并非实际上把预先所与的物分解为物之块片,而是对预先所与的存在者之多重规定性之互属性予以展示。在这种分析中,预先所与的存在者同时也被呈现、指明在其自显着的规定性之互属性之统一性之中。分析与规定同出一源地归属于述谓之意义。规定意义上的综合与分析属于命题之展示结构,具有展示存在者的功能,要求一种与它相合的展示功能的联结,使预先所与的存在者之有环节的多样性得以在其统一性中被通达,因而就之提出命题的存在者之规定具有一种"在一起"的特性,即被联结这一特性。存在者之存在在本质上是被"在一起"和被联结性规定的。

---

① [德]海德格尔:《存在与时间》(修订译本),陈嘉映、王庆节合译,生活·读书·新知三联书店2006年版,第406页。

② [德]海德格尔:《存在与时间》(修订译本),陈嘉映、王庆节合译,生活·读书·新知三联书店2006年版,第406页。

③ [德]海德格尔:《存在与时间》(修订译本),陈嘉映、王庆节合译,生活·读书·新知三联书店2006年版,第181页。

　　进一步说,命题的原初特性乃是展现,让某物由它自身展现,让它如其自在地那样被看到,即解蔽。也可以说,命题的基本功能是展现。按照海德格尔,说一命题是真的,意指此命题如存在者自身所是的那样揭示存在者,在存在者之被展现状态中说出、指称存在者。命题的基本结构是展现它就之提出命题的东西,那命题就之提出命题的东西,那在命题中原初地被意指的东西,便是存在者自身。这样的命题是一种指明,指明具有揭示的特性,意味着一个命题让在其中为言谈所及的东西以规定的述谓的方式被看到,使得言谈所及的东西可被通达了。命题并非原初就是揭示的,毋宁说它预设了一个存在者之被揭示性。进行展现的命题所意指的不仅仅是泛泛的存在者,而是在其被揭示性中的存在者。这个对存在者的述谓性的展现具有揭示着让照面的特性。当领会被传达的命题时,听者所指向的并不是词语,也不是含义或者传达者的心理过程,而是自始就是被述说的存在者本身。命题在其自身中意指作为被揭示者的存在者之存在。命题乃是这样一种样态,在其中此在将被发现的存在者作为被发现的东西据为己有。如果有人说:"黑板是黑色的",那么他并不是在陈述表象,而是在对所意指者自身做陈述。这个命题表达了言谈者自身是以何种方式方法,或愿意以何种方式方法来领会其命题,他就之陈述的存在者一如他所陈述的。所以,述谓并非要纯粹地将所展现的事物视为主体(主词),而是要转换对在场事物的描述。而就事物作出的命题的真正主体也并非事物的在场,而是在场着的事物。如此运作的事物是源始的存在者,其存在就展现为如此运作。在此意义上的命题是就存在论而理解的,而非在现代科学意义上被理解的命题,它所揭示的依然是在处于上手状态的事物的存在,指向的是事物本身。

　　存在者必须已经得到了展现,关于该存在者的命题借此方才可能。海德格尔指出:"被知觉的东西和被规定的东西可以在语句中被说出,于是就作为这样被道出的东西保持和保存下来。有所知觉地保持关于某某东西的命题,这本身就是在世的一种方式,而不可被阐释为这样一种'过程',仿佛通过这种过程某个主体获得了关于某某东西的表象,它们作为如此被据为己有的表象始终保留'在内',于是这些表象来说就可能会发生出它们如何同现实'相符合'的问题来。"①他还举了个例子:我们设想一个人背对着墙说出一个真命题:"墙上的像挂歪了。"然后,他转过身来,知觉到墙上挂歪的像,从而被认为是真的。这个说出命题的作为此在的人与这幅像之间,并没有一层"表象"的间隔,他知觉到的既不是这幅像的表象,也不是被表象着的这幅像,而就是这幅实在的像本身。使知觉得到证实的,并不是命题和思想中的存在者(表象)的一致,也不是思想观念上的存在者和实在的存在者之间的一致,这里涉及的不是认识和对象的符合,也不是心理的东西和物理的东西的符合,更不是意识内容之间的符合,而是命题所指的墙上的像,即存在者本身,由命题如其所是地揭示出来了,是事实和事实之间的关系。命题"指出"的是实在本身,而不是"意义"。"'仅仅表象着'道出命题按照其最本己的意义倒不如说是同墙上的实在的像发生关系。指的就是这张实在的像,别无其他。"②

"道出的命题是一个上手的东西,而且,作为保存被揭示状态的东西,它本来就同被揭示的存在者具有某种联系。"③"在'这把锤子太重了'中,展示的是伸手可得的铁锤本身,而不是展示存在者的某种单纯表象或表征。"④科学命题描述实在,并因而从通常的人类生存意义中剥离出了实在。命题确实将实在置于一个局部的、实际的状况范围内,实在被剪去了其实际的参与,仅仅作为当下在手的东西。如当人们去知觉现成的锤子的时候,在谈论现成的

---

① [德]海德格尔:《存在与时间》(修订译本),陈嘉映、王庆节合译,生活·读书·新知三联书店2006年版,第72—73页。

② [德]海德格尔:《存在与时间》(修订译本),陈嘉映、王庆节合译,生活·读书·新知三联书店2006年版,第250页。

③ [德]海德格尔:《存在与时间》(修订译本),陈嘉映、王庆节合译,生活·读书·新知三联书店2006年版,第258页。

④ 李蒙、吴玉平:《科学的逻辑与解释学的逻辑——评海德格尔逻辑思想》,《自然辩证法研究》2016年第8期。

锤子的时候,就不同于原来在操劳活动中对锤子的使用,有着本质上的区别。知觉和语言会让人得出一个命题:"锤子这物具有重这一性质。"这个命题已经不单纯是一个判断或陈述,有着和操劳使用着的锤子的"太重"或"太轻"完全不同的理解。具体而言,这句话中所涉及的意义的范围被缩减、窄化了,同时却增加、扩展了源始操劳中没有的对事物属性的关注。于是,锤子这一事物不再是作为完成工作之恰当的、可用的上手之物,而是有着质和空间场所的客体,具有重量这种性质,其具体情境中的参与被理论的背景化取代,获得了一种新的揭示方式。

在这里,"使用某物"变成了"关于某物"。这种转换使所使用的上手事物转换为知觉的现成对象,使操劳着的寻视转换为知觉着的观察,也使解释着的"作为"结构发生变化,不再处于用具相互指引的因缘整体及丰富意蕴之中,转换为整齐划一的逻辑思维形式。进一步说,操劳寻视中的用具着眼的是上手事物的操作、使用、实践,而当就"关于某物"思考时,对事物就属性方面的规定就会出现,事物的陈述也就由上手状态、现成状态进而向科学命题这一方向发展。而科学命题中对现成存在者属性规定是"作为"结构之中变异而来的。"'作为'本来分环勾连着指引的联络;现在这个进行分环勾连的'作为'从意蕴上隔断下来……它向着'有所规定地只让人看现成的东西'这一结构下沉。寻视解释的源始'作为'被敉平为规定现成性的'作为',而这一敉平活动正是命题的特点。"①科学命题一旦产生,就脱离了"此在"源始的操劳活动,脱离了因缘整体情境的指涉。在努力揭示和描述事物的过程中,命题通过在推论上相互联系的网络而忽视了事物本身。这样的命题是对现实或非现实的东西的表象和再现,即主体对事物认识的陈述。由此,作为对实在的态度,命题给予对其所关涉的东西进行重复的可能性。

约瑟夫·劳斯表达了类似的看法:"理论不再被看做是相互关联的语句

① ［德］海德格尔:《存在与时间》(修订译本),陈嘉映、王庆节合译,生活·读书·新知三联书店2006年版,第185页。

或概念图式之网,而是可拓展模型。"①按照海德格尔的看法,科学不是首先形成理论命题,然后把它们应用于具体的情境之中,反倒是根源于具体的情境。"理论提供给我们的不是'世界图景',而是范围广泛的表象和操作。科学理论提供的不是我们所相信的那一类事物,而是我们据以行动的多种事物。"②所以,命题首先不是现成的理论存在,而是操劳着的活动。

第三节　科学命题之作为变式

　　海德格尔认为,人们通常把科学看作由真命题组成的理论体系,这并不能深中科学本身的肯綮,反而会不断地使人们偏离其真正的理解。因为,命题并不是原初的、本真意义上的认识,而只是衍生的东西。处于现成状态的科学命题是科学认识的成果,它由先行的、非专题化的解释、领会和话语等演变而来,后者比命题这一逻辑形式的东西更为根本,命题就是从其中撷取自身的存在意义的。

一、领会的蜕变

　　海德格尔作出命题在存在论上来自"领会"的断言,将领会作为命题的始源地。他把命题看作有所规定的展示,认为道出命题这一行为是有根据的,但其根据不在自身,而在已经通过领会展开的东西和寻视所揭示的东西,是源始的领会的衍生物。

　　关于领会,我们在上文做了简要论述。通常,领会指的是某种认识方式,

---

　　①　[美]约瑟夫·劳斯:《知识与权力——走向科学的政治哲学》,盛晓明、邱慧、孟强译,北京大学出版社 2004 年版,第 88 页。
　　②　[美]约瑟夫·劳斯:《知识与权力——走向科学的政治哲学》,盛晓明、邱慧、孟强译,北京大学出版社 2004 年版,第 91 页。

如狄尔泰"把领会限定为一种不同于另一种认知（也就是说明）的认知方式"①。这种领会指对某事物有一定的认识和理解，它只是存在者层次上的东西，实际上是由源始的存在之领会派生的。在海德格尔那里，领会并非一种认知行为，并非获得一个知识性的概念，并非认识意义上的审视，被揭示者也并非认识的对象。作为操劳活动的使用对它自己的理解方式，领会是生存论的一个环节，是作为生存活动的存在，是"在世"的展开状态，是此在的展开状态的一种现身方式，它包含有此在之为能在的存在方式。即此在在某种可能性中领会，是生存上的领会。作为一种开展活动，领会置身于世界和自身的展开状态中。所以，领会在其揭示功能上并不关涉于孤立的自我、主体，而是关涉于此在实际生存着的在世的能力，并且涉及此在的自身领会。换言之，在命题产生之前，领会就已经存在于世界中并拥有存在者。所以，关于存在者之存在的源始揭示并非发现一个认知的意识主体，亦非展示某一被客体化了的对象物，而是使操劳着、筹划着的此在及处于因缘网络中的用具显现出来。也就是说，在世界之中存在意味着对此在及其世界有某种领会，而存在者的揭示必然以对此在及其世界的前理论的领会为前提。即对此在之存在领会与对现成者之存在领会不是分离的，并未以特定的方式进行分说而明确化，因此并未理论化，而是被无差别地领会。这种领会是存在论的，不仅涉及此在本身，也涉及随此在一同被揭示出来的一切存在者。这种领会与存在者式的经验不相符合，是存在者式的经验的本质条件，引导着对存在者的经验。这就意味着，某个可能的向着世内存在者而在随同领会而被筹划了，即世内现成诸物的存在被领会了。

在这里，领会始终关涉"在世"的种种可能性，这些可能性通过本质上可以在领会中展开的东西先行表现出来，这样的领会就是"彰显"。或者说，领会更为确切的意思是，向一种可能性筹划自己，在筹划中一直逗留在一种可能

---

① ［德］海德格尔：《现象学之基本问题》，丁耘译，上海译文出版社 2008 年版，第 376 页。

性之中。海德格尔说:"不管此在是以说明的还是领会的方式搞科学,领会都是此在生存之一种本源的规定性……领会归根结底原来根本不是一种认知;毋宁说,既然生存多于考察意义上的单纯认知,而考察又预设了生存,那么领会就是生存自身之基本规定。"①"作为领会的此在向着可能性筹划它的存在。"②因此,对于此在的一切行为方式而言,领会本身就是这些行为方式(包括实践性的和认知性的行为)之所以可能的条件。正因为此在在其自身中作为生存是领会着的,对科学的说明和领会才是可能的。领会是从可能性出发的自由领会,因此在自身之中具有沿着不同方向改变自己的可能。此在可以从前来照面的世内存在者出发去领会自己,可以首先并非从其自身出发,而是从诸物、他者出发让它的生存得到规定。这是一种非本真领会,不是从此在最本己的自身把握的可能性出发去领会。领会与存在者相关,因而是一种存在者式的领会,命题正是从具有先在性质的领会的可能性中派生出来的。

也就是说,世界之意蕴是含义的关联整体,它是通过对世界的领会得以展开的,包含有此在有所领会之际能够把"含义"开展出来的存在论条件。对世界的领会揭示了意义整体,由此,对上手事物进行操劳的此在就能领会到自己和照面的东西之间的关联。展开的意蕴是因缘整体性能够得到揭示的存在者层次上的条件,因缘整体性是作为上手事物的可能联系的整体绽露出来的,单纯照面的东西是从因缘整体方面得到领会的。只要某物被领会了,那么它通过这一领会也就表达了含义关联脉络之类的东西。因缘整体性绝不是在思维中被加以整合的东西,而是向来已经持留于领会之中的关联。因此,它不是命题能够明白把握了的,相反,命题必然以因缘整体性、进而以领会为基础。只有在领会的筹划中,存在者才向着它的可能性意蕴展开,上手事物才在其有用、可用中被揭示出来,各种现成事物的"统一"即自然也才是可揭示的。也

---

① [德]海德格尔:《现象学之基本问题》,丁耘译,上海译文出版社 2008 年版,第 377 页。
② [德]海德格尔:《存在与时间》(修订译本),陈嘉映、王庆节合译,生活·读书·新知三联书店 2006 年版,第 173 页。

就是说,在提出关于某物的命题之前,展示着的此在本身已经生存在对这事物的领会之中,已经与它自行相关,并且领会了该物。对命题的可能对象的事物之原初揭示并不是由命题提供的,毋宁说在本源的揭示方式中已经被提供了,所以,此在在提出命题之前便已领会了所涉及的事物的方式。对所涉及者的领会并非首先出自命题,毋宁说,这个命题说出了该物的领会,在对事物的原初领会中已经确定了其不同的样态。一个始终在进行展示的命题,必须建立在已经得到揭示并领会的事物的基础上,这样才是可能的,命题不过是将相应的领会表达出来。

所以,"道出命题和存在之领会是此在本身在存在论上的存在之可能性"①。对此在而言,命题不是此在自身领会最根本的方式,而仅仅是领会的一种变式。领会不是将事物作为命题的对象去把握,命题的把握恰恰取消了所领会之事的可能性质,使之降低为一种已有所意指的、给定的内容。进一步说,命题掩盖了和事物打交道的领会,进而掩盖了事物从自身方面来照面的情况。命题对事物具有的某种属性所作的"观察"并不能展现上手的东西,因为理论观察无法真正领会事物的上手状态。事实上,"直观"和"思维"是领会的两种远离源头的衍生物。"认识理想本身只是领会的一种变体,这种变体误以为它的正当任务就是在现成事物的本质上的不可领会性中把握现成事物。"②领会着眼于事物本身,它每一次和事物打交道都是活生生的,而"作为"的缺乏则造就了对这一事物的纯知觉,并由之生成命题,"我们可以借命题来说明对领会和解释具有构成作用的'作为'结构能够以何种方式形成模式"③。

---

① [德]海德格尔:《存在与时间》(修订译本),陈嘉映、王庆节合译,生活·读书·新知三联书店 2006 年版,第 187 页。

② [德]海德格尔:《存在与时间》(修订译本),陈嘉映、王庆节合译,生活·读书·新知三联书店 2006 年版,第 179 页。

③ [德]海德格尔:《存在与时间》(修订译本),陈嘉映、王庆节合译,生活·读书·新知三联书店 2006 年版,第 180 页。

　　所有的视都植根于领会,领会在生存论上构成被称作此在之"视"的东西。操劳活动的寻视、操持的顾视以及对存在本身的视,都是此在存在的源始方式。对操劳着的上手事物进行领会,就是让上手事物明确地来到领会着的"视"前。这种事物先于命题,在操劳于周围世界之际显现出来,因此,它并非理论认识的对象,而是被操作和使用的上手事物。上手事物具有"为了作……之用"这一寻视上的结构,寻视依照这一结构把它作为某种东西加以明确领会。寻视地与周围世界中的上手事物打交道,这种活动不是以命题对其进行规定,而是将其"看"作某种用具。使用着和事物打交道具有自己特殊的知或把握,对这个事物凝视得越少,对它使用得越投入,和它的关系就越源始,它也就越明显地作为用具前来照面。对上手事物的这种先于命题的看,包含着"为了作什么"的明确性,其本身总是有所领会的,而不是没有领会的纯粹凝视。也就是说,领会将上手事物从"为了作……之用"着眼进行分解,将"某某东西作为某某东西",将其领会为某种东西。"在领会中展开的东西,即被领会的东西,总已经是按照下述方式而被通达的,那就是在它身上可以明确地提出它的'作为什么'。这个'作为'(Als)造就着被领会的东西的明确性结构。"①单纯照面的东西是在因缘整体中得到领会的,而不是在命题中得到认识的。寻视着有所领会的源始的"作为"是生存论意义上的"作为",和经由命题而加以判断的"作为"完全不同。"作为"不是首先出现在命题中,而只是通过命题被说出来。

　　总之,此在在使用用具时,总是对用具有一种先行的领会,并在使用的过程中进行更深入的领会,这种领会是对用具之用具性的理解。而对上手用具的任何知觉都总是有所领会的,所以,命题在生存论上来源于领会,是领会世界的一种方式,它对领会的东西进行认知,把领会中所显现的可能性整理出来。正是由于有领会的可能性,"存在者才能就其'实体的''自在'得到揭示。

----

　　① [德]海德格尔:《存在与时间》(修订译本),陈嘉映、王庆节合译,生活·读书·新知三联书店 2006 年版,第 174 页。

唯当世内存在者能够来照面,才有可能在这种存在者的园地里通达只是现成在手的东西"①,人们才可能运用命题从"属性"方面着眼来规定这一存在者。"命题不产生意义,它从领会汲取意义并因而具有意义。"②命题不是关联于表象,而是关联于存在的领会。一句话,在命题之前,对存在者的领会中,有待揭示的存在者之何所是,以及在其存在之特定样态(例如现成存在)中的该存在者,早已被潜藏地领会了。

二、解释的样式

海德格尔认为,解释是领会的派生样式,是领会使自己成形的活动。解释具有"作为"结构,"'作为'组建着解释"③。仅仅有了解释,才有把某物作为某物的提及。这一现象处于意蕴的因缘整体中,而意蕴作为世界本身向之展开的东西,就植根于显现种种可能性的领会。通过寻视,已经被领会的世界就得到了解释,上手事物就明确地来到领会着的"视"前。"某某事物作为某某事物明确地映入眼帘。通过这种源始的作为结构(Als-struktur)进行领会就被称为解释(Auslegurg)。"④在他看来,就生存论而言,解释根植于领会之中。在世界内照面的东西总是处于和在世界之领会中揭示出来的东西的关联中,关联整体总是处于领会之中,在这种样式中,关联整体是日常的解释的本质基础,解释由此展开对事物的揭示。解释是对领会的占用,它有所领会地向着已经得到领会的关联整体而存在。当此在领会着事物而进行操劳活动并在其中把它们作为用具使用时,就对它们作出了解释。所以,"领会的筹划活动本身具有使自身成形的可能性……解释并非要对被领会的东西有所认知,而是把

① ［德］海德格尔:《存在与时间》(修订译本),陈嘉映、王庆节合译,生活·读书·新知三联书店 2006 年版,第 103 页。
② 陈嘉映:《海德格尔哲学概论》,生活·读书·新知三联书店 1995 年版,第 166 页。
③ ［德］海德格尔:《存在与时间》(修订译本),陈嘉映、王庆节合译,生活·读书·新知三联书店 2006 年版,第 174 页。
④ 陈嘉映:《海德格尔哲学概论》,生活·读书·新知三联书店 1995 年版,第 165 页。

领会中所筹划的可能性整理出来"①。解释不是将某种含义加在完全客观的现成事物之上,也不是将某种价值贴在它上面,而是使得这种关联以及被领会了但却隐绰未彰的东西明晰起来。解释是在世界的意义整体的指引联络中展开的,当世内存在者随着此在的存在得到揭示时,人们就理解了其存在,它也就因此而具有了某种意义。例如,此在之所以会在床上睡觉,缘于此在已经领会到床可以用于睡觉并在上面睡觉,由此而把床解释为床。而假设此在在一个长凳上睡觉,就可以把长凳解释为床。

如前所述,解释是有前提的。第一,"解释一向奠基在一种先行具有之中"②。世界是"作为"用具的上手事物的因缘整体,解释就是揭示和弄清这种"作为"结构,把"作为"结构从因缘整体中整理出来。在这里,因缘整体性是解释的本质基础,它是人们在具体的解释开始之前就已经预先具有的东西。即所要解释的东西总是被先行具有所规定。第二,"解释向来奠基在先行视见之中,它瞄着某种可解释状态,拿在先有中摄取到的东西'开刀'"③。解释活动总是向着已经得到理解的因缘整体的存在运作,而作为因缘整体的先行具有是内涵稳定、外延模糊的存在视界,包含许多可能性,所以不具有明确性。究竟先解释哪些可能性,怎样去解释,这就需要一个特定的角度和观点,把人们的注意力引向一个特殊的问题域。第三,"解释奠基于一种先行掌握之中"④。先行掌握是人们在解释前就预先已有的假设,它用一个概念来阐明"作为"结构,即规定某个东西是"为了作……之用"的,保持在先有中并且在先见中被理解的东西,只有通过解释上升为概念,才能成为可理解的。通过以

① [德]海德格尔:《存在与时间》(修订译本),陈嘉映、王庆节合译,生活·读书·新知三联书店2006年版,第173页。
② [德]海德格尔:《存在与时间》(修订译本),陈嘉映、王庆节合译,生活·读书·新知三联书店2006年版,第175页。
③ [德]海德格尔:《存在与时间》(修订译本),陈嘉映、王庆节合译,生活·读书·新知三联书店2006年版,第175页。
④ [德]海德格尔:《存在与时间》(修订译本),陈嘉映、王庆节合译,生活·读书·新知三联书店2006年版,第176页。

上这三个环节,解释才能揭示和阐明"作为"结构,把某某东西作为某某东西进行解释。因此,解释的原初形态是对某物"作为什么"的提及,即把在原初的提及中得到昭示的东西加以展现。

在海德格尔看来,这种解释是由理论认识所产生的命题的源始样式。它们体现为命题所指向的内容,是命题所陈述的东西,因为解释着与周围世界的上手事物打交道不一定必须以进行规定的命题去分解加以解释的东西,"必须先有可能被道出的东西,道出才是可能的"①。源始的解释是命题的意义所在,而"命题也不产生作为结构,而只把作为结构明确化或模式化"②。因此,理论命题的"源头"在解释之中,命题是从解释中产生出来的。"一端是在操劳领会中还全然隐绰未彰的解释,另一端是关于现成事物的理论命题,在这两个极端之间有着形形色色的中间阶段:关于周围世界中的事件的陈述,上手事物的描写,时事报道,一件'事实'的记录和确定,事态的叙述,事件的讲解。我们不可能把这些'句子'引回到理论命题而不从本质上扭曲它们的意义。这些句子就像理论本身一样,在寻视的解释中有其'源头'。"③作为真理表达的命题,实际上是从作为意蕴的昭示和让被显现者得以彰显的解释中衍生出来的一种样式。"规定的命题……分解寻视着加以解释的东西。对上手事物的一切先于命题的、单纯的看,其本身就已经是有所领会、有所解释的。"④

"像一般的解释一样,命题必然在先行具有、先行视见和先行掌握中有其存在论基础。"⑤把某物作为某物加以解释,本质上是通过先行具有、先行视见

_____

① [德]海德格尔:《存在与时间》(修订译本),陈嘉映、王庆节合译,生活·读书·新知三联书店 2006 年版,第 174 页。

② 陈嘉映:《海德格尔哲学概论》,生活·读书·新知三联书店 1995 年版,第 166 页。

③ [德]海德格尔:《存在与时间》(修订译本),陈嘉映、王庆节合译,生活·读书·新知三联书店 2006 年版,第 185 页。

④ [德]海德格尔:《存在与时间》(修订译本),陈嘉映、王庆节合译,生活·读书·新知三联书店 2006 年版,第 174 页。

⑤ [德]海德格尔:《存在与时间》(修订译本),陈嘉映、王庆节合译,生活·读书·新知三联书店 2006 年版,第 184 页。

和先行掌握起作用的。这个"先"的结构是作为此在的基础存在论环节的解释所固有的,只有在这一结构中,命题才是可能的。也可以说,命题重现了解释的基础和本质结构,即先行具有、先行视见和先行掌握。首先,已经展开的东西是命题所必须先行具有的,在此基础上,命题才能以规定的方式把已经展开的东西表现出来。其次,命题需要一种先行视见。命题在对展开的东西进行规定时,必须有着眼的方向,首先要把视野转向先行给定的存在者的"何所向",由规定的功能接过这一"何所向",由此去看待有待作为命题说出来的东西。只有在先行视见中,存在者本身依然锁闭着的、还不明晰的、有待展现和指归的命题述语才能释放出来。再次,在道出命题之际总是预先有一种先行掌握。被指出的显著的清晰度是有所规定的命题的特征,而这种显著的清晰度是通过一套明确的概念表现出来的,它把有所展示的东西在含义上连结为一个整体。"但这种先行掌握多半是不显眼的,因为语言向来已经包含着一种成形的概念方式于自身中。"①

　　海德格尔详细探讨了由解释向命题模式的变异。他举了"锤子是重的"这一"在逻辑学中是规范的例子和'最简单的'命题现象的例子"②,说明命题是由解释衍生而来的。他认为,在逻辑学中,"锤子是重的"是绝对的命题句,是逻辑专门的研究对象。然而,保持在先行具有中的存在者首先不是作为被表象的对象存在的,而是原初地作为上手事物的用具存在的,本质上是一种"为了作……的东西"。寻视操劳拥有自己的解释方式,在对锤子的操作使用中,绝对不会出现"锤子是重的"这一命题。用具的存在向来归属于一个用具整体,只有在这个整体中,用具才是其所是。当人们就某一事物提出命题时,它就从上手的"用什么"变成有所展示的命题的"关于什么",变成对象,这样,

---

　　① [德]海德格尔:《存在与时间》(修订译本),陈嘉映、王庆节合译,生活·读书·新知三联书店2006年版,第184页。
　　② [德]海德格尔:《存在与时间》(修订译本),陈嘉映、王庆节合译,生活·读书·新知三联书店2006年版,第184页。

事物在先行具有中就发生了转变。先行视见针对的是客观现存的事物,而这一事物原本处于上手状态,当先行视见以对事物的单纯外观的"看"为目的时,事物的上手性就隐失了。就此而言,对客观现存事物的揭示恰恰将上手状态遮蔽起来,这样,照面的事物就作为客观现成的存在得到规定,并由此获得了通向事物属性的途径。继而,命题从现成事物中抽取出某种"什么",并将其作为"什么"加以规定。于是,解释的"作为"结构就发生了变异:这个"作为"不再处于意蕴的因缘整体中,不再相互关联,而是被从中割断,退回到仅仅现成存在的齐一的事物的平面上,缩减为"有所规定地只让人看现成事物"这一结构,这样,事物所具有的属性便被看作命题的意义。但是,"源始的解释过程不在理论命题句子中,而在'一言不发'扔开不合用的工具或替换不合用的感觉的寻视操劳活动中。却不可从没有言词推论出没有解释"①。因此,命题几乎没有对某种事物之"作为"结构的把握,命题的语言形式只是原初解释形态的一种表达形式,在其中,"解释的源始'作为'被敉平为规定现成性的'作为',而这一敉平活动正是命题的特点"②。通过对某物的"为了作……"加以彰显,某物的意义变得明确起来,并被付诸语词的表达,从而将予以凸显的言语意义和所指的实事区分开来。"其实,逻辑在作任何分析之前就总已经'从逻辑上'来领会这类句子了。"③

　　总之,解释具有特殊的展开功能,有着随世内照面的事物而展开出来的因缘整体,它把这一整体展现出来。所以,解释并非将某种固定的"含义"加到完全客观的现成事物身上,因而没有命题所具有的明确性。但是,"以'某某东西作为某某东西'为线索解释存在者,这件事情本身先于对有关这件事情

---

①　[德]海德格尔:《存在与时间》(修订译本),陈嘉映、王庆节合译,生活·读书·新知三联书店 2006 年版,第 184 页。

②　[德]海德格尔:《存在与时间》(修订译本),陈嘉映、王庆节合译,生活·读书·新知三联书店 2006 年版,第 185 页。

③　[德]海德格尔:《存在与时间》(修订译本),陈嘉映、王庆节合译,生活·读书·新知三联书店 2006 年版,第 184 页。

的专门命题……在专门命题中,'作为'并非才始出现,而是才始道出。必须先有可能被道出的东西,道出才是可能的"①。

三、话语的变式

命题也是一种断言和宣称,在词源学上可以追溯到希腊语的λóγοs,而λóγοs的基本含义就是"言说"和"话语",是"从某个方面来显示的话语"。进一步说,作为话语的λóγοs的本真意义是,"使……公开",即展示出来让人看,让某种被公开出来的东西被看到,让言谈者和相互交谈的人都看见话语所谈及的东西。因此,λóγοs的功能是有所展示,是使话语中所谈的和所涉及的东西公开出来,显现出来,让人们从所谈到的东西本身那里看到那种东西,使他人也能够通达所涉的东西,λóγοs由此就具有综合的结构形式。在这里,综合并不是指将不同的表象连结在一起,不是对某些在心中发生的事情进行操作,而是指纯粹展示,即让人看不同的东西共同存在的情形——把某种东西作为某种东西而让人看。所以,综合结构也是一种解释的"作为"结构,即把某种东西解释为显明的。后来,人们从"命题"这一描述去理解作为"话语"的λóγοs的意义,进而又把"命题"理解为"判断",而"判断"被看作联结,即选取一定角度去看某种东西,对其持认可或者反对的态度。所以,话语及其衍生的命题就涉及真假,需要进行真假的定夺。当然,"真"在这时还不具有符合论所构造的结构,它是指存在者完全得到解蔽,让自身无蔽地显现出来,意味着在作为解蔽的"话语"中,被谈论到的存在者从其遮蔽状态中展示出来,从而作为无蔽的东西被看到。于是,这些存在者就通过话语而得到揭示。反之,"假"指的是遮蔽意义上的欺骗,是将一种东西置于另一种东西前面而让人看,实际上是将其遮挡住,从而使其作为其所不是的东西而展现出来。这种揭示不再是让某种东西本身被看到,而是顾左右而言他,指向别的东西,让其作

---

① [德]海德格尔:《存在与时间》(修订译本),陈嘉映、王庆节合译,生活·读书·新知三联书店2006年版,第174页。

为他者而被看到,因而是处于遮蔽状态。所以,这里的真假是在存在论意义上
而言的,是指"真在"和"假在",和现代科学理论视域中理解的真假完全不同。
所以,从存在论看,言谈所及的存在者已经预先在传达中得到确定,对这个存
在者的存在展现也已被预先给予了,以至于不必在语言形式中专门凸显它。

在著作《路标》中,海德格尔以陈述说明命题。他说:"表象性陈述与物的
关系乃是那种关系(Verhältnis)的实行,此种关系源始地并且向来作为一种行
为(Verhalten)表现出来。但一切行为的特征在于,它持留于敞开域而总是系
于一个可敞开者(Offenbares)之为可敞开者。"①"依照存在者的种类和行为的
方式,人的开放状态各各不同。任何作业和动作,所有行动和筹谋,都处于一
个敞开领域之中,在其中,存在者作为所是和如何是的存在者,才能够适得其
所并且成为可言说的(sagbar)。而只有当存在者本身向表象性陈述呈现自
身,以至于后者服从于指令而如其所是地言说存在者之际,上述情形才会发
生。由于陈述服从这样一个指令,它才指向存在者。"②此在作出真的陈述意
味着:这陈述就此存在者本身来揭示这个存在者,它说出和显示这个存在者,
让存在者在其被敞开的状态"被看见"。

海德格尔也将人的说话方式叫作"话语"(Rede)。他认为,话语是可理解
性的联结,是对世内存在者之可能性的有意义的联结,在世的可理解性作为话
语而使自身得到表现,话语能够保留和传达展现出来的存在者。话语将在世
的可理解性划分为三个环节,包括"关于什么"即话语所及的东西、话语之被
说本身、传达和公布,话语也由此而展示了自身的构成。具体而言,话语就是
关于某物的话语,这个"关于什么"由此在在世这一基本建构形成,它通常不
具有命题的性质,而是规定着在世的展开状态,其所谈的东西是从某种角度、
在某种限度内说到的。一切话语都有其"被说出",在被说出来中,话语本身
就得到传达,这里的传达不是将某种体验从一个主体内部输送到另一个主体

① [德]海德格尔:《路标》,孙周兴译,商务印书馆2000年版,第212—213页。
② [德]海德格尔:《路标》,孙周兴译,商务印书馆2000年版,第213页。

内部,而应该从广泛的存在论的意义上理解。"此在在命题中就被揭示的存在者的情况道出自身。命题就存在者'如何'被揭示把存在者传达出来。"①此在通过话语表现自己,是因为此在作为在世的存在在领会时就已经"在外"了。得到表现的东西恰恰就是在外的存在,是当下的现身方式。把现身涉及的在世的整个展开状态在话语中公布出来,将现身的生存论上的可能性传达出来,使得生存展现出来,这本身就是话语的目的。

海德格尔将在话语中连结起来的东西叫作含义整体,含义整体又可分解为各种含义,而含义总是具有某种意义。话语按照含义连结此在的展开状态,在生存论上建构着此在的展开状态,对此在的生存有着建设性的作用。由于话语是展开状态的源始生存论环节,所以,话语在本质上就是一种独特的此在在世的展开方式,通过这一方式,此在将自己关于生存的领会表现出来,从而进入世界、他人的展开之中。由此,此在和他人、世界之间就在话语中得到真正的沟通,实现了理解。可理解性的含义整体被付诸言词,言词整体就像摆在面前的上手事物一样可能成为世内存在者,话语就可能被拆解为客观的现成的言词这一东西。

海德格尔用"闲言"这一现象表示日常此在进行理解的存在方式,这是一种平均理解的可能性,具有平均的可理解性。闲言表明人们不一定进入了源始理解之所及的存在,他们对所谈及的存在者不甚了了,只是听到了所说的话本身,把这样的话传来传去,鹦鹉学舌、人云亦云,却没有涉及所谈及的存在者的存在联系,反而遮蔽了存在者的存在,加深了对存在者之存在的封闭。话语只要被这样理解,它就不再期备并保留用具的整体性,也不再在因缘关系的视域中说话了。闲言从反面说明了话语对存在之理解的作用。命题原本是从最源始的地方传达出来的,经过闲言在常人之间的相互转达,人们就不再对存在者的展开状态进行切身的体验,而是道听途说、以讹传讹,用别的命题代替作

---

① [德]海德格尔:《存在与时间》(修订译本),陈嘉映、王庆节合译,生活·读书·新知三联书店 2006 年版,第 257 页。

为领会的东西而被谈论的存在者本身,从而使存在者的本真意义被遮蔽。

作为话语的变式,命题的结构和话语相似。海德格尔在《存在与时间》中认为,命题有三重含义,即展现、述谓和传达,"这三种含义都来自命题这一名号标出的现象。这些含义互相联系并在其统一中界定了命题的整个结构"①。命题之言谈所及的存在者的展现总是已经被预先给予了,命题作为被说出的东西意味着传达,即意味着陈述出来,其所说的存在者因而预先在传达中得到确定。"这一含义上的命题是让人共同看那个以规定方式展示出来的东西。"②在这里,命题不是从逻辑的意义上说的,而是就存在论而言的。通过传达,被陈述出来的东西可以通过重新陈述而得到分享。传达本身把表象从一个主体传递到另一个主体,好像是不同主体的心理事件之间的交换似的。实际上,一个此在以说话的方式向另一个此在传达沟通,这意味着:它以展示陈述某物的方式与另一个此在共享了对被传达的存在者的相同领会性关系。在传达中并通过传达,一个此在随同另一个此在,随同被告知者,一起进入了与命题就之而行、言谈由之而起的东西的相同存在关系之中。传达并非一堆积累起来的命题,而是一种可能性,由之,一个此在随同另一个此在进入与存在者的相同基本关系可能性。

进一步说,人们能够作出一个命题,不是根据自己对事物之存在的理解,而是仅仅根据对别人所说的东西的传播,将无名的常人所说的东西作为权威。命题也能根据推论奠基于别的命题之上,把由别的命题构成的复杂网络为中介的东西作为权威。通过使得所说的东西成为交流或传播的,命题就会变得远离自己所指出的和能够说明的东西,其最切近的基础不再是存在本身,而是现成存在者。原本道出命题本身及其所关涉的世内存在者都不是现成的东

① [德]海德格尔:《存在与时间》(修订译本),陈嘉映、王庆节合译,生活·读书·新知三联书店2006年版,第180页。
② [德]海德格尔:《存在与时间》(修订译本),陈嘉映、王庆节合译,生活·读书·新知三联书店2006年版,第182页。

西,但是,在理论占据首要位置后,在理论中道出命题及其所谈的存在者就都变成现成的东西。命题的作用在于就关于世界的认识予以陈述和传达,和他人分享在"真理"中展现出来的存在者。"命题作为这种传达包含有道出状态。他人可以自己不到伸手可得、目力所及的近处去获得被展示、被规定的存在者,却仍然能同道出命题的人一道'分有'被道出的东西,亦即被传达分享的东西。人们可以把被道出的东西'风传下去'。以看的方式共同分有的范围渐渐扩散。然而,在风传中,展示的东西可能恰恰又被掩蔽了。"①于是,只有以判断形式存在的命题被人们传下去,这就是现在盛行的、保持着支配地位的命题。进一步说,命题是此在存在以及解蔽的一种方式,这种方式有在人们之间进行交流的作用。人们在交流或言谈中道出一个命题时,并不是在自己的躬体力行中做的解蔽。海德格尔认为,恰恰是这样的命题使存在者的存在本身始终被遮蔽着,或者只是以一种歪曲的方式展现自己。

总之,命题是一种特殊形式的谈论,是由于人表达的需要而构建的。在谈论科学实在的话语中,命题成为决定性的东西,成为交流关于实在的知识的工具。

---

① [德]海德格尔:《存在与时间》(修订译本),陈嘉映、王庆节合译,生活·读书·新知三联书店 2006 年版,第 182 页。

第五章　对科学的超越

　　海德格尔主张,科学是真正能够体现现代本质的存在样式,对此,人们不应该也无法回避,"就历史性的刹那来说,躲避于传统中只会造成自欺与无视"①。所以,应该以一种平和的态度去接纳科学,不过,这种接纳并非迫于无奈,亦非称颂有加。他反对把科学绝对化为人类生存的最高方式,反对把科学作为衡量一切的终极标准,探讨科学的合法性问题和现代科学的危机及其导致的人类生存困境,剖析了科学的有限性。和康德对理性的批判一样,海德格尔对科学的批判也是要划界,不同的是,康德通过对知识的限制而为价值、信仰和形而上学留出了领地,而海德格尔则把科学限于存在展现的方式之一,通过展现存在意义之丰富性的自由方式,走出单纯的对象化的应用,为思和诗指出了方向,寻求困境的破解及拯救之途,实现对科学的超越。吴国盛认为:"批判科学并不是简单地反对科学,而是揭示科学的局限性,并将之作为超越的环节。"②海德格尔说:"任何一个时代都不会使其自身结束于否定性的判决。否定只会将否定者扔离原有的轨迹。"③他关注科学的未来定向而非知识

　　① Heidegger, Lovitt, W. (trans), *The Question Concerning Technology and Other Essays*, New York:Harper & Row,1977,p.136.

　　② 吴国盛:《第二种科学哲学》,见 http://blog.Sina.cn/s/blog_51fdc06201009sjr.html。

　　③ Heidegger, Lovitt, W. (trans), *The Question Concerning Technology and Other Essays*, New York:Harper & Row,1977,p.138.

的回顾性评价,以达到人的诗意栖居为路标,借助思的力量,力求实现从科学之思到诗意之思的超越,为人类赢得真正的存在根柢,最终臻于审美生存的佳境。

第一节　科学所导致的危机和困境

人们通常认为,科学可以使人摆脱冲破无知和落后,因而具有先进性。这一看法被海德格尔抛却,他认为,科学不能通过知识的逐步积累而日渐接近真理,尽管科学的发生出于存在的天命,具有必然性,却终归是对存在本身的遮蔽。科学在对事物的筹划中可谓殚精竭虑,而对其中隐藏着并与日俱增的种种问题及其造成的后果却计细方匮,致使危机四伏,各种风险席卷而来,使人类处身于"世界黑夜的贫困时代",失去生存的家园,成为无家可归的异乡人。科学所带来的危机并不简单地表现在一些具体的结果如温室效应、生态破坏、基因工程中的伦理困境和原子弹爆炸等,而是总体性上的危机,即科学把实在世界之外的举足轻重的问题、给予所有认识以终极意义的东西包括人的生存意义都清除掉,使科学本身及其意义日益变成空中楼阁,导致科学、自然、人和存在本身的危机,乃至危机本身也被遮蔽,使人们看不到危机,最终结果就是走向虚无主义。而这种使科学高速前进、所向披靡却又导致重重危机的现代科学观,不过是一种"残缺的科学观"。

一、科学的危机

现代科学追求客观知识的理想,被认为具有绝对性、普适性和超时空性。实际上,科学植基于特定的语境之中。换言之,科学在本质上是不断进行的活动,必然是构成性的。但现代科学作为有规则的、规范的理论体系,是一种僵死的形态,背叛了科学的开放精神,使得科学的大厦摇摇欲坠。现代性问题暴露并凸显了作为客观知识的科学的局限性,使传统科学观遭到无情的批判,其

实在、客观本质和严格决定论等观念被来自各方的力量广泛质疑,产生诸如
"物质消失""时间可逆"等难题。

在《欧洲科学的危机与超越论的现象学》中,胡塞尔认为,纯数学和物理
学等自然科学理论成就以及持久的成功是不容争辩的,一直被称为"严格的、
富有成果的科学学科的典范"①,所以,科学的危机并不在于科学的方法和成
果等具体方面处于险境,而在于其前提和基础这一根本性的东西。狄尔泰曾
经反对传统的认识论模式,对其进行历史理性批判,引入人的生命体验,揭示
自然科学的基础性缺陷。同样,海德格尔所确指的科学危机并不是科学的局
部不完善,也不是个别的科学有欠缺,而是造成人类当前命运的整个现代科学
的危机,是整个现代世界及其思想发端的危机。即海德格尔把科学领域所出
现的问题归结为科学本身的危机,要把整个现代文明的根柢彻底铲除,完全废
弃作为现代文明根据的主体性及其理性原则。因此,海德格尔对科学的批判
是总体性的。

也就是说,科学之根已经枯萎。胡塞尔认为:"科学危机所指的无非是,
科学的真正科学性,即它为自己提出任务以及为实现这些任务而制定方法论
的整个方式,成为不可能的了。"②科学本身的科学性在根本上源于理性,但
是,理性已辉煌不再,日渐式微,以先验主观主义的道路克服物理主义的客观
主义,复兴前科学的实践活动的生活世界,就能使危机冰消冻释。海德格尔有
所不同,他认为,事物本身具有丰富多样的未被发现的特性和方面,按照他的
观点,人们不应该单一地绝对地从科学实在的角度看待事物,科学的危机正是
由于单纯地从科学实在出发而引起的。由于局限于实在的存在者,由于对作
为根本的存在的遗忘甚至排斥,由于存在本身的丰富性、多样性和动态性遭到

---

① 〔德〕胡塞尔:《欧洲科学的危机与超越论的现象学》,王炳文译,商务印书馆 2001 年版,
第 13 页。

② 〔德〕胡塞尔:《欧洲科学的危机与超越论的现象学》,王炳文译,商务印书馆 2001 年版,
第 13 页。

遮蔽,由于失去了存在的源头活水,科学基础在其本质深处已经趋于衰亡。因此,如果科学不改变自己单纯从确定的实在出发看待事物的态度,不使得事物未被发现的丰富内容显现出来,并从中汲取营养,科学最终就会走向死亡。

早在20世纪30年代,海德格尔就已经开始关注"科学革命"的问题,探讨了当时声势日盛的科学革命。在他看来,从根本上说,各门科学领域兴起的革命都表现为科学本身基础方面的改弦易辙。"当今,在各种不同学科中都有一种倾向醒觉起来,要把研究工作移置到新基础之上。"①但是,人们在谈论各门科学的基本危机时,并没有意识到科学本身首先深陷危机之中。"今天人们在谈论科学的'基础危机'。然而,它仅仅涉及到具体科学的基本概念。它决不是科学本身的危机。科学本身在今天的进程比以往任何时候都更坚实可靠。……各门科学中的不安远远超出了科学基本概念的单纯不可靠性。人们在各门科学中感到不安,但尽管对科学作了多样的探讨仍然不能说这种不安从何而来,对何而发。"②在《论理论物理学的现代危机》一文中,爱因斯坦指出,从伽利略、牛顿的经典力学,到麦克斯韦、法拉第的电磁场理论,再到普朗克的量子理论,自然科学理论始终受到不确定性的围困,并因此而遭到怀疑,理论物理学的基础一次次被撼动,一次次陷入危机之中,这种危机是由事物本身存在的不确定性和相对性引起的。就此而言,海德格尔的思想在一定程度上和爱因斯坦是一致的。

科学出于对实在的固守,内在地趋向于掩盖实在,放弃批判和对批判的开放,不可避免地把人们从实在的多种可能性那里拉开了,很容易遭受关于实在的基本概念的危机。科学"所取得的进步却主要不靠收集实证研究的结果,把这些结果堆积到'手册'里面,而主要靠对各个领域的基本建构提出疑问,

---

① [德]海德格尔:《存在与时间》(修订译本),陈嘉映、王庆节合译,生活·读书·新知三联书店2006年版,第11页。

② [德]海德格尔:《演讲与论文集》,孙周兴译,生活·读书·新知三联书店2005年版,第62页。

这些疑问往往是以反其道而行之的方式从那种关于实质的日积月累的熟知中脱颖而出"①。进一步说,科学的真正进步在于自身研究基础的转换,即改变的不单纯是实证科学中的具体概念,关键是实证科学革命的动力即其赖以存在的基础理论变了。"真正的科学'运动'是通过修正基本概念的方式发生的,这种修正的深度不一,而且或多或少并不明见这种修正。一门科学在何种程度上能够承受其基本概念的危机,这一点规定着这门科学的水平。在科学发生这些内在危机的时候,实证探索的探问同问题所及的事质本身的关系发生动摇。"②如丁肇中和伯顿·里克特领导的研究组在 1974 年以粲夸克实现了夸克从理论构造到实验事实的革命,既伴随着对高能量事物进行研究的基本转变,又转向理论建模中作为中心问题的对称破缺。科学领域的哪些现象处于争议中、伴随着什么危机会发生变化,通过革命获得的成功让实际的结果指导关于接下来做什么的决定,使事物以新的可理解性得到敞开,但仅仅是解决了当下的危机,而内在于现代研究规划中的可能危险则会一直存在。

因为,现代科学依从某种既有的研究程序或规范所获得的成果,实际上只是各种实证材料的积累,因为在这样做的过程中,现代科学不会考虑自身研究所遵照的程序或规范合理与否,也不留意所获得的成果是否真的是存在的展现,更不重视它和生命本身的恰适。真正的知识必须探求能够显示终极的存在意义的东西,而非简单地根据需要将材料填塞于现成和固定的理论框架中。而后者恰恰是现代科学的所作所为,即使它涉及所谓的终极存在意义,也只能限于自身的理论框架内,无法真正通达。所以,从根本上看,现代科学总是受到自身"强力意志"的推动。"现代科学既不效力于一个唯它独具的目的,亦并不寻求一个'自在的真理'。作为一种对存在者的计算性的对象化之方式,

① ［德］海德格尔:《存在与时间》(修订译本),陈嘉映、王庆节合译,生活·读书·新知三联书店 2006 年版,第 11 页。
② ［德］海德格尔:《存在与时间》(修订译本),陈嘉映、王庆节合译,生活·读书·新知三联书店 2006 年版,第 11 页。

现代科学乃是一个由求意志的意志本身所设定的条件,而求意志的意志通过这个条件才保证了它的本质的统治地位。"①在这个"求意志的意志"的支配下,科学领域内部危机的摆脱不过是营造的一幅令人沉醉的虚假的表面现象。

二、自然的危机

在古希腊,自然是 physis。自然有自身隐秘的本性、性质和能力,是从自身的隐藏和庇护中到场的,自行呈现出其本身充盈的意义。如在亚里士多德的自然科学中,"自然"是一切事物所具有的内在能力,人在其面前无能为力。现代科学越过了对自然的恐惧和敬畏的藩篱,把驾驭、制伏和利用自然看作自身的基本功能和宗旨,使自然的面貌发生了巨大改变。

第一,自然被图像化。现代情境下的"自然",不过是被科学化了的自然,是科学用概念、命题、公理等理论框架或体系描画、构设出来的。胡塞尔说:"从伽利略起,立即就用理念化了的自然暗中代替前科学的直观的自然。"②科学体现了一种对自然世界的理解,但这种理解是人为的,自然的存在是被科学确定的,自然的内在构造和变化过程及其规律也是由科学规划的。经过科学的筹划,整个自然如同一幅图像似的摆置在人们面前,进而被直接把捉为图像,陷于科学所完成的确切可靠之中。换言之,科学先行勾勒出刻板、空洞的图像,然后将自然纳入其中,使得图像得到充实。如康德就认为,知性可以为自然立法,自然的法则不是其本身固有的,而是由知性赋予的。在干瘪贫血的图像化中,自然偏离了"自然的"显现,被看作是无生命的东西。

第二,自然成为可以被任意进行考察的物质。在现代科学中,多姿多彩的自然物被向着普遍而齐一的东西进行设置,成为抽象化的"物质"甚至"质点",已经没有了丝毫神秘性,可以随意宰制。现代科学是作为对自然的研究

---

① ［德］海德格尔:《路标》,孙周兴译,商务印书馆 2000 年版,第 354 页。

② ［德］胡塞尔:《欧洲科学的危机与超越论的现象学》,王炳文译,商务印书馆 2001 年版,第 65 页。

而存在的,它把物质性的自然划分为许多部分,对其进行有所切割、有所分离的观看,以不同的观察和追问方式展开对自然的分析、综合,将自然看作可以剖析、"拷问"的对象,获取关于自然事件之过程的表象,并使得一切变得清晰而且服从计算。在这里,决定性的东西在于科学对自然进行数学筹划的方式。在这个筹划中,一些持续地现成在手的东西被预先发现,人们就被导向看那些在数量上可决定的构造性的东西。这样,原本处于光亮中的自然被科学蒙上了阴影,变成了能被肆意处置的东西。数学的齐一化表现为对自然的精确研究,实质上是对自然的强力摧毁。这里的自然活动处于对象性的领域中,被置于主客关系内,受到客体化框架的限制,是通过科学的加工得到解析的,是以科学表象的面貌出现的,显然已经不是自然本身的展现,充其量不过是自然表明自身的一种方式。所以,科学在自然的存在方面误导了人们。

第三,自然被强置为持存物、能量提供者。现代科学习惯于把自然的可被支配的有用性当作"存在",当作最实在的东西,将预先安排的定向强加于作为可塑性资源的自然,将自在存在的自然降格为单纯作为材料的持存物,即可供人类现实生活取用的资源,一味地强迫和苛求其提供能量,加以榨取和贮藏,追求实际效益的最大化。于是,自然就"无保护地"遭到科学赤裸裸的算计。科学紧紧抓住自然不放,以攫取自然为目的,贪婪地向自然索取,促逼自然,要求自然尽可能地释放能量。自然成为听命者,被单一而片面地展现,被看作只是被使用和储存以备用的东西,甚至作为自然一部分的人类也被看作可利用的资源。科学向自然发出挑衅,陷入对自然进行订造的疯狂之中。而当自然被"强置"时,必然会受到遮蔽,其源始的意义也就被扭曲了。在原初的生活中,人们本来并不"强置"自然,而是与自然处于和谐、融合的关系之中,可谓"天人合一"。但现代科学的单一展现使自然受到剥削,自然被大肆掠夺和损耗而亏空,几近毁灭。也就是说,科学之持存物不停地隐秘地侵蚀着自然物,自然物已经面目全非,自然这个人类生存的家园受到环境破坏、生态毁灭、资源枯竭等灾害的挑战,并在科学持续升级和扩张的过程中不断得到强化。

在现代社会中,科学成为衡量自然界一切事物的存在是否具有价值的标准,自然的价值依赖于科学的评判、规整和设定,不断被改造,以适应科学所具有的意志和目的。"在伽利略自然科学的意义上,数学的—物理学的自然是客观的—真实的自然;这种客观的—真实的自然应该是在纯粹主观显现中显示出来的那个自然。因此很清楚,精密自然科学的自然并不是现实地体验到的自然,生活世界的自然……它是由理念化而产生的理念,被假定取代了现实直观的自然的理念。"①科学自认为这样做可以让自然变得更美好,殊不知,自然因此失去了其独立性和天然的特性,成为中性的、没有区别的、千篇一律的东西,自然所拥有的丰富多彩的内容遭到限制,自然万物的和谐遭到极大的破坏,其自身性遭到无尽的扭曲和丧失。科学不断地占有自然,加快了天然自然沦落为人工自然的步伐,给自然带来各种显性的和隐性的危险。在现代科学的暴力面前,自然遭受到无度的干涉,被无情地掠夺和抹杀了其种种形态,其丰富本质被疏离、掩盖和变形了,陷入一种非本真状态,作为一个异己的东西展现在人类面前。这种现状已经使人类丧失了存在的家而流离失所,对此,人类应该警醒,予以高度重视和认真对待,但现代人却陶醉于科学的成效,深陷其中而毫无克制。实际上,自然并不是和人类对立存在的客体,也不单纯是呆板的具有物质性和功能性的东西,它更是人类赖以生存的基础,是一个与人相统一的千姿百态的世界。

三、人性的危机

现代形成了科学万能的观念,"尽管这种'科学世界观'促进了自然科学的发展,但是它亦将我们迫入了有可能丧失自由、泯灭人性的困境之中"②。

---

① [德]胡塞尔:《欧洲科学的危机与超越论的现象学》,王炳文译,商务印书馆2001年版,第265页。

② 张志伟主编:《西方哲学史》(第2版),中国人民大学出版社2010年版,第537页。

最终,科学排除了人之生存的意义。现代科学通过打破由上帝的启示所统治的神学框架,使人脱离了彼岸世界的支配,同时又作为范准而操纵着人,这使人失去自己的本质,导致人性的丧失,人类由之而落入生存的深渊,遭遇了空前的严重威胁与生存悖论。

人类被裹挟于科学之中,失落了对自身的认知,浮躁情绪日盛而狂妄自大,自诩为是自然的主人,并为此而洋洋自得,导致自己生存的异化,原本试图把科学作为工具,却反而成为科学的工具。即作为创造和运用科学的人却受制于科学,被科学所奴役。科学已然拥有了人类无法控制的巨大力量,远远超出人的意志,人类对此却力不能支。进一步说,表面上是人在利用科学进行促逼和摆置,而事实上却是人被科学所促逼和摆置。具体而言,科学成为统治目前人类生活的主要手段,使机器的能量蒸蒸日上,人的生存则每况愈下,导致人性的空场。进一步说,在科学时代,代替地球和世界的是机械,如全球的技术化、电子业务和数字理想,使人成为机器操纵的对象,成为物质生产机器的部件,成为技术化的东西,屈从于各种科学的规则,使人性迷失其中。这样,"人就走到了悬崖的最边缘,也即走到了那个地方,在那里人本身只还被看作持存物。但正是受到如此威胁的人膨胀开来,神气活现地成为地球的主人的角色了。由此,便有一种印象蔓延开来,好像周遭一切事物的存在都只是由于它们是人的制作品。这种印象导致一种最后的惑人的假象。以此假象看,仿佛人所到之处,所照面的只还是自身而已……但实际上,今天人类恰恰无论在哪里都不再碰到自身,亦即他的本质"①。总之,在科学的绝对统治和支配下,人不能自由和全面地实现和发展自身,最终失去自己的本质,在成为主体的同时也彻底地沦为客体,沦为对象化的物,沦为持存物。

科学还以其强大的渗透性而突入人的情感、道德和价值等领域,试图使人遵从自己的法则,过一种严格精确、整齐划一的生活,由此走向对人的全面奴

---

① 孙周兴选编:《海德格尔选集》(下),上海三联书店 1996 年版,第 945 页。

役。"当哲学家们把科学理性贯彻于人类知识的所有领域的时候,不仅自由而且人本身的价值和尊严都成了问题。"①进一步说,科学思维方式将变动不居的事物看作不真实、无价值的,因而逃避生活复杂多变和动荡不安的真相,寻求简单和平静,去获取稳定的生活。爱因斯坦说过:"把人们引向艺术和科学的最强烈的动机之一,是要逃避日常生活中令人厌恶的粗俗和使人绝望的沉闷,是要摆脱人们自己反复无常的欲望的桎梏。一个修养有素的人总是渴望逃避个人生活而进入客观知觉和思维的世界……各人把世界体系及其构成作为他的感情生活的支点,以便由此找到他在个人经验的狭小范围里所不能找到的宁静和安定。"②这样,作为理论的科学就意图控制不断变化的实际生活。换言之,科学探寻绝对知识,重视非人的抽象物,忽略了具体的生命,排斥情感和与之相关联的道德、价值等问题。这表明,科学日益忽视和敌视人本身。与现代科学相一致,人类丰富多样的生命被做了简单化和齐一化的改造,被纳入到一种千篇一律的单向度、同一化之中,集置到一种平乏而单调的均匀状态之中,最终也被异化了。"存在者的千篇一律状态成为世界秩序的可靠保障,由此人也必须以一种单调的状态适应这一要求。没有制服的人不合时宜。"③于是,人的独立判断力、想象力和自由精神等都被毫不留情地斩断,呈现出人类内在精神的危机,这是人性的堕落。"精神危机也是生存危机,但危及生存的不是物质的匮乏,而是人在一切都物质化、功能化时代里安身立命之所的丧失……既然根基已被抽空,现代人只好洋洋得意漂浮在半空中,失去了面对虚无而愤然一跃以找回本真本己的力量。"④

尼采曾把科学本身的问题看作"生命的症状",看作是针对真理进行自我

---

① 张志伟主编:《西方哲学史》(第2版),中国人民大学出版社2010年版,第390页。
② 许良英、范岱年等编译:《爱因斯坦文集》第一卷,商务印书馆1976年版,第101页。
③ [德]海德格尔:《演讲与论文集》,孙周兴译,生活·读书·新知三联书店2005年版,第100页。
④ 范玉刚:《睿思与歧误——一种对海德格尔技术之思的审美解读》,中央编译出版社2005年版,第28页。

抵御的微妙方式,认为科学对生命而言是危险的、敌视的、痛苦的、可恶的、令人反感的,主张真正的科学是快乐的,是在激情中的学问,应该在和通常的科学理想相反的意义上去理解。对此,海德格尔表示认可:"快乐的科学意味着什么?……'在此,science(Wissenschaft)不是一个我们今天所发现的那种科学(在最近的世纪期间,他们假设科学在形式上有着复杂的程序)的共有名词。'……'词语 Wissenschaft(science)回荡着激情的声音'。"①这样的充满激情的科学不会考虑获得的知识,而是关注人类生命的意义,关注人类的创造力。伽达默尔指出,海德格尔通过这个思想,"激烈地抗议旧世代的世俗的文化世界,抗议工业社会对生活的一切独特形式的整平以及这种整平所使用的处理一切事情的均一化"②。

很多哲学家和科学家都有类似的思想。法兰克福学派的哲学家提出了"工具理性",认为科学技术已经由于自身的内在逻辑而走向了反面,从对人类的解放变成使人类走向崩溃的根源,以此表明自己对人类生存的担忧。阿多诺和霍克海默就曾经说过,人施加在自然之上的暴力又反过来否定人内在的自然本性。弗洛伊德学派的代表荣格指出,在后工业社会中,科学愈兴盛,人的精神就愈贫乏,乃至失去灵魂而沦为科学的奴隶。爱因斯坦指出,科学可以通过两种方式对人类的事务产生影响:一种是直接、更多的是间接生产出彻底改变人类生活的工具;另一种是通过教育而对心灵发挥作用,这种方式虽然不明显,但和前者同样深刻。胡塞尔在现代科学中看到了危机,即人类的生活失去其意义。他说:"现代人的整个世界观都由实证科学加以规定,且被实证科学所营造的'繁荣'所迷惑。……至关重要的东西被忽略了。"③其中,"至

①　Babette E. Babich, "'The Problem of Science' in Nietzsche and Heidegger", *Fordham University Digital Research*,1-1-2007.

②　[德]伽达默尔:《海德格尔后期哲学》,周伟驰译,中国现象学网,www.cnphenomenology.com。

③　Husserl,*Die Krisisder Europaeischen Wissenschatten und die Transzendentale Phaenomenologic*, Hamburg:Felix Meiner Verlag,1982,p.4.

关重要的东西"就是对人类生命的眷顾。

总之,科学从精神和现实层面双重威胁着人的生存,人性的力量被边缘化,对人的终极关怀从根本上遭到排斥。身处科学之中的人们耽溺于在物质领域设定各种价值,满足自己退堕的物质欲望,失去了精神家园,变得彻底无家可归。海德格尔主张,面对科学,人必须学会自我克制,并对存在保持谦恭,由此使人走向解放人性的最终胜利。

四、存在的危机

海德格尔认为,现代人无家可归状态在本质上缘于存在的危机,危机是遗忘了追问存在之意义。"对海德格尔而言,危机并非伦理学和认识论上的,而是存在论上的,关联于存在本身向追问敞开的某些方式的遗忘。"①所以,海德格尔把人的无家可归归结为存在的离弃,将存在的离弃进一步追究到科学的统治。"必须如此这般来思的无家可归状态,乃基于存在者之存在的被遗弃状态(Seinsverlassenheit des Seienden)。这种无家可归状态是存在之被遗弃状态的标志。"②换句话说,在当代,存在处于失真状态,是无根的,而这个危机的产生并不是偶然的,而是具有必然性,出自现代世界的精神即科学。

现代科学是人类无法摆脱的宿命,也是存在命运的表现,其危机牵涉存在本身,而核威胁等不过是存在之危机的附属物。科学在最初诞生时,非常切近于存在本身,但科学蹈袭并拓展了形而上学对存在的遗忘,似乎从开启伊始就销蚀着存在之领会的其他各种可能性。"倘若我们将在的问题在追问在本身的意义之下来考虑,那么每一位一同考虑的人都会看清楚,对形而上学来说,这样的在恰恰是隐蔽不见的,一直处于被遗忘状态中,这种情况是如此地致

---

① R. Philip Buckey, *Husserl, Heidegger and the Crisis of Philosophical Responsibility*, London: Kluwer Academic Publishers, 1992, p.194.

② [德]海德格尔:《路标》,孙周兴译,商务印书馆 2000 年版,第 399 页。

命,竟至于在的遗忘这回事本身又遭遗忘,成为鲜为人知的。"①科学的产生、发展和日益扩张造成了"存在之被遗忘"的不断加剧,竟至于连根拔除。人类已经被现代科学蒙蔽,完全看不到存在的本性了。

具体而言,科学执着于当前在场的存在者而不能越出其界限,不能投身于无限的存在整体之中。科学越是让自己转向存在者,越是要抓住存在者本身,就越是忽略了隐藏在存在者背后的、包围着存在者的东西,将存在弃置一旁,从而也就越是离弃了存在。进一步说,现代科学只重视存在者,而对存在者的存在则漠不关心;只钻研存在者,而对存在的意义则不闻不问。科学一叶障目,固执于当下的存在者,倚重于存在者的在场,并因此而误解了在场,将视野限制在存在者身上,从而使得人们对存在的看法陷入片面性之中,竟至于把存在者当成了存在本身,单一地从固定不变的存在者角度出发去看待存在。存在本身散逸于科学之外,科学又流连于存在者之中,堵塞存在论的理解,遗失了存在,使支配着现代科学的存在本身始终不能被现代科学收入眼底。因此,科学起的是掩盖存在本身的作用,它扼杀了存在本身的丰富本质,堵住了存在其他可能性的通道,从而使存在变得僵化。同时,由于科学片面地专注于当下的在场者,忽略了作为存在的更为广阔的未显现的在场者,存在的原始整体性就必然遭到分割,存在本身的完整性就被破坏。其结果是,呈现在科学的此在面前的只是看得到的存在者,而不能直接置于此在面前的存在本身则从此在那里失落了。作为万物源泉和家园的存在本身由此越来越深地处于遮蔽状态之中,越来越遭到遗忘。实质上,科学只是存在本身某个部分的片面展开,却以存在者取代存在本身,从而导致现代世界的病根即存在的遗忘。在这种生存方式中,人们只和存在者交往,而自身赖以立身的根基即存在本身则被弃置一旁。

造成现代科学遗忘存在的重要原因是现代科学的计算性思维及其解蔽。

---

① ［德］海德格尔:《形而上学导论》,熊伟、王庆节译,商务印书馆 1996 年版,第 20 页。

由于计算性思维,现代科学"仅仅束缚于对存在者的计算,并且唯一地为此而效力"①。科学的计算性思维从根本上使本真的存在发生解体,拦截了通向存在的其他道路,存在被壅闭于计算之中,不能依其所是地展现出来。计算性思维想不到:"计算的一切可计算的东西在总是由计算所算出的总数和新产品之前已经是一个整体,而这个整体的统一性归属于不可计算的东西,后者及其阴沉状态(Unheimlichkeit)是计算机关所不能掌握的。"②所以,存在本身始终不能进入现代科学的视野。科学在解蔽的同时也起着遮蔽作用,"一切存在者一向于其中显示自身的那种无蔽状态都蕴含着危险,即:人在无蔽领域那里会看错了,会误解了无蔽领域"③。"一切解蔽都归于一种庇护和遮蔽。而被遮蔽着并且始终自行遮蔽着的,乃是开放者,即神秘(Geheim-nis)。"④其中的"神秘"就是存在本身。在海德格尔看来,存在本身就具有解蔽和遮蔽的双重性,都属于存在运作的本性。被解蔽者即从存在中显现出来的东西就是当下的在场者,而被遮蔽者即未显现的东西则是隐蔽的在场者,它同样存在,其范围比当下在场者要大得多,也深刻得多。科学将一切存在物都看作可估计的、冰冷的、没有意义的持存物,导致科学视域中的一切都仅仅是镜喻中的假象。科学不再让存在显露出来,不但遮蔽了最初的解蔽方式即给予,还遮蔽了解蔽本身,遮蔽了无蔽状态即真理得以在其中发生的存在的澄明。正因为现代科学只把注意力集中在存在者身上,否定和牺牲了存在本身,存在就陷入了无边的危机之中,整个毁灭就变得明显了。

科学对存在者的执着追问和科学长久以来占据的统治地位使人们误入歧途,以对象性的一统天下造成了存在的极端危险。实际上,并不是所有的东西都能在科学上对象化,被科学所处理,特别是存在本身。从根本上说,存在是

---

① [德]海德格尔:《路标》,孙周兴译,商务印书馆2000年版,第360页。
② [德]海德格尔:《路标》,孙周兴译,商务印书馆2000年版,第360—361页。
③ 孙周兴选编:《海德格尔选集》(下),上海三联书店1996年版,第944页。
④ 孙周兴选编:《海德格尔选集》(下),上海三联书店1996年版,第943页。

所有科学都无法把捉、无法通达的源始境域。要想真正地谈论存在,就必须破除科学的蔽障,打破日常生活中以科学为引导、以对象性的存在者为目标的习惯性思维方式。用胡塞尔的话来说,就是将科学固执于其中的存在者"悬搁"起来,去本原地经验存在本身。胡塞尔也认为现代科学遗忘了最根本的东西:伽利略以来,人们彻底疏离了生活世界对科学活动的基础意义,习惯于构设理念的世界,遗忘了前理论的、和人的生存脉脉相通的生活世界。"理念的外衣使我们将只不过是方法的东西认作是真正的存在。"①总之,"实证科学是陷入世界被遗忘状态中的科学"②。但是,胡塞尔并没有触及实事本身即存在。

五、虚无主义的困境

人们习惯于将科学看作毫无疑问的善,但是,海德格尔认为,科学的迅猛发展会将物和人及其存在统统推入到虚无,导向虚无主义,一切都崩塌了。即当今是充裕和匮乏、盈溢和虚无并存的时代。通过对科学的运用,人类的物质生活资料呈现出与日俱增的态势,而潜藏在其背后的价值虚无也日益凸显,存在的意义一落千丈。在一个完全被预定的世界中,没有什么东西对于人来说是真正重要的。这是荒原的生长,而现代科学还没有停下驱使人类家园荒芜化的脚步,使其日益萧索。虚无主义在世界范围内的流行绝非偶然,它是现代科学发展的必然结果,是科学广泛而不可抵挡的糜耗力量造成的。目前的科学悲观主义思潮在一定程度上正是这一状况的表现。

一切事物都只将科学的解蔽所展现的敞开状态作为衡量自身存在的准绳,自己的独立性和尊严丧失殆尽,于是,事物本身被毁灭了。用海德格尔的话说就是:"早在原子弹爆炸之前,科学知识就已经把物之为物消灭掉了。原子弹的爆炸,只不过是对早已发生的物之消灭过程的所有粗暴证实中最粗暴

---

① ［德］胡塞尔:《欧洲科学的危机与超越论的现象学》,王炳文译,商务印书馆2001年版,第67页。

② ［德］胡塞尔:《笛卡尔式的沉思》,张廷国译,中国城市出版社2002年版,第215页。

的证实。它证实了这样一回事情,即物之为物始终是虚无的。物之物性始终被遮蔽、被遗忘了。物之本质从未达乎显露,也即从未得到表达。这就是我们所讲的对物之为物的消灭过程的意思。这种消灭是十分可怕的。"①现代科学也把人本身收入这种视域之中,将人限定为研究人员、人力物质和病例等,同样使人丧失了独立性和尊严,于是,人"死"了。科学"被当作唯一的价值与意义体系,取代了人本身与物本身的意义与价值。这等于说,人与物都成了无意义的,这是真正的虚无主义"②。现代科学在不断地破坏和毁灭着给人类生存提供支撑的大地和物种,破坏和毁灭着生命,甚至将矛头直接指向人类本身,却对此浑然不觉,还视为自己责无旁贷的任务。也就是说,科学思维方式的理解框架已经将整个世界推向了对这种强大的毁灭性力量的使用。而且,"在人们根据因果关系来描述一切存在者的地方,甚至上帝也可能对表象而言丧失了一切神圣性和崇高性,也可能丧失了它的遥远的神秘性"③。上帝也被杀死,人类所憧憬、期待和追求的终极理想也消逝而去。这就如同尼采说的那样:上帝死亡后,一切被理性主义和基督教传统当作真理的思想文化和道德观念等都陷入虚无之中。当然,尼采认为,上述只是消极的虚无主义。同时,还有积极的虚无主义,即在坍塌的废墟上重估一切价值,凸显人的深层存在,赋予人生以意义和目的。而现代科学所导致的虚无主义则要将事物本身和人本身全数掠走,使得事物和人都变为只具有能量的东西,在不断的压榨下,蓬蓬勃勃的生命变得形容枯槁。总之,一切都在科学展现中失去自己,人类却对此毫不察觉,更毫无准备,暴露出专注于科学展现的无基础性。

　　胡塞尔认为,仅仅注重事实的人是由仅仅注重事实的科学塑造的,实证科学就是如此。一些问题虽然对于人而言是举足轻重的,但由于其不能以实证

---

① ［德］海德格尔:《演讲与论文集》,孙周兴译,生活·读书·新知三联书店2005年版,第177页。
② 郭洪水:《马克思与海德格尔:科学技术思想的比较》,首都师范大学硕士学位论文,2007年,第45页。
③ 孙周兴选编:《海德格尔选集》(下),上海三联书店1996年版,第944页。

的方法去进行研究,所以就被实证科学作为超验的形而上学问题排斥在外,拒绝思考和回答。进一步说,实证科学将"纯粹客观的事实"作为终极的目标,从根本上摈弃了一切关涉人之生存的价值和意义这些被认为是主观意识的东西,而这是和人类休戚相关的。而且,这样做的不仅仅是自然科学,就连精神科学也由于追求"严格的科学性"而追随在后。导致这一状况的直接原因在于物理学的客观主义,而它没有看到,"意识生活是具有成就的生活,是成就着存在意义(正确地或错误地)的生活;意识固然是作为感性直观的生活,但更是作为科学的生活"①。由此,意识造就了科学的存在的意义。即科学从来没有认识到:"正如感性的世界,日常生活的世界,是感性的思维活动的思维对象一样,科学的世界是科学的思维活动的思维对象……整个世界本身可能是从以多种多样方式来流动着的思维活动的普遍综合中产生出来的思维对象;在更高的层次上,以此为基础建立起来的科学的思维活动之理性的成就,对于科学世界可能是决定性的。"②对以上情形的轻视是实证科学对人的生存价值和意义持冷漠态度、致使其愿意发生转移和掩盖乃至于堕入危机的根源所在。

海德格尔不同于胡塞尔,他认为依靠人的理性重建现代科学的做法是行不通的,因而将重心放在批判现代科学根基的虚无性上。科学将严肃地对待"无"的问题看作是站在了虚无主义的一边,海德格尔则认为,真正的虚无主义实质上是对存在本身的遗忘,表现为只游走于存在者之中。只有追问存在本身,并探问到存在之"无",由"无"去领会存在的意义,才能彻底克服虚无主义。在科学的支配下,不管是在物质的还是精神的领域,人们所能看到的仅仅是实在事物的聚集,而世界及其中的事物和人之存在的意义已然了无踪迹。由科学引发的虚无主义的蔓延使存在的遗忘走到了极端,所有关于价值和意

---

① 〔德〕胡塞尔:《欧洲科学的危机与超越论的现象学》,王炳文译,商务印书馆2001年版,第112页。

② 〔德〕胡塞尔:《欧洲科学的危机与超越论的现象学》,王炳文译,商务印书馆2001年版,第112页。

义的东西都没有了立足之地。而面对这一导致严重危机的问题，实证科学只是一味地拒斥和遁离，从而使人们质疑实证科学本身的价值和意义，认为实证科学根本就不能解决事物和人本身的价值和意义问题，也可能成为虚无的东西。所以，从总体上看，我们谈论现代科学的危机，并不是说其失去了科学性，而是说它由于局限于单纯的实在的存在者而缺乏对事物（自然）和人及其存在之价值和意义的关注。

第二节　科学的有限性

海德格尔认为，科学将其可能性和危险一起给予人们，所以，既不能反科学，对科学予以全盘否定，也不能坚持唯科学主义，放任科学将别的存在方式取而代之。即他不否认科学在不断地发展，在一定程度上认可科学认识使事物走向的正确性路径，也不完全认为科学已经退化为毫无意义的东西。海德格尔关于科学思考的着眼点并非积极建树，亦非简单排斥，而是昭示科学的限度，使人保持对科学所造成的危机的警醒，防止在歧途上越走越远。他试图聚焦于科学知识在精确性、正确性和力量方面获得持续发展这一可能性上的危险，削弱对科学知识增长方面的确信，分析对自然的对象性设置不能涵盖自然的丰富性这一现代科学的局限性成因，从而推翻其决定性的地位，给予其最适合的位置，将其召回并纳入使之得以可能的存在之真理的基础上，避免这种只在一定范围内合法的方式逾越自身的领域而无节制地扩张。

一、存在的展现方式

海德格尔考察了古希腊从 φύσις（自然、涌现）到 ιδέα（理念）、从 ούσία（在场）到 ὑποκείμενον（实体）的衍变，通过追溯 λόγος（逻各斯）、ἐπιστήμη（知识）、θεωρία（观审、理论）和 τέχνη（技艺）等词语的原初意义及其演化，展现了科学从源始存在中的产生过程及二者的联系。这些我们在前面已有相关探讨,不再赘述。

海德格尔认为,科学操心的仅仅是存在者,因此而丢掉了隐匿着却具有无穷意涵的存在本身,而当现代科学被审视的时候,就会将其起源和开端显现在存在中。所以,他主张将科学放到存在本身之中,通过对现实存在者整体的超越而达于存在,立足于存在整体,去探求科学这一具体存在方式的意义。在这里,超越不是从认识论层面上看的,即不是从意识到达对象的超越,这还只是面向存在者的超越。超越的基本意义越出了存在者的层面,是一种存在论上的超越,关联于存在的基本意义,是面向存在的超越,也是人对本己的生存的超越。在他看来,对存在的领悟取决于对当前存在者的超越,这样的超越不是抛弃和消除当前存在者,也不是从此一存在者转向彼一存在者,而是超越有限性,超越当前显现的东西,超越现实的诸存在者,超越到存在者所隐蔽于其中的无限性之中,也就是超越到解蔽与遮蔽的统一性的澄明之中,融身于无限的整体中去,聆听由显现与不显现相结合的无底深渊中发出的声音。存在指向一切显现的东西之外,追求隐蔽于在场事物背后的不在场的事物,这就使隐蔽的、不在场的东西与显现的、在场的东西结合在一起,相互融通。存在也是人之所以能够超越、成为本真存在的基础,在超越中,人成为一种本真的可能性,存在者在其中得到本真的理解。存在总是处于被揭示中,而揭示是人的存在方式,科学是其中之一。真正理解了现代科学只是作为这种存在的展现方式之一,就意味着科学退缩为一种非本源的存在方式。

也就是说,存在本身的展现不可能限于一种,而是形态万千、变化多端。科学站在理论立场上设置世界,并不是人揭示存在的根本的和首要的方式。"诸种科学都是人的活动,因而都包含有这种存在者(人)的存在方式……科学研究并不是人这种存在者唯一可能的存在方式,也不是它最切近的可能的存在方式。"①科学只是此在与存在发生联系的一种不完整的状态,即此在在

---

① [德]海德格尔:《存在与时间》(修订译本),陈嘉映、王庆节合译,生活·读书·新知三联书店 2006 年版,第 14 页。

生存中通过操劳对存在者之为现成物的揭示。所以,科学并不是理解存在的最高的唯一的方式,而是相反,科学体现了对存在的一种理解,只是存在的一种方式,是从存在之让中衍生出来并被凝固化了的形态。或者说,科学不是存在之解蔽的唯一方式,而只是解蔽的一种特殊方式,它不可能揭示任何一个存在者的所有存在,不管是哪一门科学,都只能将某个存在者的某个方面展现出来。对存在者本身来说,它并非必须作为对象才能存在,即使没有被科学对象化,它也可以成为其本身所是的东西。其实,现代科学对存在的解蔽是一种遮蔽住的解蔽。科学总是对存在进行着一定程度的解蔽,然而,如果科学的解蔽被视为无与伦比的方式,就会走向其反面,排斥并屏蔽一切其他的解蔽方式,从而转化为无尽的遮蔽。现代科学对存在的解蔽更是一种极端偏狭和片面的方式,即它仅仅使存在展现为持存物,与之相应,人则被展现为持存物的订造者,甚至也仅仅作为持存物而存在。

科学是从对它所遇到的作为存在者的实在之存在的先行理解中产生出来的。这样的理解包括对实在内含什么、如何用揭示的方式通达它们、如何在处理它们方面视为获得了成功这些实际的掌握。这样的科学并非揭示存在的源始方式,不能和存在的真理相等同。科学中虽然包含着真理,但绝不能在科学和绝对真理之间画等号,因为达到真理的方式绝非仅仅科学一种。海德格尔指出:"科学绝不是真理的原始发生,它不过是在向来已经敞开了的真理领域中的一种建设,并且是以把握与论证在这一领域中显现为可能的与必然的正确之物去建设的。"①伽达默尔指出:"科学所表达的真理就其本身而言,其实是对世界的一种态度,绝不能要求其全面。"②特里斯·格莱兹布鲁克在她的著作《海德格尔的科学哲学》中说:"科学并非真理源始的发生,而始终不过是对已经敞开的真理领域的垦植,特别是通过解释并证实那些将自身展现为可

---

① Heidegger, *Holzwege*, Frankfurt am Main: Vittorio Klostermann Auflage, 1957, pp.49-50.

② Gadamer, *Wahrheit und Method*, Tübingen: J.C.B.Mohr (Paul Siebeck), 1975, p.425.

能正确的领域或者必然正确的'真理'的垦植。"①巴雷特说:"海德格尔的重大主张是,真理并不主要是处于理智之中,恰恰相反,事实上理智的真理是更为基本意义上的真理所派生出来的。"②所以,科学不是展现存在者的原初方式,其源头在于敞开的存在之真理境域。只有认识到科学只是从存在中滋生而来的众多样式之一,抵制并冲决科学被视为唯一真理的妄语,追问存在本身的真理,才能使科学准确无误地把握自身的边界,将自身限制在一定范围内。进一步说,作为一种存在方式,科学的研究活动本身并不是虚假的,科学对一般性真理的探索本身也不是什么过错,然而,科学却总是将自己的存在方式绝对化,以一概全,这就必然会歪曲存在本身。随着科学的思维方式、方法、理论和效能等各方面成果的普及,这种歪曲被增强并得到巩固。对此,人们需要引起警觉并加以提防。虽然存在总是以存在者的形式展现出来,从而使对存在的认识首先表现为科学,但是,科学绝不是存在唯一的展现方式,更不是存在真正的展现方式。所以,必须反对把科学及其相关方面绝对化,回溯到科学的源泉——存在本身。

海德格尔认为:"科学乃是一切存在之物借以向我们呈现(dar-stellen)出来的一种方式,而且是一种决定性的方式。"③这确是科学在现代所处的位置。科学向存在全力进发,要揭开所有的遮蔽,使一切存在者都由科学对象化,都在科学展现这一方式中向人们表明其自身。同时,海德格尔更坚持的是,科学并非存在展现自身的唯一方式。不管现代科学所筹划的对象领域何等包罗万象,也依然非常有限,因为存在的对象状态不过是存在由以展现自身的一种方式,而对象状态本身甚而会止步于自己的表象,使之不能去穷尽存在的无限的

① Trish Glazebrook, *Heidegger's Philosophy of Science*, New York: Fordham University Press, 2000, introduction p.5.
② [美]威廉·巴雷特:《非理性的人》,商务印书馆1995年版,第212页。
③ [德]海德格尔:《演讲与论文集》,孙周兴译,生活·读书·新知三联书店2005年版,第39页。

本质。存在在其对象状态中始终只有一种展现方式,但存在本身展现的方式是各式各样的,存在虽然能够以对象化的方式展现,却不一定必须以这一方式展现。也就是说,除了科学的方式,存在还可以以另外的方式展现出来,而在对象化中,存在所隐含的丰富内容不可能完全展现出来。现代科学绝不能涵盖存在本身的丰富的展现,存在并非仅仅以这种方式展现自身,它本性深广,绝不是科学的对象化所能够全部囊括的。现代科学仅仅固守在关于对象状态的摆置性认识中,结果就是压制和消除了存在以别的方式展现自身的可能性。也就是说,现代科学将自己局限在片面的对象性中,禁绝于其他展现之外,这就决定了它即使用尽浑身解数,也永远不能穷尽存在的一切敞开状态。现代科学已经历经几个世纪,却始终无法跨越对象性的框架,始终无法对存在本身予以把握。

另外,在不同的历史时期、地域和境况中,人们会对存在作出不同的说明和解释。而且,即使是同样的存在者,其存在意义也处于变化中,与之相应,人们的认识也会变化。亚里士多德和伽利略、牛顿关于事物的存在有不同的见解,因而产生了两种风格迥异的物理学;中医与西医从不同的视域去理解人体的构造和生命的意义,二者的医学理论也有天渊之别。总之,科学不能被视为一种绝对的、放之四海而皆准的知识体系和认识活动,而必须将其置于广阔而深远的存在之中,把它看作存在的一种现象。由此,才能使科学摆正自己的位置。

综上所述,科学不是万能的,它无法超越自身所筹划的世界,也无法超越在自身世界中所意向的实在的存在者,只能在这样范围内展开研究。科学不可能展现存在的本真意义,也不可能阐明人的生存意义,为人提供安身立命的保证和根基。由于科学在存在论—生存论上力不能胜,因此,不能以单一的科学思维方式看待存在和人的生存。只有认识到科学的运作机制是存在的一种展现,通过一种更切近的方式使科学重新回归存在本身,才能使人不至于在科学的禁锢下迷失方向,与存在和生存的本真境界游离得越来越远。

二、不可回避之物

由于人对现代科学的起源认识不足,而且似乎包含着不可限量的能力,于是被神化而奉为圭臬。实际上,科学不仅不是万能的,在根本上甚至是无能的,有一种完全不同于人的求知本性的东西支配着科学,因而不能将科学当作偶像顶礼膜拜。具体而言,作为对自然的有限认识,作为对自然的订造,科学不是自足的。相反,自然作为从自身显现的在场者,是允诺科学以可能性的东西,它统治着科学的对置性,盛行于一切科学中而起支配作用,是科学理论永远不可回避之物。这包含着两层意义,即科学不能摆脱自然,"因为理论决不能绕过在场者,而是始终依赖于在场者的"①,对自然的对象化始终依赖在场的自然;而且,绝对不会允许科学的表象去改变自然的本质丰富性。

不可回避的到场者及其自身到场时时刻刻都在奠基着现代科学本身,所有的实在之物中都内含着不可回避之物。换言之,这个不可回避之物始终都是科学理论的基础,"在根本上主宰着实在的对象状态,主宰着在对象状态中把握实在的科学理论,主宰着科学自身的本质"②。但现代的科学却总是对这种在其自身中占据着关键地位的不可回避之物熟视无睹、置若罔闻,这种不可回避之物随之也就形终影灭了。因为这种起主宰作用的不可回避之物是始终藏匿于科学本身深处的"他者",在科学中是不可显现的。这种不可显现性指的是不可回避之物处于毫不显眼的位置,非常容易被科学忽略,而其本身极具遮蔽性,在根本上也不会彻底显现出来,未能引起科学的关注。被科学收入眼帘的是作为"有"的存在者,而不可回避之物则是"无",自然是不可见的。而且,现代科学禁止不可计算的自然本身进入其视野。"一切计算都是让可计

---

① [德]海德格尔:《演讲与论文集》,孙周兴译,生活·读书·新知三联书店2005年版,第57页。
② 李章印:《科学的本质与追思——海德格尔的历史性分析》,《哲学研究》2005年第8期。

数的东西在已被计数的东西中出现……计算不让不同于可计数的东西出现。"①如在现代物理学中,基本的质点消失了,被一连串数学公式所取代。由于科学沉迷于一般的观念,所以,就会隐藏某种与众不同的东西,而这种东西表明的正是支配着一切科学却对科学隐藏起来的事态,它恰恰有待于科学去了解。不明显的不可回避之物掩身于科学中,并支配着科学对象性的思维方式,科学的本质便出自这不明显的不可回避之物中,如同河流出自它的源泉中。而它对科学来说却具有不可接近性,科学是不可能在自身中发现和把握不可回避之物的。指明被科学所忽略的不可回避之物,能够使人们转而深思并追问现代科学本质的发源地,避免因为不可回避之物的非直观性而否认其在科学理论中所起的作用,避免陷入无知的泥淖中。

"一旦我们在某个科学中看见这个不可回避的东西,并且哪怕只是对之作了大体的思考,我们就不难在其他任何一门科学中看到它了。"②这就是说,一切学科都有自己的不可回避之物,都依赖于其不可回避之物。如生生不息的自然本身是自然科学的不可回避之物,生存着的此在是精神病学的不可回避之物,演历着的历史本身是历史学的不可回避之物,显现着的语言本身是语言学的不可回避之物。生物学研究的病毒、现代物理学所研究的基本粒子是具有非直观性质的在场者,它们的显示性是借助于间接的技术中介途径来通达的,但是这些肉眼无法直观的在场者却仍然是其所在专门科学理论不可回避的东西。③ 从理论形式上看,现代量子物理学和经典物理学迥然不同,爱因斯坦指出,量子系统的单个测量中存在着不可精确预期性和随机性,具有统计学的特征;牛顿则认为,自然中的一切都是精确的,具有明确性和可预测性特

---

① [德]海德格尔:《路标》,孙周兴译,商务印书馆 2000 年版,第 360 页。
② [德]海德格尔:《演讲与论文集》,孙周兴译,生活·读书·新知三联书店 2005 年版,第58—59 页。
③ 参见王刚:《前科学、科学及数学因素——浅析海德格尔对科学的追问和沉思》,山东大学硕士学位论文,2007 年。

征。但不管是经典物理学,还是现代量子物理学,它们的对象都是在场的自然,都是物质的一般状况。所以,物理学的研究始终没有离开在场的自然,始终有不可回避之物在其中发挥作用,否则,物理学的研究就无法开展。

进一步说,现代科学作为此在在世的一种操劳活动,是现代此在的一种生存方式,内含着此在生存的主体性因素,然而,从根本上说,现代科学并非由此在所决定,并非纯粹出于作为主体的此在的建构,而是源于不可回避之物,由不可回避之物支配,是由在场者的特殊在场所必然给予的。"贯穿并且支配着科学(即关于现实的理论)之本质的事态,乃是始终被忽视的、不可接近的无可回避之物。"①"它借对置性显示给我们,而实在就把自身展现入这种对置性中,理论就通过这种对置性来追踪对象,从而为表象确保这些在具体科学的对象领域中的对象及其联系。这个毫不显眼的事态贯通并支配着对置性,无论是实在的现实性还是关于实在的理论,都回响于这种对置性,因而甚至近代—现代科学的整个本质也在这种对置性中回响。"②

对科学来说,自然始终是在对置性之内展现自身的不可回避之物,科学把自然设置在持存物中,实在就产生于这种对置性中,然而,科学永远不能通过对置性去改变自然的丰富本质。从表面上看,现代科学不会简单地围绕着自然打转,它会采取各种实验手段去使自然展现自身,如让不可见的基本粒子显现在人的感官中,但实际上,也仍然是在追踪本身就在场的自然。自然的对置性虽然是在加工规定中被展现出来的,但是,自然本身绝不限于对置性。即使现代科学将自然作为被主体设置的领域去看待,自然也始终是自身涌现而在场的。"原子对一种感性直观展现自身,尽管这种基本粒子的自行显示是通过一种非常间接的、在技术上具有多样中介的途径来实现的(试想一下用于

---

① [德]海德格尔:《演讲与论文集》,孙周兴译,生活·读书·新知三联书店 2005 年版,第63 页。

② [德]海德格尔:《演讲与论文集》,孙周兴译,生活·读书·新知三联书店 2005 年版,第63—64 页,有改动。

确定介子的威尔逊云室、盖革计数器、气泡室）……物理学能够根据物质与能量的同一性来表象自然最普遍的一般规律性，虽然这种在物理学上被表象的东西就是自然本身，但肯定只是作为对象领域的自然，后者的对置性只是提供物理学的加工而得到规定的，并且在其中特地被建造起来。对于现代自然科学来说，自然在其对置性中只是一种方式，即在场者……敞开自身并且把自身投给科学加工的方式……所以，对于物理科学来说，自然始终是不可回避的东西。"①现代科学活动的力量不管多么强大，也不可能超出由自身涌现而在场的自然。所以，现代科学绝不可能决定自然的自身涌现。情形倒是，现代科学的对置性方式源于匿迹于科学中而又支配着科学的自然，这个不起眼的、被现代科学所忽略的东西，却先行于现代科学并把现代科学置于自己之中，规定着科学的本质、生发及走向。

海德格尔认为，现代科学的对置性只能不断指向自然，不可能对自然有真正的认识，所以，现代科学也就不可能真正明了不可回避之物。即使是作为整体的科学，也永远不能透彻而全面地揭示不可回避之物。其原因并不在于个别科学处于发展和完善之中，只能逐渐去接近不可回避之物，而是在于从根本上说，科学的对置性并非不可回避之物显现自身的唯一或全部方式，而只是其中的方式之一。他说："各门科学的这种无能并不是因为：它们的追踪性确保是永无止境的，而倒是因为：自然、人类、历史、语言向来进入其中而展现自身的那种对置性本身，原则上始终只是一种在场方式而已，而上述在场者虽然可能以此方式显现出来，但从来就未必一定以此方式表现出来。"②现代科学的对置性使它只能看到自然的持存，既阻碍了自己去获取自然的本质，也不能让自然的本质自行显现出来。"那个贯穿并支配着各门科学、因而使其本质变

---

① [德]海德格尔：《演讲与论文集》，孙周兴译，生活·读书·新知三联书店 2005 年版，第 57 页。

② [德]海德格尔：《演讲与论文集》，孙周兴译，生活·读书·新知三联书店 2005 年版，第 60 页。

得神秘莫测的不可接近的无可回避之物,其范围要广大得多。"①"即使物理学的对象领域本身是统一的和自成一体的,这种对置性也永远不可能包容自然的本质丰富性。"②"科学的表象从它自身决不能够决定:自然是否通过其对置性更多地隐匿自身,而不是它隐蔽的本质丰富性显现出来。科学甚至连这个问题都提不出来;因为作为理论,科学已经把自身固定于在受对置性所界定的领域上了。"③"科学的表象永远无法改变自然的本质,因为自然的对置性从一开始就仅仅是一种自然表明自己的方式。"④"科学理论永远都不可能穷尽自然,自然相对于科学研究而言,具有独立性。自然总是逗留在人们附近,通过很多别的方式去展示自己。"⑤不管科学的研究怎样繁杂多样,不管科学的考察多么尽心竭力,不管科学的分工如何细小周密,不管边缘学科和跨学科何等纵横交叉,对问题分析得多么深广,也仍旧依附于自然的丰富本质,无法显现出这种在科学以外的不可回避之物。

三、科学的合法性

现代科学总是在为人们处理问题提供着各种知识和方法,日益以其非凡的成效印证着自己的"合法性",被看作是普遍的真理。逻辑实证主义批判传统对绝对的知识和真理的理想追求,试图用绝对精确而可靠的科学语言去描述知识,将一切知识都建立在统一的、可靠的科学基础之上,建立永恒的、中立

---

① ［德］海德格尔:《演讲与论文集》,孙周兴译,生活·读书·新知三联书店 2005 年版,第62页。

② ［德］海德格尔:《演讲与论文集》,孙周兴译,生活·读书·新知三联书店 2005 年版,第57页。

③ ［德］海德格尔:《演讲与论文集》,孙周兴译,生活·读书·新知三联书店 2005 年版,第58页。

④ ［德］海德格尔:《演讲与论文集》,孙周兴译,生活·读书·新知三联书店 2005 年版,第58页。

⑤ Joseph J., *Kockelmans*: *Heidegger and Science*, Washington, D. C.: Center for Advanced Research in Phenomenology, 1985, p.170.

的方法论构架,实现科学的统一。那么,科学果真是普遍有效的吗? 随着科学所导致问题的出现,人们不再对科学的合理性予以辩护,转而对其进行反思和无情的批判与反思。

科学绝非决定一切的知识,也不能把握绝对的、无条件的知识。康德认为,科学认识只能存在于现象世界,即科学所能认识的只有现象,而达不到自在之物即物自体,因为关于事物的认识并非事物本身,而不过是事物显现在人的先验意识中的样子,离不开人的先天认识能力,受到先天认识能力的限制。而且,康德强调,把人和动物区别开来的是道德而非科学,道德而非科学才是人的目的。尼采曾经就康德对科学的限制作出评价:"一些天性广瀚伟大的人物殚精竭虑地试图运用科学自身的工具,来说明认识的界限和条件性,从而坚决否认科学普遍有效性和充当普遍目的的要求。由于这种证明,那种自命凭借因果律便能穷尽事物至深本质的看法才第一次被看做一种妄想。康德和叔本华的非凡勇气和智慧取得了最艰难的胜利,战胜了隐蔽在逻辑本质中、作为现代文化之根基的乐观主义。"①按照尼采的观点,这是对科学偶像的毁灭性打击。然而,科学却总是要僭越自身的界限。胡塞尔认为,作为现代科学前提和基础的笛卡尔理性主义哲学,由于包含着如普遍性的过分重视、人性的完全泯灭等严重缺陷,一直遭到部分哲学家的怀疑和批判,及至被实证主义抛掉,由此,科学合理性的基础处于风雨飘摇之中。科学家无意于如何论证科学的合理性及其来源,一味地将已有的知识和方法系统作为自身研究活动的指南,力求科学地理解前人的理论,进而着力于反思、专研和论证某一问题。即使他知道这一问题具有偶然性,是在一定历史条件下产生的,会因时过境迁而失去意义,却仍然会为之辩护。在他看来,真正的科学应该勇于公开怀疑生活世界中存在的不尽如人意的事物,并进行有步骤、成体系的工作,去证明其怀疑的合理性。

---

① [德]尼采:《尼采美学文选》,周国平,译,作家出版社 2012 年版,第 62—63 页。

　　海德格尔也质疑现代人广泛追求的科学生存方式的合法性,重新审视科学的界限。在他看来,科学有自身的局限性,并非一切问题都能通过科学的方式加以解决。科学坚持"求真",倾尽全力去觅索所谓的"真",但最终寻找到的却不是"真"。这么说的原因在于,科学是暂且确立而尚未被推翻的知识,受时间性和空间性等条件的约束,其中的很多内容都会由于新的发现而遭到淘汰,即使是原来被看作绝对正确、颠扑不破的知识,也会在发展中被厘改,甚至被完全否定而丢置。具体而言,科学有自己的范围和界限,在其中,科学是有效而合法的,但只要越出一步,仍把科学视为绝对的和不容置疑的东西就成了虚妄不实的谬论。科学不可能具有部分人坚持的那种无条件的绝对合法性。海德格尔认为,不仅是哲学家,科学家也明白,并非任何一种科学理论都是完全正确的。不管是经典物理学还是量子物理学,无论是线性代数还是非线性代数,它们的正确性都是有条件的,其合法性只存在于一定的范围内。不管是哪一门具体的科学,都是在自己的对象领域内展开研究活动的,而很多东西根本就不会成为它的对象。即使在这有限的领域内,科学的认识能力也是有限的,而其认知所能达到的深度和广度也会受到各种限制,需要科学不断修正自己,但这也改变不了其最终被超越和抛弃的命运。所以,科学罢黜百家、力求一家独大的结果只能使科学最终变成教条。

　　科学的证实和证伪也是有限的,没有一门科学能够确立科学本身的意义和有效性,因为科学与现实、物理世界及逻辑都没有必然的符合一致。"有越来越多的证据表明,科学只是一种假设,一种高度可错的猜测,不可能有绝对的证据在不同的假说之间作出决定性的裁决。"①所以,将科学的真理无限化是根本不能成立的。20世纪中期以来,很多科学哲学家对科学的标准、划界以及发展和进步的模式等加以探讨。沃克的观点是,"不就关于'实在'的模式提出观点,准则只有一个,即,按照最简单、便利和令人满意的模式得出成功

---

　　①　吴炜:《海德格尔的科学诠释学思想》,《科学·经济·社会》2007年第1期。

的判断"①,库恩认为,范式是科学共同体的心理信念,没有真假之分或真理性可言,"科学家并没有发现自然的真理,也没有愈来愈接近于真理"②。范·弗拉森则指出,好的理论不一定为真,科学的证实只是限于经验在内,不能说明经验之外的问题。劳丹也认为,理论的成功取决于它的有效性,但不一定具有真理性。"在判断某个理论能否解决特殊的经验问题时,人们无需、科学家也通常不考虑其真或假。"③"传统的科学哲学家有一种偏见,即,认为科学方法是生成非常可能的、甚或更逼近真理的有效工具。然而很可悲,他们失败了。"④夏皮尔认为,科学只能拥有获得知识和达到真理的可能性,却不能保证一定达到,克里普克和普特南主张科学一定会发现真理的观点太死板和教条,断然肯定科学一定能够达到真理的实在论是预设主义的实在论,不是科学实在论。他们对科学持如此观点的原因在于,科学的标准也不是一成不变的,以往的绝对科学观不但在理论上站不住脚,而且在事实上也有偏差,已经被科学史等证明是科学一贯存有的偏见,从根本上动摇了绝对主义的科学观。所以,传统观点所执念的绝对化的科学真理是完全行不通的。随着人们对科学本身了解的深化,越来越多的人不再盲目地崇拜和追随科学,更多地从"成效"而非"真"方面去看待科学。

科学本身甚至也无法获知自己是否把握了自然本身。自然具有从自身中产生出来的东西的内在的多义性,现代科学对其进行改造,使其非情境化,将其更清晰地带到人们面前,可以帮助人们看清现代的样貌和方向。但科学不能理解自然本身,这不是因为科学不够聪明而做不到这一点,而是因为科学无

---

① Masrhall Walker, *The Nature of Scientific Thoughts*, New Jersey: Englewoods Cliffs, 1963, p.5.

② Thomas S. Kuhn, *The Structure of Scientific Revolution*, Chicago: University of Chicago Press, 1970, p.150.

③ Larry Laudan, *Progress and Its Problem: Toward a Theory of Scientific Growth*, Berkley: University of Berkley Press, 1977, p.24.

④ Larry Laudan, *Progress and Its Problem: Toward a Theory of Scientific Growth*, Berkley: University of Berkley Press, 1977, p.223.

能于问关于自然的问题,更无能于从自身的基础提出关于科学的问题。即科学对自然本身的把握是以对自身本质的把握为前提的,然而,科学是没有能力把握自身的,因为科学本身不能成为科学研究的对象。科学永远都不可能具有表象、探讨自身的能力,无能就自身言说什么,无法告诉人们到底科学是什么甚至做什么。"科学不能借助于它的理论、并且通过理论的办法在任何时候都把自身表象为科学。科学一直没有做到以科学的方式探讨它自己的本质。"①如化学本身不能经由试管研究出来,医学本身不能凭借 CT 显现出来,数学也不能根据数学的运算和公式加以展示。"物理学之为物理学不能对物理学作出陈述。物理学的一切陈述都是以物理学的方式来说话的。物理学本身决不是物理实验的可能对象。语文学的情形亦然。作为语言和文学的理论,语文学决不是语文学观察的一个可能对象。我们这个说法所说适合于每一门科学。"②总之,所有的科学都无法实现对自身存在的探查。这就造成现代科学的基础危机。"如果科学一直没有做到以科学的方式探讨它自己的本质,那么,科学就更不能达到那个在其本质中起支配作用的无可回避之物了。"③"科学思维的退化,特别是在大众科学这种形式中的科学思维的退化,其原因始终在于对一门科学活动和能够活动于其中的那个层面的无知,同时也就是在于对一切本质性的沉思及其论证所要求的那个独一无二的东西的无知。"④

　　科学在"求善"和"求美"上也是束手无策,一筹莫展。如在道德、价值、情感和审美等很多问题上,用科学的理论和方法等是得不到解决的。世界是多

---

　　①　[德]海德格尔:《演讲与论文集》,孙周兴译,生活·读书·新知三联书店 2005 年版,第61 页。

　　②　[德]海德格尔:《演讲与论文集》,孙周兴译,生活·读书·新知三联书店 2005 年版,第61 页。

　　③　[德]海德格尔:《演讲与论文集》,孙周兴译,生活·读书·新知三联书店 2005 年版,第61 页。

　　④　[德]海德格尔:《尼采》(上卷),孙周兴译,商务印书馆 2003 年版,第 512—513 页。

方面、多层次的,人们应该用丰富多样的方式去加以理解和认识。事实上,在科学之外,还有很多独具特色的认识,应该为这些认识正名,避免单一的认识结构。这样做的目的并非全盘否定科学,而是要看到科学的不足,改变其一枝独放的局面,为其他形式的认识争取位置,以实现百家齐鸣。另外,通过深刻理解科学认识的合法性范围,可以使人们的视野更开阔,去放眼于各方,不以现代科学去破坏无处不在的、比现实事物更高的可能事物。反之,当人们仅仅将科学当作唯一可靠的知识时,就只会根据实在性去看待事物,永远无法触及自然本身及关于它们的天然领会,不能使对自然的算计退回到自然的天然性中。

当然,我们也要看到,纵然科学有其局限性,也不能无视其积极意义。如果一味地摈弃科学,和独尊科学的后果是一样的,只会使人类难逃厄运。和科学保持适度的距离,而不是将科学甩脱,才能从存在和人的生存整体出发去审视科学,即进入科学的存在和生存情境中,让科学从这种情境本身显现出来。科学遗传了此在固有的时间性、历史性和有限性,只能在一定的情境中得到理解。如果将科学看作一个孤立的东西,而不置于特殊的情境中,就永远都不能洞见到科学的限度。

四、庞大之物

作为对置性认识的现代科学以其绝对的、无限的形态在现代出场后,马上就展现出强悍的力量,凭借计算性思维和追踪强求式的榨取,迅猛而普遍地规定和塑造着万物。在海德格尔看来,现代科学的这种巨大作用是现代的基本事件,是一种"庞大之物"。这个庞大之物是科学对自然进行不断谋划而产生的结果,它对自然展开了疯狂的计算,已经达到了极点,以致走向了其反面,即计算本身变成了不可计算的东西。庞大之物并不表现为在量上的无限伸展,而是由量转化为特殊的质的本性,其大是无可比拟的,以至于无法加以测量。即原本可以被不断计算的量,在现代却成为特有的不可计算的质。"庞大之物乃是那种东西,通过这种东西,量变为一种特殊的质,并且因此而成为一种明显的巨大。每个历史时代同其他时代相比,不仅仅在明显的方式上有不同的巨大,而且在历史的每一瞬间,也总是有它自己的关于巨大的概念。但一旦在计划、计算、设立和保证过程中的庞然大物从量突变为某种特有的质,那么,庞大之物和表面上看来总是完全能得到计算的东西,恰恰因此成为不可计算的东西。后者始终是一种不可见的阴影;当人成了主体而世界成了图像之际,这种阴影总是笼罩着万物。"①

　　庞大之物极具伪装性,"到处并且以最不相同的形态和乔装显现出来"②,充斥于各个领域、各个地方,它以隐蔽的形式示人,表面上恰似庞大之物的消失,如无线电和飞机缩小了遥远的时间和空间大距离。而且,庞大之物还表现在越来越细微的东西中,如微观世界的原子、量子等微粒。所以,庞大之物分布于一切事物之中,笼罩着整个世界。由于人们看不到隐匿着的庞大之物,尚沉湎于科学之中而无法自拔,认为自己可以控制这一庞大之物,试图通过"合理的"使用和调节而预防其破坏性,使其最大限度地服务于人类,却不知不觉地走向迷失。

　　庞大之物并非出于人之所为,而是人类自身不可阻挡和控制的巨大力量。它如影随形,人的意志或委员会的决议都无法撤销和驱除这个阴影。然而,阴影并非是光的消失或缺乏,而是光本身隐没不见,这正是猫头鹰起飞的时候,沉思在潜滋暗长。沉思需要人撇开对事物的表象,放下以计算性思维去筹划事物的方式,去留意那些现代科学拒绝认识的不可计算和尚未展现出来的东西,走向真正值得追问的东西,即存在本身。

第三节　思和诗对科学的超越

　　按照海德格尔的观点,在危险中,同时生长着转折与拯救的因素,它使人

---

① 　[德]海德格尔:《林中路》,孙周兴译,上海世纪出版集团 2008 年版,第 83 页。
② 　[德]海德格尔:《林中路》,孙周兴译,上海世纪出版集团 2008 年版,第 83 页。

踏上克服和超越科学的道路。由于对存在的认识为形而上学奠基,形而上学又为科学奠基,而前者的改易必然导致后者的深刻变革,所以,要克服现代科学,归根结底要改变看待存在的方式。海德格尔把最切近于人的存在之自身澄明看作从危险中获救的力量,这种力量会在拆除旧的基础的同时,建立新的基础,并在其上以新的方式进行筑造,使科学恢复对存在的真理的敞开。即如何化解和拯救科学所导致的多重危机,这是由存在的自我展现决定的,发生于存在从消隐转向澄明的过程中。所以,危机的根源不在科学本身,而在生成科学的存在。为了给现代人的生存重新植根,消解科学造成的弊病,海德格尔针对性地开出了治疗科学的药方——思与诗。思与诗不是对已经被表象出来的存在者的把握,也不是用来描绘眼前之物的工具。通过思与诗,可以寻找一个能与现代困境保持距离的地方,彻底打破把世界对象化、图像化的方式,以新的方式关注事物,踏上审美解放的道路,重新展现真实的世界,使人与存在的亲密关系得以恢复,达到诗意的栖居。由此,不仅可以超越科学,还能超越为科学奠基的形而上学,因为这种超越不是面向存在者的超越,即从现实的、在场的存在者超越到抽象的永恒在场中去,或立足认识论的从意识到达对象的超越,而是以存在为出发点,从当前在场的东西超越到其背后未出场的存在,直指思诗同源的原初状态。在科学化的时代,人已经在整体上被科学化,对非科学的方式特别生疏甚至遗忘了。只有解构科学的认识,由此觅得其他的存在可能性,把人们指引到本真的生存之中,才能真正超越科学。

一、思对科学之无思的审视

海德格尔认为,自柏拉图以来,伴随着形而上学的繁荣及科学的兴旺,在发端处的真正的思想却逐渐凋零和萎谢。人们将思想和意志、情感和欲望等一起作为人类灵魂的构成因素之一,即理性思维,并为其设立规则和形式,根据对思想所作的技术的解释理解和评判思想,使其成为逻辑。"直到我们的时代,思想承担的沉思的名字是'逻辑'(logic)……现在逻辑显示为思想的教条……对当代思想而言,逻辑已然更多变为逻辑的,由此,它已经被给予修改后的名字'逻辑斯蒂'(logistic)……在技术时代,这出现在机器的形式中。电脑被设定在商业和工业、科学研究院和政治机构中心中运用,我们确信不能视之为仅仅是雇佣来进行更多更快的计算装置而已。该思想—机器在它自身已然更多是思想置换为一思考方式的结果,仅作为这种计算的思考方式,唤起一进入这些机器的机器装置的转化。"①与此相应,科学仅仅要求可敞开的存在者的无可置疑性,要求获得关于存在者的绝对把握,并且把任何一种更进一步的质疑式的追问和思考看作是对健全的人类理智的攻击,看作健全的人类理智的不幸迷惑。"这种思想的运用遇到的最大阻力是规定物的物性……朴实无华的物最顽强地躲避思想。"②人把思想的追问始终看作是对第一性的终极根据的寻求,存在却不知不觉地被忽略了,所以,通过这种思想,人不能通达那是其所是的东西,不能经验到存在的敞开状态本身。科学越往前推进,思想就越向后敛退。"科学昌盛了,思想却没落了。"③

这一事态在科学中的表现是:"科学并不思。科学不思是因为它的活动方式及其手段规定了它不能思,亦即不能以思想家的方式去思。"④科学似乎最有资格被称为思想,因为科学中有广泛、众多和深入的探讨和筹谋,对它的研究总是让人费尽心思,但这不过是计算性思维。科学对人的思维进行限定和促逼,"只剩下计算性思维作为唯一的思维还适用和得到运用……与计算性的规划和发明的最高的、最富有成效的敏感和对深思的冷漠状态结伴而来的,将会是总体的无思想状态。然后呢?人将否定和抛弃他的最本己的东西,即他是一个深思的生命本质"⑤。科学任凭计算性思维统治,对思轻慢而疏弃,思处于缺位状态。所以,尽管科学也依赖思想,却离思想最远,和思想毫无

① 张高宇:《从系统科学的视角论海德格尔的技术思想》,《系统科学学报》2019 年第 1 期。
② [德]海德格尔:《诗·语言·思》,彭富春译,文化艺术出版社 1991 年版,第 33 页。
③ Heidegger, David Farrell Krell (eds), *Basic Writings*, New York: Harper & Row, 1977, p.232.
④ 孙周兴选编:《海德格尔选集》(下),上海三联书店 1996 年版,第 1209 页。
⑤ 孙周兴选编:《海德格尔选集》(下),上海三联书店 1996 年版,第 1241 页。

干系。科学严格遵守并依照自身的规律进行活动,不会自我怀疑,即使科学革命也仅限于科学的内部,反而强化了科学本身的自我保护。无思和计算性思维处于共谋状态,协同发展了一种科学知识,既达不到存在者的本质领域,又向存在关闭而使其一直处于无根状态,却又制造着各种思的假象,从而加深了无思状态。这一恶性循环道出了全球的灾难,是现代最高的危险。如果继续听任其发展和操纵,不让思去抗衡计算性思维,必将导致人毫无防备,最终走向沉没。为此,海德格尔寻求于思而超越,认为当务之急是唤醒沉睡的思,使其保持活力,开启制动科学疯狂进程的力量。

思审视科学研究实在的可能性条件,但不会因此追求科学知识,它是对科学的超越,是存在的开启方式。由于存在不能作为对象,使存在呈现出来的思也是完全非对象性的。这种思要求人冲破科学的对象化思维方式的桎梏,消解主体性,它不依赖于人的活动,而是缘于存在,指向的不是存在者,而是存在本身,是存在的澄明。这样的思是源始性的,处在超越于科学真理之外的领域之中,"面向实事本身",以科学不能达到的深度和广度思量存在,领会事物之处于人的功利目的外的自在本性。思不同于科学所具有的现实有效性,它面向未来,是期待性的,致力于可能性的召唤。海德格尔说:"我们所思的是这样一种可能性:眼下刚刚发端的世界文明终有一天会克服那种作为人类之世界栖留的唯一尺度的技术—科学—工业之特性。"①但是,对这样一种可能性的思并非想预见未来,而是希望道说那尚未被真正思量过的事情——源始的存在。"沉思乃一种勇气,它敢于使自己的前提的真理性和自己的目标的领域成为最值得追问的东西。"②"沉思的本质在于:探讨意义(Sinn)。这意味着比单纯意识到某物更多的东西。"③沉思无关乎对存在者的计算和规定,不会控制自然事物,而是把自然事物带到属于它自己的物性本身,揭示其存在的意

---

① [德]海德格尔:《面向思的事情》,陈小文、孙周兴译,商务印书馆1996年版,第63页。
② [德]海德格尔:《林中路》,孙周兴译,上海世纪出版集团2008年版,第66页。
③ 孙周兴选编:《海德格尔选集》(下),上海三联书店1996年版,第976页。

义。具体而言,存在由于具有一种非对象化而无法计算的特征,所以面向存在
的沉思之思可以避免由计算性思维所带来的对象化的危险,改变人们对待事
物的态度。"沉思之思要求我们,不是片面地系挚于一种表象,不是在一种表
象向度上单轨行进。"①"通过如此理解的沉思,我们尤其可以达到那个我们未
曾知晓、未曾看透,却长期滞留的地方"②,深入存在之中。沉思不但使物的本
真存在展现出来,而且使人居于自己的本质处并守持,返回原初的关系,从容
而安乐地将自身呈送给最值得追问的存在,并在这条追问之路上徜徉。沉思
没有既定的范型模式、规则及固定的目标,它要敞开那个此在虽未透彻了解却
始终穿行于其中的领域,将此在送达其早已逗留着的世界,使此在在此领会存
在的澄明,"审慎地将不可计算的存在保存到它的真理中"③。"惟有在创造
性的追问和那种出自真正的沉思的力量的构形中,人才会知道那种不可计算
之物,亦即才会把它保存于其真理之中。真正的沉思把未来的人投入那个
'区间'(Zwischen)中,在其中,人归属于存在,却又在存在者中保持为一个异
乡人。"④

　　进一步说,思既对如何揭开障蔽有着深刻的省悟,也对久遭异化并被遗忘
的存在有着深切的呼唤,从而踏上通向澄明之境的"返回"步伐。对科学真正
的反思既是对科学时代及其所蕴含的取向和危险的反思,也是将科学时代之
思引向思之本源的反思,由此可以发现人和存在的源始关系。"这个从形而
上学的表象性思想中脱身出来的返回步伐并不摈弃这种表象性思想,但它开
启出达乎存在之真理(Wahrheit des Seins)的要求的那种远景。"⑤在那里,一
切都自然而然地展现着自身,是其所是地存在着。只有回到思,对思和尚待思

①　孙周兴选编:《海德格尔选集》(下),上海三联书店 1996 年版,第 1238 页。

②　孙周兴选编:《海德格尔选集》(下),上海三联书店 1996 年版,第 976 页。

③　Heidegger,*The Question Concerning Technology and Other Essays*,New York:Harper & Row,
1977,p.136.

④　[德]海德格尔:《林中路》,孙周兴译,上海世纪出版集团 2008 年版,第 84 页。

⑤　孙周兴选编:《海德格尔选集》(下),上海三联书店 1996 年版,第 1186 页。

的东西保持开放,倾听并应答存在的寂静之音,才能探得不可接近的无可回避之物,让其自行展现,进入自身遮蔽着的庇护之澄明,还原存在的本来意义。思总是开启着自身,进入对存在的理解之中,并由此进入人和存在之归属关系的理解,进而进入对物与存在之关系的理解。思是对存在的切近,这种切近并非科学中时空间距的去远,而是相互关联和相互契合意义上的同一,即思与存在休戚相关、共属一体。当然,这也绝不是简单地使思和存在同化为一个复合的整体,而是让思迎接、认可、接纳和候教存在,响应有所召唤的存在,观照和守护存在。存在在哪里,思就发生在哪里。

通向思的道路充满荆棘,要达到思,就必须虔诚地对待赋予思以养料并向思展现自身的存在。存在是有待思的东西,它不是首先由人提出来的,而是由自身去召唤人,要求人对它进行思,居于澄明的真理之中,从而使人和存在保持融洽而非对置的关系。它又是通过人还未曾思、远未及最应该思的存在境域而显示出来的。而之所以如此,除了人尚未真正思及应该思的存在之外,更重要的是,存在本身对人遮蔽着。即思是以有待思的形式进行的,而应该思的存在是以自行遮蔽的形式展现的,它向人扣留自身。面对这种在自行遮蔽中展现自身的存在,人能做的不是去强行揭示,而是应和,顺着它指引的方向前行。

思包括两种态度,一是“对可问之物的泰然处之”,一是“对于神秘的虚怀敞开”。“对可问之物的泰然处之”不是面对事物的不以为意、无知无觉的状态,更不是意志领域的主动行为,而是不再片面地一味执着于对表象的筹谋。表象本身是一种强力意志的表现,而思则是非意志的,在本质上是对意志的拒绝和解构,是要超越于一切意志之外。“我们同时也可以让这些对象栖息于自身,作为某种无关乎我们的内心和本真的东西……我们拒斥其对我们的独断的要求,以及对我们的生命本质的压迫、扰乱和荒芜。”①泰然任之是化育一

---

① 孙周兴选编:《海德格尔选集》(下),上海三联书店 1996 年版,第 1239 页。

种对物的顺其自然的态度,任物自由地发展。"对于神秘的虚怀敞开"是指对潜藏的意义保持豁达和兼容并包的态度,向其敞开自身并予以洞悉。"我们就置身于一个向我们遮蔽自己的东西的区域中——诚然,这个东西是在朝我们走来的同时遮蔽自己的。以这样的方式显示自己同时隐匿自己的东西,乃是我们称之为神秘的基本特征。对于物的泰然任之与对于神秘的虚怀敞开是共属一体的。它们允诺给我们以一种可能性,让我们以一种完全不同的方式逗留于世界上。它们允诺我们一个全新的基础和根基"①,即存在。思的任务就是在超越中面向存在,使存在摆脱危险,让它释放到其本己的本质中,从而更好地呵护存在,因而是对存在的无根状态的真正拯救。只有当科学从根本上走向这样的思时,才能免于灾难发生。

从这一角度看,思(think)就是"感谢"(thank),思考存在,就是感谢或以崇敬的心情倾听那给予我们的东西,思是对构成人思想内容的东西以及人的整个存在进行专心和崇敬的沉思,因为人的存在,归根结底是以存在为本的。

二、诗对科学之单调的充实

作为一个诗化哲学家,海德格尔最终将思交托给诗,认为思本质上就是一种深刻的诗,诗归根到底来源于本源的思,诗中包含着一种崇高的思,能够将源始的存在本身带入最纯粹的展现之中,使其熠熠生辉。在科学鼓噪的时代,海德格尔认为,可以从诗那里获得一种拯救的力量,越是科学至上,越是需要诗。现代人需要一种不同于科学的理解方式,即把科学的认识和诗有机地结合在一起,以诗的态度看待和接受一切,走向非对象性的诗性理解。

海德格尔所说的"诗"不是一种特殊的艺术,不是一种文学表现形式,不是一般所见的狭义上的表达情感的作为文字作品诗歌(Poesie),即所谓"诗学"与"文学理论"研究的对象,而是广义上的诗,是"真理的创生"或"让……

---

① 孙周兴选编:《海德格尔选集》(下),上海三联书店 1996 年版,第 1240 页。

出现"。为了真正领会诗的意义,他首先区分了现代德语中的两个词:Dichtung 与 Poesie,认为两者的意义是不同的,Poesie 指的是诗歌,Dichtung 指的是诗。通常认为,"诗"是文学的一个门类和组成部分,是文学体裁(包括诗、小说、散文等)的一种。在这种观点看来,诗通过富于节奏和韵律的凝练语言来反映社会生活,表达人的情感,属于精神世界。海德格尔认为,我们不应该从上述意义上来理解"诗",这样理解的"诗"只是艺术的一个分支,即诗歌(Poesie),"为我们的表象活动想象出如此这般被构想出来的东西"①。这样理解的诗是从传统形而上学出发而被规定的,是相关于存在者的。

他追溯并考察了古希腊语中的一个词"ποίησις"(Poiesis),认为"诗"是和 ποίησις 有关的一种活动,现代德语中的 Dichtung 和它相对应。ποίησις 具有"制作""招引"以及"带上前来"的含义,它展开为一种产生,是让到场者趋于显现的一种去蔽方式。也就是说,Poiesis 的原初本义指的是把自行涌现出来的存在者从遮蔽状态带到无蔽状态中,是对存在的召唤。在古希腊人那里,"诗"其实就是"产生",事物的显现即事物从被遮蔽状态中解蔽出来就是 ποίησις(诗),所以,Poiesis 和存在者的存在即存在之真理的发生相关。海德格尔坚持根据 ποίησις 的本义来理解"诗",把 ποίησις 看作支配一切事物诗性去蔽的专名,认为在一切趋于到场的东西中,都闪现着诗性的光芒。

所以,海德格尔说:"诗并非对任意什么东西的异想天开的虚构,并非对非现实领域的单纯表象和幻想的悠荡漂浮。作为澄明着的筹划,诗在无蔽状态那里展开的东西和先行抛入形态之裂隙中的东西,是让无蔽发生的敞开领域,并且是这样,即现在,敞开领域才在存在者中间使存在者发光和鸣响。"②在他看来,真正的"诗"是 Dichtung。Dichtung 的动词形式是"dichten",意思是"创作""诗意创造""诗化"以及"编造、虚构"等。因此,"Dichtung"的含义除了"诗"之外,还有"虚构""筹划设计""构造成型"等意思。海德格尔运用

---

① [德]海德格尔:《在通向语言的途中》,孙周兴译,商务印书馆 2004 年版,第 10 页。
② [德]海德格尔:《林中路》,孙周兴译,上海世纪出版集团 2008 年版,第 52 页。

dichten 这个词时,特别重视和强调它所隐含的"发生""生成""创造"的意义,突出诗作为一种具有生成机制的活动、一种出自存在的本性的生成方式的含义。

海德格尔认为,和 Dichtung 相联系的诗才是原本意义上的诗,"诗的本质是真理之创建(Stiftung)"①,而真理的创建实质上也就是存在的创建。这样,作为存在的真理的生成和发生,诗就获得了一种与存在本身直接相关的意义。在海德格尔看来,"创建"并不是把存在提供出来或制造出来,而是使源始的存在显现出来,即存在之真理的运作。诗就是应和存在之真理的展开,进入存在的轨迹中有所道说,因此,诗具有对存在的去蔽和揭示作用,是澄明之光的普照。诗是一个持续保持打开的敞开空间,是让无蔽发生的敞开领域。在诗中,至真至美的终极存在显现出来。诗不是矫揉造作,美化庸常的事物,也不是表达主观的感情,而是把一个崭新的世界带给人们,达到物我统一的和谐境界。

诗的目标就在于,让闪烁不定的词语在显和隐之间向我们打开一片新的天地,开拓出一条通向存在的道路。在诗中,存在不表现为一种被规定的刻板东西。诗将很多新的东西带入到未说出的领域中,向存在中新的可能性开放,让存在者以不同寻常的面貌向人们展现。诗以这种向世界的开放性展现存在的真理之所在。诗在本质上是多义的,它以其独特的方式进行多样化的道说,总是由此而指向彼,超越在场而指向不在场,在这里,存在者的内在多重性显现出来。一切都在诗的召唤中出场现身,但又不是成为具体的固定的在场之物,在诗之召唤中到场的物是一种隐入不在场中的在场,是更高的支配着当前在场的在场。因此,诗远远超出单纯创造想象世界的范围,不断地去发现真理,并且还创立真理,它作为去蔽的最高成就而使存在的本质丰富性显现出来。我们不能只在某种单一呆板的意义上理解诗,否则就听不到它的真正

① ［德］海德格尔:《林中路》,孙周兴译,上海世纪出版集团 2008 年版,第 54 页。

声音。

正是在这一意义上,海德格尔认为,诗比宣发情感的诗歌的含义更深、更广,它是一切艺术的本质,涵括诗歌、绘画、建筑、音乐等各艺术门类,艺术从本质上来说也是诗,也是在"作诗",和存在相关。建筑、绘画等艺术作品始终发生在道说和命名的敞开领域之中,它们为这一敞开所贯穿和引导,从而始终是真理把自身建立于作品中的本己道路和方式。它们是在存在者之澄明范围内有特色的诗意创作,运用了一切作品之外的每个物的物之存在。艺术作品运用石块、颜色、音响等来使世界和大地显现出来,其作品的创造和保护都是诗意的,因为它使人摆脱了惯常性而进入作品所开启出来的东西之中,使人的本质置身于存在者的真理之中。艺术作品不局限于实在物,而是超出和高于实在物,蕴含着存在之真理的源始力量。艺术最为本源的处所是存在,其本性是将存在者的真理置入作品,使存在者从澄明的存在中展示出来,使真理得以显现。艺术开显了人难以进入和言说的幽闭着的物自身,展现了真正的物,在其中,物不再局限于对象性和有用性。艺术揭示的是物的物性,将其他特性悬搁起来,置入存在之境域,使存在之真理得到保藏。海德格尔对梵高的油画《农鞋》作了分析。在科学的视域中,人观察画中的农鞋时,指向的只是其功用,即它的用途是什么,相应地有哪些属性。然而,这双农鞋作为艺术的存在则迥然不同,展现出诸多不在场的、非现成的存在意义,映照出其所承载的农妇的生活,使器具农鞋的本性表露出来。尼采在反思科学的时候也注重艺术,认为它是人类生活中最根本的东西,呼唤科学时代后美和艺术的中兴,从而战胜由科学导致的人和社会的异化。在这一点上,海德格尔和尼采相同,认为艺术中还存在着非对置性的理解方式,而这种方式原本遍及一切人和事物之中,应该回归这种状态。

海德格尔把科学和诗联系在一起。他认为,科学和诗具有同构性,都是一种解蔽活动,源始地潜藏着使存在者呈现出无蔽状态的可能性。同时,诗和科学是奠基的关系,理性建立在"感性"之上,相应地,科学建构于诗之上。诗是一种具有源始意义的解蔽,而科学不过是对诗之源始的展现已经敞开的真理领域的重建。

但是,现代科学和诗是截然不同的。尼采曾经质疑科学,认为科学具有虚假性,仅仅是对事物的一种认识方法,并不能理解事物本身。"一种你们所谓'科学的'世界解释,永远是一切可能的世界解释中最愚蠢的即最无意义的一种……一个本质上机械的世界是一个本质上无意义的世界!"①因此,科学是一种"针对真理的自我防御",而艺术则是对科学的抵御,是知识的致命见解的解毒剂。但是,由于科学占据了统治地位,诗就被驱赶出自己的家园,遭到了破坏,进而使艺术和人生也趋于浅薄。按照海德格尔的观点,"科学本身与提升境界……等是无关的。……科学不是求善、求美,而是求'真'。但科学的'真'并不是最高层次上与'善'和'美'相统一的那种'真',而是在主客二分的前提下所实现的那种符合说意义上的'真',或者说是在有效性意义上的'真'。这样的'真'与人生的'应该'和存在的'澄明之境'是没有直接关系的,与最高的'善'和'美'是没有直接关系的。它不问应该干什么,不问境界的高低,而只问是否有效……与科学的这种没有目标的目标相适应,科学的方式就不是破除执着,而是陷于执着;不是空灵化,而是实体化;不是'大爱无疆'的'和合'与'归属',而是'铁面无私'的'征服'与'控制';不是澄明解蔽,而是凝固遮蔽。科学必须把事物从生活世界中孤立出来,必须让事物凝固为现成的对象"②。与之相对,诗不是限定物、破坏物,而是解放物、保护物,诗不对其进行控制,而是给予事物以自由,让物作为其自身展现自身。诗观照事物的存在本质,而不对其从量的向度上加以分析,也从不追问事物为什么存在之类的原因。诗不但展现在场的事物,而且展现由在场事物所牵涉的不在场事物。所以,科学解蔽的世界单调乏味,意义贫瘠,诗所建构的世界则充满着生命,蕴含着丰盈的意义。科学不能紧密地关联存在,诗并没有科学强大的理

---

① 《尼采美学文选》,周国平译,作家出版社 2012 年版,第 236 页。

② 李章印:《跳出科学:自然辩证法研究的新需要》,《山东科技大学学报》2010 年第 8 期。

论性,却比科学更切近存在本身,更好地展现存在的真理。诗具有超越性,包含并开放出许多科学所"看"不到的东西,是对科学中"看"之视觉中心主义的解构。诗消除了逻辑判断,进入审美世界,关注对存在意义的昭示,通过找回科学的诗性而解除其当下统治人的独霸形态,从科学所造成的异化世界中解脱出来,走出存在的虚无,走向诗意的境域。"拯救"的含义也在于此。

三、诗意栖居的审美生存

海德格尔向往一种审美生存的境界。他认为,诗是存在之真理的栖居之所,是一种"让栖居",表达了与存在的真正关系,使存在处于家中,而不是将存在放逐,也使人感到好像在家一样。这样,他就把诗和栖居联系在一起,希望人达到诗意的栖居。

这似乎和常识相悖,因为从通常的观点来看,栖居和诗并没有关系。谈到栖居,人们通常把它看作一种行为,看作人类在其他许多行为方式(如衣、食、行等)之外的一种,即住宿这一行为。这样理解的栖居总是相关于作为建筑物的住房,住房为人们提供住处,因而栖居意味着人们占用某个住房,人就居住在作为住房的建筑物中。而且,人们的栖居为住房短缺所困扰,到处都有人在证据确凿地谈论住房困难,同时,试图通过筹集资金促进房屋建设和规划整个建筑业来排除住房困难。因此,在今天住房困难的条件下,能够占用一个住宿地就已经令人满足了。当然,在住宅建筑这一住宿地中,人们的居所可以有良好的布局,空气清新,光照充足,价格宜人,便于管理。但即使这样,栖居始终也只是住所的占用而已,毫无诗意可言。因为即使有良好的住所,人们今天的栖居也由于劳作而备受折磨,由于追名逐利而不得安宁,由于娱乐和消遣活动而迷惑。如果说,在今天的栖居中,人们还能为诗意留下一些空间,省下一些时间的话,那么,最多也只是从事某种文艺活动,如创作小说、音乐、影视等文艺活动。这样的栖居和真正的诗意毫无关系。

这其中隐藏着某种至关重要的决定性的东西,那就是:按照上述观念所理解的栖居并不是从存在本身出发的,栖居并没有被经验为人的存在,特别是没有被思考为人之存在的基本特征。栖居绝不是指人的现实的住宿状况,并不意味着占用住宅。因此,在海德格尔看来,仅仅住所并不能担保人的安居。造成人无家可归的并不是住房的短缺,无论住房短缺状况多么恶劣和急迫,栖居的真正困境并不在于住房的匮乏,而在于"终有一死的人总是重新去寻求栖居的本质,他们首先必须学会栖居"①。但是,人们还根本没有把真正的栖居困境当作困境来思考,这才是不幸之所在。

这样,就必须重新思考栖居之为栖居。当海德格尔谈到栖居时,看到的是人类此在的基本特征,并从人与得到本质理解的栖居的关系中看到了"诗意",也就是认为人生存的基本特征就显现为诗意的,人的栖居建基于诗意上。但是,他所指的诗意不是想象、激情,也绝不只是栖居的装饰品和附加物,栖居的诗意也不是说诗意以某种方式出现在所有的栖居中,而是说,只有"作诗"才首先让栖居成为栖居,让人的栖居进入其本质中,因此,作诗就是本真的源始的让栖居。就此而言,要诗意地栖居,并不是说必须写诗,必须成为诗人,而是说,必须学习如何诗意地栖居。

那么,人是如何达到这种栖居的呢?是通过"筑造",无所筑造就无所栖居。"作诗,作为让栖居,乃是一种筑造。"②"作诗"是原初性的筑造,现实中所有的筑造活动,都必须从作诗中取得尺度。"一方面,我们要根据栖居之本质来思人们所谓的人之生存;另一方面,我们又要把作诗的本质思为让栖居,一种筑造,甚至也许是这种突出的筑造。"③海德格尔对"筑造"一词的词源作了考证,认为在古高地德语中,表示"筑造"(bauen)的词语是 buan,其意思就

①　[德]海德格尔:《演讲与论文集》,孙周兴译,生活·读书·新知三联书店 2005 年版,第170 页。
②　[德]海德格尔:《演讲与论文集》,孙周兴译,生活·读书·新知三联书店 2005 年版,第198 页。
③　[德]海德格尔:《演讲与论文集》,孙周兴译,生活·读书·新知三联书店 2005 年版,第198 页。

253

是"栖居"(Wohnen),即持留、逗留。由此来看,"筑造"源始地就意味着栖居。同时,筑造还道出了栖居的本质所及的范围。在古高地德语中,表示筑造的词语 buan,bhu,beo,实际上就是现代德语中的"存在"(bin),如"我存在""你存在"等。也就是说,"筑造"中就含有"存在"的意思。就此而言,"存在"就意味着"栖居"。所以,筑造的真正意义在于栖居。而人作为终有一死者在大地上存在,也就是栖居在大地上,人就其本身栖居而言是存在的。因此,筑造、栖居、作诗和人的存在是一体的。人存在着,就是在作诗,就是进行筑造和栖居活动。但是,筑造作为人的存在方式,通常以两种形式表现出来。一种是作为爱护和保养的筑造,如耕种田地,种植葡萄。在这种筑造中,人培育大地上自发地展开和生长的事物,保护在他周围成长的东西。另一种是作为建筑物的建立意义上的筑造,如船舶建筑。在这种筑造中,人建立的是那种不能通过生长而形成和持存的东西,这种意义上的筑造之物不仅包括建筑物,也包括手工的以及由人的劳作而得的一切作品。上述两种筑造方式被称为人的"劳绩",也属于真正的筑造即栖居,是栖居的本质结果,而不是栖居的原因或基础。但是,长期以来,人们依照日常经验,仅仅取上述两种意义来思考筑造,从把它们作为手段的角度来思考筑造的本质,并借此独占了筑造的事情,而筑造的真正意义,即栖居乃是人的生存方式却被遗忘了。实际上,种种筑造的劳绩中丝毫没有栖居的本质,它们仅只为单纯住宿的缘故而被追逐和赢获,从而在不断抽空和阻碍着栖居的本质。

终有一死的人只能根据栖居而筑造,在此之际,人把栖居带入其本质的丰富性中,这时,人才能够栖居。海德格尔认为,栖居的真正内涵是"满足""被带向和平""在和平中持留",就是和平地存在着。而"和平"(Friede)这个词指的是自由即 Frye,意思是"防止损害和危险",其中含有"保护"的意思。因此,自由的真正意思就是保护,它和筑造具有的爱护和保养的意思相近。真正的保护不仅意味着我们没有损害所保护的东西,而且,它发生在人先行保留事物的本质的时候,在人特别地让事物隐回到其本真的存在之中的时候,也就是在人让事物自由的时候。所以,栖居作为被带向和平,就意味着始终处于自由之中,把一切都保护在自身的本质之中,尤其是使某物隐匿于它的本质处。栖居的基本特征就是这样一种意义上的保护。总之,栖居的原义并非住在一所房子里,而是设立一个领域,在其中,事物能够自由地、完整地展现自身。所以,栖居首先是拯救,是看护事物,使其成为它自己。

海德格尔说:"栖居乃是终有一死的人在大地上存在的方式。"①人之为人,正是通过栖居而获得自己存在的本质的。一旦人考虑到,自己的存在基于栖居,而且只能作为终有一死者栖居在大地上,这时候,栖居的整个领域就会向人显示出来。在这里,人的栖居因为诗的存在之创建而获得根基,因此,人的存在在其本根处就是诗意的。当然,人之诗意的栖居,并不是使诗出现在栖居里,也不是把人从大地那里拉出来。诗意的栖居说到底乃是:栖居"在这片大地上",任何终有一死的人都委身于大地,在大地上逗留。作诗并不是要飞越和超出大地,以便离弃大地,漂浮于大地之上。毋宁说,作诗首先把人带向大地,使人归属于大地,从而使人进入真正的栖居之中。诗意的栖居意味着人和存在之间的本真关联,它是源于存在并在存在的真理中展开的人的生存,人诗意的本真生存是人源始的本己的生存方式。人是因为"作诗"(创建、筑造)而栖居,栖居就基于作诗之诗意。

人通过栖居在四重整体中而存在着。这是一个前理论的世界,在其中,天、地、神、人四方相向而运作,彼此敞开,相倚而立,一方向另一方展开自身,使自己承托于另一方,从而保持其自身;同时,一方胜过另一方,作为遮蔽者照管、守护另一方。天、地、神、人四方具有源始的统一性,从而归于一体,构成一个全新的世界。世界将每一方与其他三方连接在一起,得到了显现、充实和保护。世界把天地万物聚集到切近处,彼此通达,但又并非在可计算的表象、生产和订造活动之参数的本真的时间和空间的切近中相互反映。四方各自显现

---

① [德]海德格尔:《演讲与论文集》,孙周兴译,生活・读书・新知三联书店 2005 年版,第156 页。

着自身的本质,并映现对方,当人们谈到其中一方时,就一道思及其他三方。在这一境域中,表象性的思维不再能立足,世界也不再作为对象被置于人面前;实在作为物在世界中显现出来,归属于世界;人本身也是作为四重整体的世界的一部分,归属于世界,也和其他三方处于相互作用和运动之中,处于最亲密而单纯的切近之中,从而进入真正的栖居之中。在这里,栖居着的保护也是四重的。终有一死者拯救大地,它不是利用、耗尽、统治、征服大地,而是使大地摆脱危险,将大地释放到其本己的本质之中。终有一死者接受天空本身,它任其自然,不会施加任何人为的东西进行干涉。终有一死者期待着诸神本身,并不制造神祇,也不崇拜偶像,期待着美妙的东西重现。终有一死者将自身护送到本己的本质即死亡中,使自身的有限性显现出来。在四重整体中,存在被创建,最终达到存在之澄明,呈现出四方之纯一性的臻美图景。这不是由理性论证出来的,而是由存在显现出来的。

诗意的栖居向一切不美妙的东西告别,进入美妙的整体之中,在这一美妙中,一切主体和客体都消失了。在诗意的栖居中,人之已展现的自己牵引出未展现的自己,生发了具有无穷意义的生存。于是,人从科学体系中解放出来,从纯粹的主体、自我回归到真正的人的本质,实现了其本真存在。同时,人和物的科学关系也被祛除,人不再把物看作对象去摆置、征服乃至消灭,不再使物从属于人,不再将物设定为工具,相反,将物本身看作是目的,让物作为其自身而存在。于是,物也得到了解放。所以,科学应该做到的是:对主体性多予克制收敛,不要一味地对存在者进行统治和索取;学会让存在存在,而不是扭曲、扰乱它;从对自然的支配中走出来,归属于以澄明为指向的揭示方式,提供打开新的前景的可能性。这样,就可以避免科学的异化,达成存在的本质复归,实现科学与人、社会及自然的和谐。这正是有别于科学的对存在进行追问的"诗化之思"的第一要义,也是海德格尔存在论拯救的最后归宿。

第六章　海德格尔科学哲学思想的
地位及影响

很长时间以来,海德格尔关于科学的哲学思想一直被忽略,其本人也不被看作一个科学哲学家。实际上,海德格尔的很多论述中都涉及科学方面的思想。其成名作《存在与时间》中的"基本本体论"在一定程度上就已经揭示出对于人们理解科学而言非常关键的存在结构,这些见解对经验主义者、实证主义者科学观念的有效性表示了相当的怀疑。他关于从实践到理论的转变的影响、科学理解的循环、科学危机等对现代科学的分析的确抓住了现代问题的根本。因此,应该在科学哲学领域给予海德格尔应有的关注。[①] 近年来已经有一些值得注意的尝试,论证海德格尔的思想和科学哲学的关联,如约瑟夫·J.科克尔曼斯的著作《海德格尔和科学》论述了海德格尔早期的科学思想。这驱散了一个印象,即海德格尔不关注科学。那么,海德格尔的科学哲学思想有哪些不足与合理性? 其在科学哲学嬗变中的地位如何? 其对科学哲学发展的影响及发展趋势与前景怎样? 这是我们接下来要考量和审度的问题。

---

① 参见 Frederic L. Bender, "Heidegger's Hermeneutical Grounding of Science", *Philosophy Research Archives*, No.10, 1984。

第一节　海德格尔科学哲学思想的审度

海德格尔的科学哲学思想存在一些令人遗憾之处,缺乏更深刻的理解,这势必会影响到海德格尔对现代人境遇的理解,多少让人觉得不尽如人意,在当时和后来都受到批判。但是,海德格尔对科学问题的思考毕竟不同于以往的哲学家,他从全新的视角出发对科学予以阐述,展示了其独特的见解,对目前生存于科学时代的人类反思科学具有重要的价值,为人们对科学的认识提供了新的思路。

一、海德格尔科学哲学思想的不足

海德格尔的科学哲学思想关于一些问题的思考没有达到全面、深入和透彻,没有对它们进行细致而又充分的分析,对科学的现实功能做了狭义的理解,对人的中心地位和去中心化有混淆之处,对存在之解读在学理上的不清晰造成了形而上学的残余。

1. 科学理解的狭隘

李章印认为,海德格尔没有把日常的理论认识和现代科学的理论认识严格区分开来,似乎现成性和理论性的态度出现以后,就可以一般地统称为科学认识。海德格尔的这种思维贯式是可以理解的。① 在自然科学看来,世内存在者就是现成存在者,当古希腊出现初级形式的科学认识的时候就已经如此了,当此在在生存中经过源始操劳的破缺而发展出初级形式的科学认识的时候也已经如此了,更重要的是,海德格尔的时代早已是科学的时代,科学的思维方式已经渗透到人的日常生活之中,因而在此在的日常存在状态中已经出

---

① 参见李章印:《经典现象学家对科学发生过程的考察》,《淮阴师范学院学报》2006 年第1 期。

现了把世内存在者看作现成存在者的情况。所以,在这种背景下,海德格尔很容易把受到科学认识所影响的日常存在状态等同于此在源始的一般日常存在状态,但这种等同过于简单化了。与此相应,也没有把此在的日常认识与此在的日常存在状态区别开来,没有找出生存论—存在论的此在分析真正需要的此在的具体生存,并真正地廓清此在存在的生存论—存在论结构。① 这样,不但不能真正解决科学存在的问题,反而会将对科学的批判扩大化。

现代科学中包含着均一性、普遍性、公共性等特征,这体现着民主的平等、公正和无私等精神规范,而海德格尔的科学思想中则隐含着对这些规范的批判。如关于牛顿第一定律,海德格尔认为:"牛顿定律始于'每个物体……'(corpus omne)。这就意味着:在地球物体与天上物体之间的区别已经站不住脚了……所有自然物体本质上都是相同的。"②他肯定古代科学、亚里士多德自然哲学中具有优劣高低等级的宇宙图景,如月上世界和环形运动等是完美的、无限的,享有优越的地位。而"对于中世纪来说,存在者乃是 ens creatum[受造物],是作为最高原因的人格性的创世的上帝的造物。那时,存在者存在意味着:归属于造物序列的某个特定等级"③。现代科学则完全不同于以往,在其中,万物都呈现出平均性、同一性的特点。海德格尔站在主张个性化和多样化的立场,对现代科学中所包含的民主精神的内涵持贬斥态度。罗蒂就曾经指出,海德格尔是反平等主义者。海德格尔将平等视为人沉沦的结果:在操持中,此在与他人共在,处于中性的常人状态,被置于与他人同等的地位,甚至可以被任何他人替换,被平均化,一切信念和行动都以"公共意见"或"公共舆论"为依据。按照海德格尔的思路,由这种生存方式中产生出来的科学必然带有平等的原罪。格罗斯批评道:"假使我们想借助其最大的敌人对某

① 参见李章印:《解构—指引:海德格尔现象学及其神学意蕴》,山东大学博士学位论文,2009 年。
② 孙周兴选编:《海德格尔选集》(下),上海三联书店 1996 年版,第 865 页。
③ [德]海德格尔:《林中路》,孙周兴译,上海世纪出版集团 2008 年版,第 78 页。

些观念加以判定的话,那么,指责科学是最可恨的反动者的工具很明显极其谬妄。迈斯特尔和庇护九世(这位教皇曾经连续地非难社会主义、现代主义及科学世界观)是这种反动者的代表,他们要坚决而彻底地和科学进行斗争。最近,马丁·海德格尔继承了他们的衣钵。"①

在海德格尔眼里,被人们看作知识勃发和文化兴盛之先进代表的现代科学,实际上不过是人类精神凋敝、衰退和没落的标志,更是存在本身困厄的象征。"这样一来,科学的扎根活动就在其根基处死亡了。"②而如果继续把各门科学作为可使用的工具,在技术的框架下无限制地发展,那就只会最终不可收拾而走向毁灭。他认为:"从这样的科学出发根本不可能发生精神的唤醒,倒是科学自身需要这样一种唤醒。"③对于他的这一论调,我们可以借用陈嘉映先生的一个说法来形容:海德格尔"直把天下人都当成了痴子"④。

作为现代科学基础的笛卡尔"我思"的超越论意义未能引起海德格尔的重视。胡塞尔认为,笛卡尔从"我在怀疑"推出"我在思想",进而得出"思想的我",为认识论找到了可靠的开端,是天才的发现。胡塞尔将笛卡尔二元的、具有经验性的"我"和"我思"改造为先验的自我和意识,由此去构造世界,从而使绝对科学完全奠基于纯粹主体。对此,齐泽克曾经对海德格尔予以批评,认为"海德格尔的问题则在于他的现代主体性观念里没有对这种内在的超越作出说明——他甚至没有'涉及'我思的这一方面"⑤。马里翁更是就当时的总体状况指出:"在他的同时代人依据传统看到笛卡尔的意义——在超越论原则或准超越论原则的层面上建立本我(ego)——的地方,

---

① Paul R.Gross, *Norman Levitt*: *Higher Superstition*: *The Academic Left and Its Quarrels with Science*, Maryland: The Johns Hopkins University Press, 1998, p.23.

② [德]海德格尔:《形而上学导论》,熊伟、王庆节译,商务印书馆1996年版,第48—49页。

③ [德]海德格尔:《形而上学导论》,熊伟、王庆节译,商务印书馆1996年版,第49页。

④ 陈嘉映:《海德格尔哲学概论》,生活·读书·新知三联书店2005年版,第237页。

⑤ [斯洛文尼亚]齐泽克:《敏感的主体》,应奇、陈丽微、孟军等译,江苏人民出版社2006年版,第3页。

他却没有看到。"①

海德格尔对科学的阐述还有诸多失当之处,如他推重前苏格拉底的希腊思想,对通常直线向上的进化论的发展观持否定意见,认为伽利略的自由落体理论不比亚里士多德的运动学说进步;以主体的筹划去描述实在及其科学的本质、生成和发展,由此认为牛顿第一定律缺乏事实和经验的基础;没有详细探究科学认识从人的操劳这一源头逐渐演化而来的完整过程,在对科学的本质、方法等的阐述中,关于科学史上的具体案例所涉不够;把操劳、领会等前理论的认识与理论认识对立起来,使前理论的认识成为一种非理性的神秘的生存体验,拔高了非理性因素在科学中的作用;他坚持科学不能揭示可能性,认为科学不能理解人所处的状况及危险,达不到预期目标;认为现代科学"不思想",是人类思想日趋没落的表现。所有这些都反映出海德格尔对科学的偏见,不可避免地带有反科学的嫌疑。

2. 人类中心的嫌疑

在某种意义上,海德格尔仍然把人类看作"宇宙的中心"。阿多诺指出,海德格尔在处理思维与存在的关系问题上,是以主体的思维力量来构造烦杂多样的客体的世界,是以主体性吞噬对象的"唯心主义的狂怒",实质是人类主体的圈套,是以新的花样张开同一个血盆大口。

按照海德格尔,人类的追问享有特权。思使人而不是其他物种能够让存在从日常生存中显现出来,使其进入到知识的光亮中。存在问题将追问者置于和被追问者的决定性关系之中。因此,对他来说,虽然日月星辰、山岳江河、花鸟虫鱼在人类生命进化之前就已经存在了,但是,因为没有人去理解它们,所以都是没有任何意义的。如果没有此在的存在,也就没有世界在此,世界就

---

① [法]马里翁:《还原与给予——胡塞尔、海德格尔与现象学研究》,方向红译,上海译文出版社 2009 年版,第 131 页。

只能处于被遮蔽状态。在《存在与时间》中，海德格尔对世界的实在性问题作了下面的厘断："当此在不存在时，'独立性'就不存在，'自在'也不存在。"①与此相关联，世内存在者就谈不上可否揭示，存在者也谈不上是否存在。

　　进一步说，在海德格尔看来，此在是真理的前提，所有存在者之存在及真理的方式都基于此在，如果没有此在，就既没有真理，也没有谬误。"只要此在存在，即使没有任何人在进行判断，真理也已经被设为前提了。"②真理的存在源始地与此在相关联，只有在此在的领会与展开中，存在才能被领悟，对于无所领会的人，其所行之事就停留在晦蔽状态中。此在在现身和言谈等生存的过程中，揭示了其他存在者的存在，赋予其他存在者以意义，使其他存在者处于敞开状态。在此在不存在之前和不存在之后，存在者无所谓真假。这并不是说真理不存在，而是说真理被遮蔽着，没有被领悟，有待此在去揭示。真理只存在于此在中，并随此在的存在一道沉浮。"唯当此在存在，才'有'真理。唯当此在存在，存在者才是被揭示被展开的。唯当此在存在，牛顿定律、矛盾律才在，无论什么真理才在。此在根本不在之前，任何真理都不曾存在，此在根本不在之后，任何真理都将不在，因为那时真理就不能作为展开状态或揭示活动或被揭示状态来在……在牛顿之前，牛顿定律既不是真的也不是假的：这不意味着这些定律有所揭示地指出来的存在者以前不曾在。这些定律通过牛顿成为真的，凭借这些定律，自在的存在者对于此在成为可通达的。存在者一旦得到揭示，它恰恰就显示为它从前已曾是的存在者，如此这般进行揭示，即是'真理'的存在方式。"③世界仅仅就此在存在而言，或只有在此在存在时，并作为此在能够揭示的实在的方式而得到筹划时，才能被揭示，才"有"

---

　　①　Heidegger,John Macquarrie and Edward Robinson（trans）,*Being and Time*,New York；Hagerstown,San Francisco,London：Harper & Row,Publishers,1962,p.254.

　　②　［德］海德格尔：《存在与时间》（修订译本），陈嘉映、王庆节合译，生活·读书·新知三联书店2006年版，第263页。

　　③　［德］海德格尔：《存在与时间》（修订译本），陈嘉映、王庆节合译，生活·读书·新知三联书店2006年版，第260—261页。

真理。海德格尔甚至由此讽刺怀疑论者："如果真有否认真理的怀疑论者存在，那也就无须乎反驳他。只要他存在，并就这一存在中领会了自己，他就已经在自杀的绝望中抹掉了此在，从而必抹掉了真理。"①

许多人批评海德格尔早期真理观中的主观主义色彩，因为他突出了此在的地位与作用，这不无道理。这是将一切事物的可能存在都交于此在所造成的必然结果。海德格尔自己也曾提出疑问："真理本质上就具有此在式的存在方式，由于这种存在方式，一切真理都同此在的存在相关联。这种关联刚好意味着一切真理都是'主观的'吗？"②按照海德格尔奖学金获得者 John Haugeland 的观点，这个问题的答案是，真理是由共同体制造的，但是，当被创造的时候，真理也总是和世界中的实在有关。海德格尔在《存在与时间》中说："若把'主观的'阐释为'任主体的之意的'，那真理当然不是主观的。因为就揭示活动的最本己的意义而言，它是把道出命题这回事从'主观'的任意那里取走，而把进行揭示的此在带到存在者本身前面来。"③他将真理描述为人类共同体的一种尝试，主张有意义的断言和真理不是个人发现的在客观实在中的东西，不是由对世界中的实体作出断言的个体的意志和想象决定的，不是通过单个人与世界的相互作用创造的，而是由世界中人的相互作用创造的。即真理产生于共同体，是与世界相互作用的人类共同体的一种活动，在共同体共有的信仰和实践的基础上被创造出来，是通过共同体内的同意创造的。决定科学真理的最重要的共同体就是科学家的共同体。海德格尔暗示，对自然的科学筹划负责任的是科学家的共同体。因此，科学真理是共同体的构造物，而对自然进行科学筹划的基本原则是由共同体讲授和传播的。但是，不管海

① [德]海德格尔:《存在与时间》(修订译本)，陈嘉映、王庆节合译，生活·读书·新知三联书店 2006 年版，第 263 页。
② [德]海德格尔:《存在与时间》(修订译本)，陈嘉映、王庆节合译，生活·读书·新知三联书店 2006 年版，第 261 页。
③ [德]海德格尔:《存在与时间》(修订译本)，陈嘉映、王庆节合译，生活·读书·新知三联书店 2006 年版，第 261 页。

德格尔怎样辩解,也不能排除人们对其主观性以及随之而来的相对主义的质疑。

面对这一状况,海德格尔本人后来也认识到,从此在出发追问存在的意义和真理确实遇到了困难,从而在后期直接从存在入手,探求存在的意义和真理。他把此在的本质规定为存在的看护者,认为此在应该倾听并归属于存在,告诫人类"必须首先学会在无名中生存"①,似乎这样就不再具有把存在"此在化"的危险了。海德格尔还试图在天、地、神、人的四重整体中克服"中心",把人置于最后,既反对以天和地为中心的自然主义,也反对以神为中心的神学和以人为中心的人本主义。但实际上,他所批判的主体性总是在他不自觉的情况下又回到他的论述中,好像在拉他踏上以人为中心的迷途。

3. 形而上学的残余

为了超越传统形而上学,海德格尔虽然经常提到"存在"这一词语,但也经常提醒人们:"'存在'始终只是一个暂时的词语。"②然而,海德格尔关于科学最源始的基础"存在"并没有摆脱形而上学,还残留着本质主义。

德里达认为,海德格尔没有彻底摆脱形而上学,还具有形而上学的成分,依然受着形而上学的影响,"自始至终贯穿于海德格尔思想中的形而上学特征的一个主要印记,就是他使用了'存在'这个观念"③,并"在海德格尔的作品中搜索形而上学的或者他所说的存在—神学的痕迹"④。因为,存在思想可能成为上帝思想的前提条件。在他看来,"不存在任何独特的名称,即使是存

---

① [德]海德格尔:《路标》,孙周兴译,商务印书馆2000年版,第373页。
② [德]海德格尔:《演讲与论文集》,孙周兴译,生活·读书·新知三联书店2005年版,第248页。
③ [美]罗蒂:《后哲学文化》,黄勇编译,上海译文出版社1992年版,第100页。
④ Jacques Derrida, Alan Bass (trans), *Positions*, Chicago: University of Chicago Press, 1981, pp.9-10.

在的名称"①。甚至连海德格尔推崇的存在论区分,也被德里达看作受形而上学支配的概念,被认为是不必要的东西,是从形而上学那里继承来的,作为形而上学的一部分而牵带上整个形而上学。在《马克思的幽灵》一书中,他针对海德格尔的思想说:"给予在这里只是寓于在场(Anwesen)之中"②,"赋予集合以及同类的东西(Versammlung,Fuge,Legein,等等)以优先性,认为它们要高于我曾经在致另一个人的信中提到过的断裂"③。

阿多诺认为,在海德格尔那里,"存在是至高无上的概念——因为说'存在'的人说出的不是存在本身,而是这个词——也可以说它有居于一切概念之上的特权,因为思想家根据'存在'一词所考虑的要素、抽象地获得概念的同一性标记的要素并没有穷尽"④。海德格尔强调那种不是纯概念的存在,试图用存在破解传统形而上学中理性的同一化,结果又造成了存在的同一化,不过是把原来的绝对观念改称为"存在"罢了,依然处于第一哲学不合理的"第一性"造就的认识论困境中。海德格尔反对以往的本体论哲学对存在者的关注,强调恢复哲学对存在的探讨。然而,恰恰是海德格尔对存在的强调使对有关事物的研究堕落成一种抽象,所留下的只是一般的形式,意指着存在物的概念同一性,相对于大量普通存在物和常人之在,建构了一种新的存在之神的至上权力,使本体论最终走向了同一性,走向了其最初许诺的东西的对立面,最终不过是形而上学的另一种表达方式。所以,阿多诺指出,海德格尔的本体论虽然标榜批判同一的形而上学,其本身其实就是同一性形而上学的集大成者。

哈贝马斯认为,海德格尔的立场是模糊的,在否定意义上坚持了基础主义,是为了找到一个贯穿在时间当中的源始的真正基础,仍然局限在本质概念的范围内,并陷入存在历史宿命论。他说:"海德格尔所宣扬的对存在的回忆

① [美]罗蒂:《后哲学文化》,黄勇编译,上海译文出版社1992年版,第102页。
② [法]德里达:《马克思的幽灵》,何一译,中国人民大学出版社1999年版,第39页。
③ [法]德里达:《马克思的幽灵》,何一译,中国人民大学出版社1999年版,第41—42页。
④ [德]阿多诺:《否定的辩证法》,张峰译,重庆出版社1993年版,第65页。

并没有使基础主义成为问题:形象地说,它并未截断哲学的根基。相反,它还为哲学提供基础,培育土壤。由于海德格尔并不反对建立在自我论证基础上的哲学的等级秩序,所以,他只能通过挖掘更深的基础——因而也就不稳定了——来反对基础主义。在这个意义上,存在的天命观念仍然和它通过抽象而否定的对立面联系在一起。"①

在《存在与时间》中,海德格尔将存在说成是"超越",超过了一个实体能够拥有的每一个可能的特征。他说:"存在绝不能由存在者得到澄清,对于任何存在者,存在总已经是'超越的东西'了。"②"存在地地道道是 transcendens[超越者]。……存在这种 transcendens 的一切开展都是超越的认识。"③存在的这一描绘是否幸存下来进入到海德格尔的后期是有争议的,但这些早期作品中的存在的意义仍然被很多人理解为某种实在论。

休伯特·德雷福斯和查尔斯·斯皮诺萨就曾经指出,海德格尔不仅指明自然独立于人的理论和实践而存在,而且断言自然的确定结构也独立于人的理论和实践而存在,因而认为海德格尔是一个强实在论者。杰夫·科汉则认为,海德格尔区分了在世界之外的现成在手和在世界之中的现成在手,前者不依赖于此在,而后者则离不开此在。进一步说,自然独立于人的理论和实践而存在,因为它存在于世界之外;自然的确定结构不独立于人的理论和实践而存在,因为它仅仅存在于世界之中。总之,海德格尔至少是一个实在论者,因为他断言自然的独立存在,但他又不是一个强实在论者,因为他没有断言自然的确定结构的独立存在。

威廉姆·威尔克逊持中间立场,从科学真理的角度认为,海德格尔介于严格意义上的实在论和反实在论之间。海德格尔反对将科学真理看作提供一种

---

① [德]哈贝马斯:《现代性的哲学话语》,曹卫东等译,译林出版社2004年版,第161页。

② [德]海德格尔:《存在与时间》(修订译本),陈嘉映、王庆节合译,生活·读书·新知三联书店2006年版,第239页。

③ [德]海德格尔:《存在与时间》(修订译本),陈嘉映、王庆节合译,生活·读书·新知三联书店2006年版,第45页。

符合于客观实在的说明,主张真理由此在按照自身的参与而理解,认为实在是世内上手的东西,不存在真理能够符合的客观的、纯粹的事实,而真理不只是抽象的观念,它既是人类活动的产物又是人类活动的一部分。科学有效地建立起自己的实在,即将自然筹划为现成在手的没有参与的物质,筹划为能够用数量的术语被揭示的东西(运动、力、位置、时间),科学真理是共同体的构造物。这说明,海德格尔不是实在论者。但是,虽然真理可能是由人创造的,但它不是由人编造的,当真理被创造的时候,总是和世界中的实在有关,人们对实在的筹划和断言总是被自己在世界中的经验限制着,所以,科学真理及其描述的实在和人们所遭遇的世界有关。正是这一思想透露出海德格尔哲学中某些实在论者的因素,将一定程度的实在论增加到海德格尔关于科学真理的描述上。

总之,由于海德格尔自己在科学的渊源即存在问题理解上的偏差,致使其没有真正找到科学的根据,反倒走向了反面,这是被后来者诟病的一个原因。

正是由于以上种种缺陷,使得海德格尔的科学思想缺乏现实力量,不可能真正克服和化解科学时代的危机,现实世界却在继续沉沦。他认为,科学是存在的命运,人类既不能拒绝和摆脱,也不能控制和主宰。最后,海德格尔只能把"神"请出来,作为在科学世界中确立的尺度,感叹"只还有一个上帝能救渡我们"①,在一定程度上表现出悲观主义的、宿命论的色彩,所以,"海德格尔的出路是无出路"。阿多诺则批评道,海德格尔的理论变为一种纯个体的内省感悟或思辨者的诗意想象,不可能给予人真正的力量。

二、海德格尔科学哲学思想的合理性

海德格尔对科学的反思并非是完全被动和消极的,他对科学做了历史性的考察,对人类在现代的处境以及人和世界的关系有着深切而清醒的认识,设

---

① 孙周兴选编:《海德格尔选集》(下),上海三联书店 1996 年版,第 1306 页。

法弥合事实和价值、科学和人文之间的鸿沟,可以使人们更好地理解现代科学的问题,有其独特之处。

1. 对人类生存的终极关怀

关于科学的思考是海德格尔哲学的重心,即人类生存的一部分,科学和人类生存之间的关系既是海德格尔科学哲学思想的出发点,也是贯穿于这一思想之中的主线,还是其希望最终达成的目标。也就是说,海德格尔的科学哲学思想不是超脱于尘世之外,不问世事,通过凭空想象去建构理论体系,进行纯粹的理性思辨,而是着眼于现实,以现实为源泉,在人类现实生存困境的促动下,密切追踪现实问题,服务于现实。从海德格尔所处的时代看,他的科学哲学思想聚焦的是当时西方社会乃至整个人类面临的突出问题,而不是单纯停留于被存在之命运所抛掷和决定的一般性科学理论。这表现出,作为一个思想家,海德格尔对现实具有敏锐的洞察力,他把自己的视线投向现代语境下的科学,对现代科学统治世界所造成的多重危机进行了深刻的反思,浸润着对人类身居险境的深切忧虑,展现了深邃的意境和悠远的情思。他的这一思想在生存论意义上包含着对人类的终极人文关怀精神,这也增强了其现实性。

今天,人类生存环境持续恶化的现实境遇已经和正在印证着海德格尔科学哲学思想的前瞻性和深刻性。20 世纪 50 年代以来,科学取得了长足的发展,发生了翻天覆地的变化,原子能、系统科学、计算机科学、纳米科学、生命科学、电子和信息科学、仿生和再生科学等层出不穷,科学水平获得了空前的进步。同时,也付出了惨痛的代价,如酸雨蔓延、气候变暖、物种灭绝、废物转移、水土流失等。当现代科学势如破竹、捷报频传,而大多数人被科学所创造的辉煌成就冲昏头脑的时候,海德格尔却始终保持冷静和清醒,以睿智的眼光洞穿现实,认为科学对当今人类生存的危机具有不可推卸的责任。他看到,现代科学长期以来过度侵占世界,严重扰乱和损害着自然的秩序,坚决果断却无声无息而令人不知不觉地楔入人类生活的一切组织形式中,渗入到经济、政治、文化、教育、军事等各个领域中。海德格尔就由此而对现代世界造成的巨大威胁进行剖析，对现代人生存于其中所面临的一系列险象进行揭示，对现代文明提出了深刻的批判。他警示人类，在科技的作用下，人日益和地球分离开来并被连根拔起，必须关注人类整体生存的物质状态和精神状况，权衡科学对人类生存的意义，使深陷现代科学沟壑中的人类得以摆脱生存困境。所以，海德格尔的科学哲学思想是对整个科学时代存在的严峻问题的一种反思，具有独到而深远的生存意蕴。

海德格尔对现实的关注绝不只是反思科学的正负效应及可能的危机问题，而是站在整个人类未来前途的立场，深入地去探寻和挖掘由科学所造成的人类日益异化而失落自身的根源。他认为，解决人类生死攸关的问题即存在问题是解决其他问题的基本条件。在他看来，由于人类在思想深处对存在本身的误解，导致现代科学的无度发展，导致其中包藏的自然事物和人的存在的丧失，导致人类生存的家园即自然的频频告急。他反对现代人的主体性疯狂，对人类充当一切存在者的主人抱以否定的态度，并进一步追问导致这一状况的现代科学的"集置"本质，希望人类避免陶醉和着魔于展示出来的持存物，以拯救沉沦于世并执着于持存物的人。他要求人类反省自己，特别强调人对自然的敬畏和遵从，告诫人类应该去倾听潜匿于科学本质中的存在之要求，从根本上转变对存在的态度。只有具备这种自觉性，人才能从科学中抽身出来，防止科学的疯狂无度，使其得到控制。这可以给当前人类重新审视现代科学并适当地评价其作用提供有益的启示。

海德格尔力求为人类寻找一条解救之道，实现人类更好的生存。他为今天消极颓废的科学悲观主义注入精神力量，没有要求人们退回到前科学的古代，而是希望人们直面科学统治的时代，回望与自然原初的和谐关系，转变当前的生存态度，寻找一种适当的、本真的与自然融洽共生的方式，构建一种协调统一的有机主义思想，走上一条尽善尽美的生存之路。尽管海德格尔并非首位批判科学的思想家，但却为人们思考科学提供了崭新的、不同于以往一切哲学家的视角,给漂泊无定的现代人植根,引导人们踏上通向澄明之境的林中小路。虽然他对现代人生存状态的理解并非绝对正确,也绝非人类可以直接实施的现成之道,但是,就其对人类警醒的重要意义而言,毕竟为人类对自身生存处境的认识和解决指引了一种方向。这是海德格尔的巨大功绩。

2. 对现代科学的历史性考察

传统科学哲学对科学进行了诸多探讨,但始终未能提供一个令人满意的答案。造成这一状况的原因在于,它们在讨论科学的时候,完全"割断了科学的历史性,抛开了科学的时代性,只把科学看作是现成的结果即命题(命题或理论),然后通过比较各种命题和理论之间的区别,试图只从方法论上找出科学之为科学的本质性的东西。这是一种'横向的'现成比较……这种做法在学理上面临……种种困境"①。

海德格尔反对对科学的共时态的考察,他采取的方式是纵向的、历时态的。他对超历史的因而空洞和抽象的理论构架予以否定,把科学的理论构架还原为历史性的发生过程。按照他的观点,历史性和历史学无关。历史学是对历史的研究,是主体对历史的设置,在其中,历史本身隐而不显。历史性关联的是某个事情的发生,不能通过历史学的研究得出来。在海德格尔那里,对科学的反思不限于现代的境况,不是将科学看作当前的一种文化现象加以分析,而是从哲学史和科学史两个维度展开,溯及科学的曾在、现在和将在。因此,他的科学哲学思想表现出鲜明的原初性和根本性,考察的是科学认识过程本身的构造问题,具有深刻的历史感,更切近科学发生的复杂性。

现代科学到底是如何成其所是的呢?海德格尔通过对整个哲学史,尤其是形而上学史的发展加以考察,回答了这一问题。他探索了本真存在被遮蔽的历史,去剖陈现代科学的深层根基,认为现代科学并非科学在现代呈现的现

---

① 李章印:《科学的本质与追思——海德格尔的历史性分析》,《哲学研究》2005 年第 8 期。

成状态,而是存在史在现代开展出来的状态,是由柏拉图发端、笛卡尔强化的存在的原初含义被遮蔽后的状态。进一步说,他深入到存在本身的历史中,深入到现代科学的存在论的源头,把现代科学看作存在的特殊展现方式,通过存在在总体上的演化过程去揭示现代科学及其世界的发生。他把现代科学视为存在发展历程中的一个阶段,视为形而上学的终结。即形而上学并非由存在起始并进入存在的敞开领域中,而是由存在者起始并以存在者为归宿,其极端发展的产物就是现代科学。

海德格尔还诉诸生存论,从人生存的历史看待现代科学,将其看作此在在现代的一种生存方式。他认为,科学的历史性是此在历史性的展现,属于既可以是本真的,也可以是非本真的。由于此在的生存在根本上就是历史的,是在生和死、开端和终点之间的延伸,所以,作为此在的存在方式,现代科学也必然处于此在历史活动的运作之中,也是一种延伸。在每个认识阶段都有其开端先行,如源始的操劳对世内存在者的揭示和科学先行筹划的对象领域基本轮廓;同时,科学又总是期备着一个终极目标,即要达到基本轮廓中科学最初设置的揭示存在者的方式和框架。原初地说,现代科学"是人的源始生存方式在经过了某种根本性的转变之后才产生出来的……是'在世'和操劳的源始揭示经过某种根本性转化之后才演变出来的。在科学认识中,日常操劳中源始的'视'变成了一种限定性的纯粹观看,原来的'上手器具'也变成纯粹限定性观看的现成对象,并在其现成状态中获得一种确定的现成属性"①。由此,海德格尔从人对存在者态度的根本转变去理解科学的产生,把科学看作人生存的一种源始的历史经验。

对海德格尔来说,科学的历史性也指科学的时代性,即严格意义上的科学是现代的一种现象,是古代所没有的现象,或者说,现代科学和古代科学在根本上就是不同的。他抛弃了科学作为对当下事物的揭示这一非历史概念,追

---

① 李章印:《科学的本质与追思——海德格尔的历史性分析》,《哲学研究》2005年第8期。

溯和考察科学之含义的变迁,对古代和现代科学在思维方式及其得以生成的不同生存关系进行比较,由此揭示现代科学的基本特征和时代特质。在著作《林中路》中,海德格尔以批判的口吻说:"西方历史眼下就要扩张为世界历史了。"①对于这一现代发生的事情,海德格尔追溯到古希腊,发现了其根源:"甚至西方(Abendland)也没有从区域上被看到有别于东方的西方(Occident),不只是被看作欧洲,而是在世界历史上从通向本源的切近处来思的。……这种历史性的居住的家乡就是通向存在的切近处。"②"西方的世界历史得到了裁决。它乃是形而上学的本有事件。"③从本质上看,世界历史的发展就是以古希腊为源头的欧洲科技文明全球化的表现。"我想把这种进程称为地球和人类的完全欧洲化。"④由此,海德格尔指出了科学的全球化趋势,并借助考察现代科学的本质去展示现代科学的限度以及对此加以历史性反思的必要性。

按照海德格尔的观点,"科学的这种历史性决定了任何实际的科学认识都必定是对此前认识的一种'重演'。海德格尔既在此在的'在世'和操劳活动中找到了科学认识的生存论—存在论意义上的'历史'源头,又在古希腊哲学和科学中找到了近现代科学的流俗意义上的'历史'源头。古希腊开端之时所思及的东西在今天仍然在场,其隐藏着的本质即使在今天最少觉察到它的地方,也到处与我们相遇……柏拉图和亚里士多德对存在者和人的解释更是早早地为近现代科学做了间接的准备……近现代科学要成为与希腊认识根本对立的另一种认识,就恰恰需要希腊认识,需要穷尽希腊认识中的一种隐蔽倾向"⑤。

和古典哲学中以黑格尔的绝对理念为代表的理性演化的历史相比,海德格尔的思想体现为科学历史性的一种新走向。他着眼于科学"在世界中"的

① [德]海德格尔:《林中路》,孙周兴译,上海世纪出版集团 2008 年版,第 233 页。
② [德]海德格尔:《路标》,孙周兴译,商务印书馆 2000 年版,第 398—399 页。
③ [德]海德格尔:《林中路》,孙周兴译,上海世纪出版集团 2008 年版,第 334 页。
④ [德]海德格尔:《在通向语言的途中》,孙周兴译,商务印书馆 2004 年版,第 101 页。
⑤ 李章印:《科学的本质与追思——海德格尔的历史性分析》,《哲学研究》2005 年第 8 期。

历史开端,突出"在世存在",展现了独树一帜的科学的历史发展样式。这一点和胡塞尔的"生活世界"相似,但是,海德格尔不同于胡塞尔寻求使科学成立的客观和先验的东西,他立足存在论—生存论,质疑先验的自明性,从根基上将科学历史化,由此批判现代科学的历史发展思想,具有以往哲学家难以达到的高度和深度。

3. 对现代科学之哲学基础的转换

海德格尔并非不懂科学,而是对物理学、数学、生物学、历史学、语言学、心理学和人类学等学科都有涉猎,对有的学科甚至系统地修习过,可以就科学方面的问题和当时的一些著名科学家进行高层次的讨论。所以,他关于科学的思想是有根据的,而且对科学本身的发展起了积极的作用,有助于廓清科学由什么构成,何以展开其本质,如何朝着某一特定方向构建起来。

海德格尔的科学哲学思想促进了科学之哲学基础的转换。19世纪末,以牛顿经典力学为代表的传统科学自身的理论瓶颈日益凸显,遇到了严重的困难,受到了巨大的挑战,从而促使科学研究发生了剧烈的变革,相对论、量子力学等新理论不断提出。海德格尔的基础本体论与现代科学的产生在理论上有互动,他关于存在的变化、生成、跳跃、不确定等的描述和现代科学中粒子的运动等属性相一致;关于实在的我属性和测不准原理中由于观察者的参与而造成的不同结果暗合;其时间观和爱因斯坦对时间相对性的肯定、普利高津提出的"时间先于存在"相似。这些认识在一定程度上使科学的问题发生了转向,开启了新科学时代的开端,使科学研究有了新进路,也有助于人们真正认识现代科学。

在认知科学方面,人们长期被笛卡尔主义心理学这一解释认知活动的理论构建所主导,把科学认识的发生过程溯源于认识主体的主观心理过程,导致主客体之间难以沟通。在现代,有大量的哲学家与科学家着手研究欧洲大陆哲学和科学之间的关联,他们认为,海德格尔的思想和对心灵的科学解释存在着密切的联系。海德格尔以此在"在世"的参与对科学的研究进行了反思,肯定人对自身周围世界的开放性,把它们看作现代科学的哲学基础,并将此视为自身哲学的重要课题。海德格尔对心灵、知觉和认识等方面的理解都是对笛卡尔主义心理学的反对,保证了新的涉身心灵的认知科学以及涉身—嵌入认知科学之研究的发展。所以,海德格尔哲学在批判笛卡尔主义、消解现代科学并构建新的存在论—生存论科学方面做了积极的考察,对科学基础的转换具有建设性作用,是对科学的重要理论贡献。基于此,韦勒肯定海德格尔的科学思想在重构认知科学中的基础地位,作出这样的理论判断:"海德格尔的理解可以帮助我们构想一种非笛卡尔主义认知科学的哲学基础。"①德雷福斯探讨海德格尔哲学对认知科学的批判和启示作用,通过海德格尔哲学对正统认知科学理论困境的揭示,认为海德格尔能够提供一种非笛卡尔主义的说明。总之,海德格尔对现代科学的批判和重建为科学的发展提供了基础和动力。

海德格尔在现代科学发展中的基础作用并非空穴来风,科学的新发展为其提供了实证支撑。如在论文《从现成上手状态到现成在手状态之转换的证明》中,多博罗米尔·G.多特福、林·尼尔和安东尼·切米罗"通过实验去证实海德格尔的现象学理论,特别是从经验上为他依照用具说明上手事物和现成在手事物之间的转化提供一个论据。在实验中,作者发现,处于上手状态的认知系统表现得和噪音密切相关。而在系统受到干扰时,和这个系统和噪音的关联就降低了。这就说明,参与者在上手使用用具的过程中,二者之间具有一种连续的、自组织的机制,但是,这种机制会遭到摄动的干扰。在实验中,作者考察了意识在上手使用、自我组织和连续性认知机制受到干扰后进行自我再组织的过程。他们发现,注意力的转变影响着干扰的过程,干扰了参与者在认识中的表现。这些实验证明,处于上手状态的参与者—用具系统会受到暂

---

① Wheeler Michael, *Reconstructing the Cognitive World*, Cambridge: The MIT Press, 2005, p.121.

时的干扰,这个干扰会改变参与者的意识"①。由此,他们认为,"大陆哲学家海德格尔的思想深远地影响了认知科学与人工智能,虽然人们在经验上对此缺乏认识"②。上述由上手状态到现成在手状态转变的理论早已由海德格尔在著作《存在与时间》中做过论述,而实验则为其提供了佐证,以实证的方式证明,在认知中确实存在着由上手状态到现成在手状态的转变,当上手状态由于中断而不能继续进行时,现成在手状态就呈现出来,而噪音等诸多干扰则在某种程度上造成这一转变的发生,而且,这一转变可以为人们提供认识。

第二节　海德格尔的科学哲学思想在科学哲学嬗变中的地位

科学从产生到发展,从来都没有离开过哲学领域,最终形成了以有关科学的、以科学为考察主题的、作为独立学科的科学哲学。科学哲学家们站在不同的立场,以各自的思维方式对科学加以剖释,产生了各种流派,最初主要关注的是科学的认识论和方法论方面的问题,之后则转向更为广阔的领域,如历史、社会学、伦理学、现象学、解释学、存在论和生存论,等等。从科学和人在哲学中的地位和作用这一角度,科学哲学主要分为科学主义和人文主义两大思潮,海德格尔的科学哲学思想在对科学主义的消解和人文主义的构建中占据着重要的地位。

一、科学主义科学哲学的困境与消除

科学主义的科学哲学发展的基本脉络是实证主义(包括第一代实证主义、马赫主义、逻辑实证主义)—证伪主义—历史主义—科学实在论—科学知

---

①　Wheeler Michael, *Reconstructing the Cognitive World*, Cambridge: The MIT Press, 2005, p.121.

②　Dobromir G.Dotov, Lin Nie, Anthony Chemero, "A Demonstration of Transition from Ready-to-Hand to Unready-to-Hand", www.plosone, March 2010/Volume 5/Issue 3/e9433.

识社会学,通常,人们把波普尔之前的各种科学哲学思想统称为逻辑主义,之后的统称为历史主义,波普尔是前者和后者之间的过渡环节。科学主义的科学哲学在总体上表现为科学的自卫,其核心问题是科学和非科学之间的划界,其主旨在于为科学的合理性进行辩护。

实证主义以现象论观点为出发点,认为通过对现象的归纳就可以得到科学定律,强调知识的经验或实证基础,拒绝通过理性把握感觉材料,目的是建立客观的知识,主张用科学的哲学代替传统的哲学即形而上学,将哲学溶解于科学之中。最早的实证主义坚持可证实性原则,强调事实,主张从科学的实证性解读科学,把感觉经验、能否被经验验证作为区别科学和非科学的根本依据,认为只有得到经验证实的知识才是科学;要克服传统哲学的思辨性和抽象性,对世界的本质问题持不可知的态度,排斥形而上学;要求超越主客、心物等二元对立,强调运用实证科学综合社会、政治、宗教、道德、哲学等各个领域,建立无所不包的实证主义体系。马赫主义把注意力集中在经验证实原则和意义标准上,强调经验的重要性,把科学和认识限制在经验范围,把感觉经验看作认识的界限和世界的基础,认为能够被经验证实的命题才是有意义的;取消了现象之外的存在和本质的问题,更彻底地反对形而上学;把经验看作超出了心物对立的中性的东西即要素,试图建构中立的哲学,用自然科学重构实证的哲学,即科学的认识论。逻辑实证主义坚持,不管在什么时候,对命题或假说的证实都是成问题的,不可能彻底完成,因此,科学并非已经得到经验证实的东西,而是有可能得到经验证实的东西,即具有概率上的可证实性,这样,经验的证实原则就被弱化了,而逻辑推演的作用受到重视,奎因的《经验主义的两个教条》就是这一状况的标志;认为科学的方法是研究人类行为的唯一正确的方法,将科学哲学局限于知识论的范围之内;主张物理主义和科学的统一,将一切科学都还原为物理学,致力于以逻辑构造理想的科学形象;科学哲学家们随后又发现,可证实性也面临困难,认为这一标准太苛刻,于是提出更为宽容的意义标准,可证实性进一步弱化为可确证性,即如果一个命题或假说在较高的程度上可以得到验证,那么,我们就可以将其视为科学的。

证伪主义者波普尔批判这种可确证性,指出赖欣巴赫将一个假设的确证度与命题序列本身的概率和随机事件本身的概率相混淆、卡尔纳普将理论的确证度等同于理论概率的错误,代之以可证伪性原则。他认为,理论的科学性或科学划界的标准不在于可证实性或可确证性,而在于可否证性。因为,科学命题是关于事实的全称判断,而科学中观察到的事实和全称判断相比,其概率无限接近零,基于它的归纳推理不可能具有必然性,由此,确证度极高的科学命题也就成为不可能。在他看来,从一个科学理论推导出的命题,在逻辑上而非现实上总能找到与之相冲突的某种事实。一个理论所提供的信息量和可否证性成正比,理论的可否证性越高,所提供的信息量越大,预见性越强,就越有价值。

波普尔的证伪标准简单地限于经验,而经验是有限的,既不能证明也不能否证普遍的理论命题;而且,理论不是孤立的,而是相互联系而构成一个体系,错综复杂,难以判定是哪个理论和经验不一致;另外,科学的观察负载着理论,当科学理论和观察事实发生矛盾时,有问题的既可能是观察事实中所负载的理论,也可能是观察事实,不能简单地否定被检验的理论。由此,拉卡托斯提出精致证伪主义,即由硬核、保护带、反面启示法和正面启示法构成的科学研究纲领方法论。他认为,一切科学研究纲领都不是永恒的,其硬核都会通过修改或调整一些辅助性假说而得到保护,既有反面的禁止性规定,也有积极的鼓励规定,永远不会被完全否证。即当科学研究纲领面对观察事实时,不存在"判决性实验",难以被观察事实彻底否证。所以,反例再多,理论也不能被完全否证而抛弃,它总是会卷土重来,焕发出新的生命力。由此,科学的划界标准就是模糊的,科学和非科学都是历史的、相对的,一个研究纲领有时候是科学的,有时候是非科学的。

波普尔和逻辑实证主义一样,根据科学本身分析科学,虽然开始动态地研究科学发展模式,但仍旧以纯逻辑去考察,缺乏科学发展史实的视野。以库恩为代表的历史主义揭露了逻辑实证主义和波普尔的根本缺陷,即其科学哲学的科学发展模式不符合科学发展的史实,着眼于科学的历史和现状,在科学中引入科学以外的因素,包括社会、科学家的心理、科学共同体的要求等,由此,既反对逻辑主义各派的科学结构和发展理论,又反对之前的一切科学哲学。库恩科学哲学思想的核心概念和本质内容是范式和科学共同体。范式是一个科学共同体成员所共有的东西,反之,掌握了共有范式的科学家才能组成科学共同体,它们的特点是韧性和相对稳定性。通过范式和科学共同体,库恩将科学史、科学社会学、科学心理学相结合,将科学的内史和外史相结合,由此综合考察科学的发展规律,以总的框架去统摄散乱的现象,应和了科学中的一体化和整体化趋势。由于范式不是客观世界的知识,而是科学共同体的信念,而且具有不可通约性和不可比较性,所以,处于不同范式中的科学是截然不同的,并无所谓真假。这就导致科学共同标准的丧失,也否认了科学和非科学的区别。

劳丹看到,拉卡托斯的研究纲领还是经验论的,其进步概念只允许构成研究纲领的理论发生极其有限的变化,对进步的估价毫无意义,其硬核结构不发生根本变化的思想是僵固的。同时,劳丹也指出了库恩范式的缺点,即同样陷于经验之中,忽略了概念在范式中的作用,把范式看作是僵死的、呆板的,否认了科学的进步。他在此基础上提出了"研究传统",即指导具体理论发生的一套规则,它由若干个同时出现或前后相继的理论构成,彼此不同,是一个不断进化发展的过程,有着形成、繁荣和灭亡的历史,既可以表现为积累式的进步,也可以表现为非积累式的进步。但是,劳丹的研究传统不过是在前人基础上做的修补工作,标志着历史主义的终结。

作为对实证主义、波普尔的批判理性主义、库恩的范式论等科学哲学理论的激烈批判,科学实在论开始登上科学哲学的舞台。科学实在论基本上围绕科学、实在和真理展开,普遍持唯物主义的立场,反对唯心主义和主观主义,认为科学的研究对象是客观存在的,主张知识是外部世界的映像或表述,坚持科学知识的客观性和人们获得真理的可能性,承认科学理论之间的连续性、可比性和可通约性。科学实在论在一些方面又回到了科学哲学最初的原点。

科学主义的科学哲学的特点主要是逻辑分析和经验实证,讨论的问题主要定位于认识论和方法论。图尔敏认为,科学哲学要论述的问题有两个,即方法论与认识论。从这一视域出发,科学哲学的工作限于从逻辑和意义方面去分析科学的概念、命题和判断。基于此,科学哲学对科学的发现和知识的增长加以逻辑重构,在经验观察与理论命题间建立逻辑证实关系,由此确定科学是唯一的真知识。洛西谈到了科学哲学关注的问题,包括科学研究不同于其他研究的是哪些特征;哪些程序是研究自然应该遵循的。因此,科学方法论的研究至关重要,它使科学知识具有有效性。但是,归纳法的或然性和证伪法的简单性却使科学方法论日渐衰落,科学没有了方法论标准,在科学的本质及划界等方面出现问题,最终走向相对主义。于是,科学主义的科学哲学跌落到难以解决的困境中。在这种情况下,科学社会学和科学知识社会学得到蓬勃发展。但是,社会学也是实证科学,由它去研究实证科学,是在科学内部认识科学,只能解决科学的局部问题,不能真正把握科学。

这种科学主义的科学哲学不过是一种"模仿",将科学及其展现的世界视为自然直接给予的东西,表现为一种静态的模式。实证主义经由分析认识的现成结果,即已经被证实的正确知识和方法去理解科学,如科学命题和规律,理论的有效性、客观性、普遍性,科学观察和实验的可重复性等,固守于对现成知识和属性的把捉,置科学的发生过程于不顾。科学哲学家看到,由于跳跃性的直觉和灵感,科学发现的过程表现出诸多偶然性和随意性,因而将科学发现的过程排斥在外,着力于为科学认识的现成结果进行辩护。逻辑实证主义将科学的发展看作没有中断和革命,是直线式的渐进积累的增长,所以,科学发展呈现为静态化的图式。卡尔纳普在《世界的逻辑构造》中所展示的科学就是这种状况的典型。波普尔谈到了科学的发生过程,提出科学发展的动态模式,探讨科学产生和进步的机制,但依旧追求普遍有效的方法论原则。波普尔的科学发展模式是由问题开始的猜测与批判循环往复和不断前进的宏观轮廓,重点在于理论的可证伪性和科学的划界,仍然是对现成结果进行说明,没有摆脱朴素的实在论。库恩在研究科学认识的过程时,要让科学从研究活动的历史记载中浮现出来,却重视对科学及其发展过程的外在描述,关注科学文本的意义,按概念体系理解科学,最终被静态的科学知识社会学取代。由于执着于科学的现成结果,致使科学哲学身陷困境。

从实证主义对科学知识的分析,到历史主义对科学发展的分析,到科学知识社会学侧重于对科学知识产生的社会学分析,科学主义的科学哲学一直致力于解决自身存在的问题。但是,由于始终固守科学的思维模式,以科学的方法研究科学,把科学视为现成的客观对象,仅限于对其理论做自我修补和完善,无法跳出科学本身,不能进入科学的生存境域之中,因而难以如愿。自20世纪80年代开始,科学主义的科学哲学领域一度沉寂,逐渐走向衰退。

科学主义的科学哲学坚定地捍卫科学,为科学的合理性辩护,基本上都把实证科学看作最高的、严格意义上的、唯一正当的知识,是知识的典范,能够达到对世界的真正认识,具有毋庸置疑的真理性和有效性,因而也要使哲学成为实证科学,诉诸科学的检验。它们对科学缺乏反思,对科学的本体论基础持无视和非批判的态度,而其自然本体论反倒撤除了科学本身的本体论。它放弃思考科学和人类生活之间的关系,不就科学对人的生活产生的影响做深入的估量。如实证主义认为灵魂、上帝和自在之物等都是形而上学的东西,没有丝毫实际意义,是荒诞不经的虚构,应该将其排除掉,即使是人的生存意义、伦理等问题,也不属于哲学的研究领域。因此,虽然它们在努力克服自身存在的弊端,但始终做不到从根本上理解科学和人的生存之间的联系,从而走上了极端的科学主义立场,明显表现出科学与人文的分割与疏离,使科学与人文的断裂成为现代人的生存境遇。

二、人文主义科学哲学的转向与会合

20世纪中后期,面对突出的矛盾,科学主义的科学哲学式微,人们开始转向分析传统之外的欧洲大陆哲学,人文主义哲学中典型的现象学、存在论、解释学等思想被正式纳入科学哲学并迅速兴起。在这种情况下,海德格尔、伽达默尔、霍克海默和德里达等哲学家,原先在考察科学问题时长期得不到话语权,被科学主义的科学哲学所排斥,现在逐渐受到注意并散播四方,开始引领科学哲学发展的新方向,科学哲学由认识论、方法论走向存在论、生存论。由此,对科学的理解发生了从逻辑经验架构到历史情境、从拒斥形而上学到重返本体论的转变,扩充并丰富了科学哲学,催生了相应的新的科学哲学分支,使科学哲学走向多样化。正因为这样,在20世纪后期,科学哲学的发展展现出新旧交替、多种思想共存的面貌,科学主义和人文主义彼此对话和借鉴、渗透和融合,具有强烈的人文主义价值的导向。

其实,科学主义科学哲学内部在相互交流与碰撞、克服自身问题的过程中,已经逐步认识到主客二分的表象性科学的缺陷,动摇了实证主义以来的唯科学主义立场。如柯瓦雷首次提出科学思想史研究纲领,开始探求科学的形而上学基础。他认为,科学思想的发展和超科学的思想如哲学、形而上学与宗教等非常紧密地联系在一起。波普尔非常认可形而上学对科学的意义,并以"探照灯"为喻探讨了解释学在科学中的作用。他认为,自然科学实际上是对自然界的一种理解或解释,知识不可能从虚无中产生,"科学永远不会从零开始"①,而是发端于某种背景知识或问题,一切科学的观察都是在先行的兴趣、问题、理论及假设的东西的前提下展开的,科学的结果也都是在特定的情形下被发现的。"我们只有通过假设才知道应该进行哪一类观察,哪个方面我们应该注意……因此,正是假设构成了我们的向导,引导我们得到新

---

① ［英］波普尔:《客观知识——一个进化论的研究》,舒炜光、卓如飞、周柏乔等译,上海译文出版社1987年版,第357页。

的观察结果。"①奎因重新关注存在问题,提出了"本体论承诺",认为一旦人们决定了对科学的更为全面的概念结构,也就决定了他们的本体论。而这种本体论承诺实际是一种约定论,科学理论就以约定为基础,一切理论都是虚构的结果。库恩指责实证主义科学哲学忽略了科学历史发展中鲜活的事实,转而对作为实践活动的科学进行研究。他主张,科学并不是无条件的纯粹的理论活动,如果没有人的存在、实践活动和社会文化等历史性的前提,那么,科学也就不会存在。库恩引进了历史情境的因素,考察科学知识的外在条件,认为同一个自然物体在不同的范式或科学共同体中具有不同的意义。科学知识社会学家将科学知识的静态结构和科学活动置于特定的情境中,着眼于科学的社会建制,把科学知识看作一种社会现象,在社会维度下研究科学的社会结构和社会状态。在著作《科学哲学导论》中,罗姆·哈瑞指出:"科学哲学应该是就科学工作在全部生活方式所处中的位置所做的一种探究。它可能会考虑给予从事科学以最基本的捍卫——从事科学是否值得。……人们可能会争持:科学知识会不断损害人类以最好的方式去生活的条件。人们可能还觉得,或许那些花费在追求科学知识中的努力,用于陶冶艺术感受、使举止优雅和美化环境更好。"②这些科学观都在不同层面上和人文主义的科学哲学思想相呼应。

人文主义的科学哲学一贯采取反思科学的进路,将科学和存在密切关联在一起。

胡塞尔已经将自然科学与人的问题密切联系在一起,表现出生存论的思想。他坚持,在任何科学观念产生之前,都有一个原初意义的境域。他建构了生活世界理论,认为存在着一个前科学的生活世界,不管是在科学产生之前还是科学产生之后,它一直都存在着且没有改变,是唯一真实的世界。自然科学

---

① [英]波普尔:《客观知识——一个进化论的研究》,舒炜光、卓如飞、周柏乔等译,上海译文出版社 1987 年版,第 356 页。

② Rom Harre, *The Philosophies of Science*, Oxford ; Oxford University Press, 1989, p.1.

的理论是受到在生活世界中形成的动机的促动而产生和发展起来的,是由意识活动造就的,是在实践活动中创造出来的一件理念化的衣服,却最终取代了生活世界。他主张采用朴素的生活世界的说话方式,避免科学的专门化的说话方法,从科学的观念化的世界回归到活生生的生活世界中去。这样,就可以避免物理主义的客观主义,防止自然科学的原初意义被掩盖起来或发生转移。

　　法兰克福学派的成员对科学表现出强烈的批判意识,将科学置于资本主义的现实社会之中,反对科学的异化,以期通过理论上的批判拯救人类,使人类摆脱受剥削、受奴役的状态。霍克海默否定实证主义,反对实证主义把经验看作脱离思想的东西,认为经验总是受到描述它的话语的整个知识体系的调节;认为科学的启蒙精神由于自身的内在逻辑而走向了倒退和毁灭,工具理性日益突出,人日益受到征服和控制,日益丧失自我和自由,负面效应远大于正面效应。阿多诺批判实证主义把自然科学的模式移植于社会,反对将社会做精确化和定量化的研究,反对将科学与非科学、科学与艺术割裂开,倡导科学与前科学、科学与艺术的统一,将审美、艺术看作人性救赎的重要方式,看作描绘人的真实生活状态的途径,使人从奴役的现实中走出来。哈贝马斯重视植根于人的交往活动的兴趣在认识中的指导作用,他将兴趣分为三个不同等级,即技术的认识兴趣、实践的认识兴趣和解放的认识兴趣,认为从这三种不同的兴趣中引出了三种不同的科学,由低到高分别是自然科学、精神科学和批判的社会科学,其中,解放的认识兴趣和批判的社会科学最能体现人的最高生存目标,能够最终认识和改造扭曲的社会关系。马尔库塞曾批判科学的意识形态功能,否定其造成的单向度的社会和单向度的人。

　　费耶阿本德几乎对之前所有的科学哲学思想都进行了批判,提出了多元方法论和相对主义。他反对单一、独断、不变、普遍适用的教条,喊出"怎么都行"的口号,主张开放、创造和自由选择,认为每个时代的社会条件、知识背景、群众心理、科学的宣传和技巧等都是推动科学进步的有力手段。他坚持,科学和非科学之间没有绝对的界限,科学和宗教、科学和神话之间没有绝对的标准,它们之间有着密不可分的关系,不能以强权排斥非科学,后者有值得科学借鉴的方面。他批判理性,反对科学日益理性化和神圣化,认为理性导致人的快乐、智力和情感的减少,违背人性,因而将非理性的东西引入科学,以求取消确定性和普遍性,达到多样化。

后现代主义作为反对和超越现代哲学的思潮,在科学哲学方面展示出不同的思维方式,反对体系化,要超越心物二元论、基础主义、本质主义、理性主义、主体主义、一元论和决定论等。福柯反对实证主义中性和客观知识的观点,将知识和权力相联系,强调其社会规训和控制的作用。他认为,人们对人类的认识史只能做"考古学"的研究,探求知识得以可能的先验历史条件和话语结构,揭示使人们的话语实践的推论理性"组装"起来的各种规则,这些规则随着历史的变化而变化,只对特定时期的话语实践有效,决定着特定历史时期中的各种经验秩序和社会实践。利奥塔反对传统的理论论证,对后现代高科技社会中的知识状况进行了描述,将知识做了广义的解释,认为它包括"如何操作的技术""如何生存""如何理解"等;知识不是偏狭的学问,而是涉及人各方面的能力,不只是一个认识问题,还和人对善恶美丑等的评价和选择有关;反对工具理性的知识观,认为科学只是知识的一部分;以语言游戏说解释科学,彰示科学的约定性,以实际效用解决科学的合法化问题。罗蒂将表象主义称为镜像哲学,反对视觉中心论,反对把心灵当作反映实在的镜子,反对真理符合论,认为人心作为自然之镜不一定真实可靠,像中了魔一样充满迷信和欺骗;反对把知识看作心灵对实在反映的系统化和精确化,离弃对严格性的寻求,极力推崇知识的偶然性、不确定性和相对性,取消了知识和意见的区分,模糊了科学和非科学的界限。

在反对唯科学主义方面,后期的科学主义的科学哲学和人文主义的科学哲学最终会合了。它们用人文主义消解科学主义,关注科学和人类、社会等因素的相互作用,着力于科学对人类和社会的意义、价值等方面。如罗蒂反对专家治国和对科学家的偶像崇拜,强调科学与人文的融合。

三、海德格尔科学哲学思想的位置

对于海德格尔有没有科学哲学思想,在科学主义的科学哲学盛行的时期,学界有不同见解。有人对海德格尔持偏见和误解,认为他对科学漠然视之,也不关心科学哲学,因而曾一度被冷落和忽视。威廉·J.理查森站在科学主义的立场,认为海德格尔没有关于经验科学的思想,所以不是科学哲学家。有人激进地肯定海德格尔的科学哲学思想。特里斯·格莱兹布鲁克在其著作《海德格尔的科学哲学》中说:"科学哲学不只是一种扩展科学领域的活动,还是针对多种问题群的研究,包括发现和证明的逻辑及其方法论、科学知识的形而上学的与认识论的前提假设、科学实验的历史起源及发展、科学被体制化的政治后果、自然科学理论的本质及界限等……这些问题的任何一种组合都可以在海德格尔的著作中找到线索……海德格尔的确在非常广泛的范围内对和自然科学有关的方面做了大量论述。"[1]她认为,海德格尔终生研究的核心和唯一主题就是科学,而这由三个时期构成:在早期的 20 世纪 30 年代,海德格尔把哲学本身看作科学;在过渡时期的 20 世纪 30 年代到 20 世纪 50 年代,海德格尔从现象学转向物理学,把研究的关注点放在科学活动而非哲学本身;在后期的 20 世纪 50 年代后,他主要研究科学和技术的关系,把科学的本质归结为技术;"科学是筹划"这一思想始终贯穿于这三个时期之中。也有人对海德格尔是否有科学哲学思想持温和而客观的态度。约瑟夫·J.科克尔曼斯认为:"海德格尔的作品中能否找到一种经验科学的哲学,这个问题不同的作者以不同的方式给出答案。W.理查森在他的评论'海德格尔的科学批判'中写道:'在他一生中最长的日子里,海德格尔绝不能被称作科学哲学家。'而另一方面,H.塞格费里德却声称道:'海德格尔的《存在与时间》在严格而狭义的意义上必须被视为一篇科学哲学的论文,并由此对其进行讨论。这种科学哲学在

---

[1]　Trish Glazebrook, *Heidegger's Philosophy of Science*, New York: Fordham University Press, 2000, pp.3–4.

很多方面和在费耶阿本德、波兰尼、汉森、库恩等人那里形成的新科学哲学非常相似。'"①

21世纪前后，海德格尔的科学哲学思想日益获得国际哲学界的重视和认可，迅速升温，不断推进，表现出强劲的发展势头，形成了较大的声势，和分析传统的科学哲学相抗衡，在作为分析哲学主阵地的英美哲学界，对海德格尔科学哲学思想的研究也日成气候，被看作科学主义的分析传统和人文主义的欧陆传统之间沟通的一个桥梁。如迈克尔·艾斯菲尔德认为："海德格尔的《存在与时间》能为分析哲学提供一种看待我们自己的视角，这种视角以积极的方式表明，我们作为精神化的存在，如何可以避免自己的物化，以及如何使精神化存在不给存在于世界中的实体增添任何东西，同时又不至于使对实体的描述还原为自然主义的描述。另一方面，当今哲学中的外部主义和意向性的社会理论的论证，通过其分析明晰性，可以在细节上帮助我们得出理解我们自己的一种形式。我认为，这就是海德格尔《存在与时间》与今天的分析哲学能够合作，以便取得互惠双赢的地方。"②

由此表明，海德格尔与科学主义的科学哲学并非没有思想关联。例如，海德格尔在范式的特性及不可通约性方面有自己的独特看法。他主张，由于古代和现代的人对科学的基本理解不同，"所以，那种认为现代科学比古代科学更为精确的看法，根本就是毫无意义的看法。如此，我们也不能说，伽利略的自由落体理论是正确的，而亚里士多德关于轻的物体力求向上运动的说法是错误的；因为，古希腊人关于物体、位置以及两者关系的本质观点，乃基于另一种关于存在者的解释，因而是以一种与此相应的不同的对自然过程的观看和究问为条件的"③。由此，他否定科学发展连续的、渐进的积累，认为"不可能

---

① Joseph J., Kockelmans: *Heidegger and Science*, Washington, D. C.: Center for Advanced Research in Phenomenology, 1985, p.18.

② ［法］阿尔弗雷德·登克尔等主编：《海德格尔与其思想的开端》，商务印书馆2009年版，第244页。

③ ［德］海德格尔：《林中路》，孙周兴译，上海世纪出版集团2008年版，第67页。

说,现代关于存在者的观点比古希腊的更正确……必须首先抛弃一种习惯,这种习惯按照进步的观点,仅仅在程度上把较新的科学与较老的科学区别开来"①。两种科学是在不同的境域中进行筹划的结果,即先行的筹划方式不同,和事物交道的方式就不同,事物之是其所是的根据和表现也不同,由此得出的关于事物的认识自然就不同。按照库恩说的新旧理论范式之间的不可通约性观点,即使新旧理论在表达事物方面用的是同样的概念,事物的意义及相互关系也已经发生了变化,是不可比较的。所以,不同的理论范式之间没有进步可言,科学的发展是一种随机的演化或格式塔式的转换。虽然海德格尔和库恩在这方面的思想相似,但是,海德格尔早于库恩30多年忖度了20世纪早期的科学革命,提出与科学革命有关的思想,认识到科学革命的实质,认为在科学的各门学科中所发生的深刻变化其实都是科学基础的革命。

面对科学出现的问题及其导致的危机,以往的大多数科学哲学家都限于对现代科学的价值负载和外在功能的批判,着眼于当下科学异化带来的种种具体的现实状况,提出了不同的解决方案。海德格尔不是简单地满足于像他们那样,在他看来,他们仅仅停留在表面,只能经验地展示和把握一些具体的事实。海德格尔着眼于超越科学所谓的自明性,力促传统问题的解决,重新塑造科学哲学,强调科学哲学的反思性。他极大地突破了科学哲学的局限性,把科学的问题指向科学之外。他要摒弃对科学所做的探查的不彻底性,通过对科学基础的追问,拆撤了主体和客体、认识和实在对立的二元论构架,克服了日常的朴素的经验,把握科学的实事。这一方式是对以往整个科学哲学的彻底革命,提供了一种和以往科学哲学家迥然相异的内容,开创了科学批判的新局面。海德格尔对推动科学哲学的发展做了很多贡献,如克服和超越形而上学、批判科学的表象性思维、弥补了对前科学向科学转变的忽视、对数量化和专门化等的独特见解、对古代科学的重新解读等、实现对科学的广义理解等。

---

① 　[德]海德格尔:《林中路》,孙周兴译,上海世纪出版集团2008年版,地68页。

他代表的是人文主义科学哲学中欧洲大陆传统的科学哲学方向，颠覆了现代主体性的科学观，启迪和昭示了科学哲学的本体论路径，促使以往的科学哲学反省自身，是推动科学哲学发生转向的哲学家之一。

海德格尔并非单纯地就科学而论科学，亦非将重点放在寻找科学所导致的各种危机上，而是追问科学本身在存在论中的位置，使科学从属于存在论哲学体系。即他对科学的反思超越了科学主义的认识论和方法论层面，没有从结果上将科学看作现成的理论，也没有从认识论和方法论的层面树立科学的标准，而是直指科学的本质，追问科学的原初意义及其演化。由此，他将对科学的理解彻底推进到存在论和生存论的层面，并由此考察有关科学的各种问题，将它们都和存在联系在一起，从科学的生存情境出发把握科学，建立起对科学的存在论叙事，展现作为认识论和方法论的现代科学的先验基础，挖掘科学在存在论和生存论上得以可能的条件和限度。他认为，认识不是独立存在的，科学的态度并非人们最切近存在的态度，科学认识和更深层的存在论问题交织在一起，有自己特定的存在论预设，后者既决定着科学的对象和方法，又划分出科学的范围和界限。进一步说，由于此在本身是在时间中的存在，在历史中展现，具有有限性和历史性，所以，作为此在的一种生存方式，科学对实在的认识也必然具有有限性和历史性，不是普遍有效的，只能在特殊的历史情境中得到辩护。即科学的严格性和精确性是通过对世界进行筹划而形成的对象领域中实现的，而筹划世界在实质上是此在的在世方式，所以，要真正认识科学，绝不能仅仅把注意力放在现成的结果和逻辑结构上，而必须考察和还原科学生成和发展的历史境域。海德格尔以动态的实践代替了静态的理论，认为此在与世界之间首先是操劳照料的关系，然后才有认知的关系，从而"使科学的基础追问与更广泛的生活方式、现代社会的走向以及现代性问题的反省关联起来"①。这种对科学的解读为人们更好地理解科学提供了不同的视角。

---

① 张贤根:《科学、艺术与真理——走向现象学的科学哲学》,《科学技术与辩证法》2003 年第 4 期。

由此,海德格尔批判科学置人的尊严和价值于不顾的一面,对人的生存命运进行思考,认为科学与人文在根本上并不是对立的,科学是从人文的母体中产生出来的。由此,他架设了科学哲学的两大思潮即科学主义和人文主义关于事实和价值、科学和人文之间彼此连接的桥梁,有助于弥合二者观念上的分歧和对立,保持科学的人文底蕴,推动科学和人文的会通,有助于人们深刻地把握科学。"海德格尔的目的是建立一种一体化的本体论哲学。在他那里,包括认识论在内的所有哲学问题,都被纳入到本体论之中,使之成为统一的本体论的有机组成部分……从本体论角度说明它们的意义。"[①]也就是说,海德格尔对科学的反思和以往关注认识论和方法论的科学哲学家不同,不局限于科学中的具体问题,而是开辟追问科学的崭新道路,探索科学哲学发展的崭新方向,提供了对科学的新的诠释,为科学哲学的发展开启了一种新的可能性,拓宽了科学哲学的研究领域,凸显了一种不同于科学主义科学崭新的特征,补充了科学主义科学哲学的不足。在某种程度上说,他的思想比从认识论、方法论的维度认识科学更深刻,这是一般的科学哲学家望尘莫及的。海德格尔不是首位从人文主义视野对科学进行批判和反思的思想家,但在存在论的视域内去追问科学,却是前无来者的。

第三节　海德格尔的科学哲学思想对科学哲学发展的影响

海德格尔从存在之视界出发,就科学进行了具有开创性的思考,超越了传统的工具论,上升到存在论—生存论,形成了丰富、完整而严密的科学哲学思想,虽玄奥艰涩,却不失深邃和精辟,给许多哲学家以启发,在科学哲学界乃至别的科学领域都产生了广泛而深刻的影响。海德格尔之后的人文主义向度的

---

① 王晋生:《海德格尔的认识思想探讨》,《山东大学学报》(哲学社会科学版)1994年第4期。

科学哲学流派包括现代生态主义、国外马克思主义、SSK、科学解释学、技术哲学、后现代主义等的许多哲学家，都沿着海德格尔的思路，既秉承和坚持了海德格尔的科学哲学思想，又对其有超越和发展，使科学哲学的研究走向深入，开启了一个新的时代。伽达默尔、德里达、福柯、罗蒂和利奥塔等哲学家都曾经受到海德格尔的影响，有的甚至对海德格尔推崇备至，当然也有对海德格尔的批判，由此表现出复杂的对话关系。他们分别从不同的角度对科学进行了深入的探讨，各自形成了关于形而上学、科学、人的解放和审美式拯救等方面的见解。

一、形而上学的批判

贯穿海德格尔科学哲学思想的主线是对主客二分的形而上学的超越。在海德格尔看来，不但古希腊和中世纪中的柏拉图主义是形而上学，近现代的笛卡尔、康德、尼采和胡塞尔等的哲学也属于形而上学，实质上是柏拉图主义的延续。在各种新名目下对形而上学的批判只是做了某些局部的变换或运用于某一具体领域，并没有真正跳出形而上学。海德格尔怀疑并摧毁了形而上学，瓦解了其主客二元论，启发了许多哲学家的理论建构。海德格尔对"本质""人类中心主义""主客二分"思维方式的批评，演变成后现代主义中的"反本质主义""消解中心""主体死亡""解构主义"等思想。

1. 对实在的否定

伽达默尔作为海德格尔的学生，继承了海德格尔的思想，认为"事物是有自身存在的东西……是'不能强迫它什么都做'的东西。事物自身的存在由于人想操纵事物的专横意志而被忽视"①。他要达到存在的真理，坚称物理学的世界不是真实的、自在存在的，没有超越此在。他说："现代科学意义上所

---

① [德]伽达默尔：《哲学解释学》，夏镇平、宋建平译，上海译文出版社 2004 年版，第 73 页。

谓'自在'的东西却同这种本质的和非本质的东西之间的本体论区别毫不相干，而是把自己规定为我们准许控制事物的确实知识……自在的事物对于某种特定的认识和意愿方式来说也是相对的。"①按照他的观点，没有单纯客观的存在之物，存在之物不单单是纯粹的在场和当下的现存之物，在一定意义上，它也是有限的历史的"此在"。因此，科学所研究的自在存在，都是相对于在它们的研究领域中设置的存在设定，不可能超出这种存在设定而认识自在存在。"物的经验同纯粹现成在手东西的单纯可固定性毫不相关，同所谓经验科学的经验也不相干。"②

德里达对海德格尔高度赞誉："我们必须像海德格尔那样过问存在问题。海德格尔并且仅有海德格尔超越了存在—神学并向存在—神学提出了存在问题。"③"海德格尔所说的存在和存在者之间的存在—本体论差异，它至今仍是哲学的未思之处。"④他承认自己受惠于海德格尔的思想，是海德格尔提出的问题使他要做的事得以可能。他相信科学受到滋生了它的形而上学枷锁的束缚，以反对"逻各斯中心主义""在场的形而上学""赋予某种实体以特权"等形式继承了海德格尔要求摆脱形而上学的立场，重申了海德格尔关于形而上学贯穿于整个西方文化的思想，主张批判柏拉图、笛卡尔和黑格尔等哲学家在场的"本质"，认为形而上学的基本错误就是寻找一个并不存在的基础，在以存在形式而出现的在场者中寻找基础是徒劳无益的。逻各斯中心主义把意义、实在视为不变之物，将其视为思想和认识的中心。德里达更强调非在场、无中心，坚持中心并不存在且不能以在场者的形式去被思考，而这是"引用海德格尔对形而上学、存有神学、作为在场的存在的规定性的瓦解（destruction）"⑤。德里

①　[德]伽达默尔：《真理与方法》，洪汉鼎译，上海译文出版社1999年版，第576页。
②　[德]伽达默尔：《真理与方法》，洪汉鼎译，上海译文出版社1999年版，第582页。
③　[法]德里达：《论文字学》，汪堂家译，上海译文出版社1999年版，第30页。
④　[法]德里达：《多重立场》，余碧平译，生活·读书·新知三联书店2004年版，第11页。
⑤　[法]德里达：《书写与差异》，张宁译，生活·读书·新知三联书店2001年版，第505—506页。

达认为自己在这方面比海德格尔更彻底,尝试与海德格尔非常相似而又非常不同的事情,以裂隙、延异和痕迹等代替海德格尔的 Ereignis、Lichtung 等表示存在的词汇,以避免形而上学的危险。德里达自以为超越了海德格尔,实际上又回到了海德格尔。

罗蒂认为,海德格尔反对基础主义,主张"哲学的本真任务就是对历史的超越存在物提出挑战,因而归根结底也就是要对纯粹的存在即存在本身提出挑战"①。在他看来,反本质主义者中最重要、最有影响力的人是海德格尔,海德格尔的"林中空地""家乡""神秘"等是摆脱认为有一个实在的幻觉的途径。罗蒂的重要思想贡献就在于其对基础主义和本质主义的反对,他批判实在论,批判关于实体的思想,包括心理实体和物理实体。他看到,由于知识总是"关于……的知识",所以知识需要某种坚实的基础,后者成为一切知识之合理性的源泉,而伽利略的力学就是以 17 世纪的实体概念为基础的。但是,他反对知识把物理的蕴含着存在和性质的实体作为对象,反对科学可以推衍出由实体蕴含的其他事物。他认为,不存在独立于理论的事物,批判普特南关于科学家所使用的词语都有所指的思想。他把实在和现象的区别看作是不同的描述世界的方式,认为科学崇拜是基础主义和本质主义的表现,宣布后认识论时代的到来。

2. 对主体的消解

伽达默尔看到:"现代世界极其令人吃惊地扩展了它的能力和才能的运用,它通过科学的帮助和技术的运用渐渐地学会了控制并利用自然力,它把个人完全看作一种合理化秩序整体中的职能……从而使个人形成的自由越来越少。"②"它是一种独立的姿态,甚至是对自然的攻击,它使自然屈从于一种新

---

① [美]罗蒂:《后哲学文化》,黄勇编译,上海译文出版社 1992 年版,第 33 页。
② [德]伽达默尔:《赞美理论》,夏镇平译,生活·读书·新知三联书店 1988 年版,第 142 页。

的,然而仅是片面的控制。"①他批判笛卡尔的自我意识,也批判胡塞尔先验的自我意识,否定自我意识的合法性,赞赏海德格尔"此在"这一概念,肯定海德格尔关于人的时间性、有限性和历史性的观点,认为认识存在本来就是在人的"此在"中完成的。他由此得出结论:星辰最庄严神圣,自然高于人的地位,人"并没有成为他的自我和他个人的'此在'的主宰,而是处身于存在之物中间并如此地承受着……这种处身性的遭际明显地表明了处身性的明显的界限,人的此在的历史的自我领悟是能够推进到这一边界的"②。

福柯跟随海德格尔,通过理性的自我放逐,否定了自我关涉的主体,批评把人看作主体的理论,批判笛卡尔的主体哲学和现代人类学的主体主义,创造出理性的异质因素。他提出人之死,即作为知识等源头和基础的主体之死,怀疑并敌视至高无上的、起构造作用的、无所不在的主体,要杀死把人类意识看作一切生成和实践的原初主体,质疑人的特权,宣称"人"是不存在的,使人从束缚自己的那种关系中解放出来。福柯优先考虑人的结构性条件,认为人是一种社会的构造,人性关联于一个特定时代的基础性结构,关联于一个时代存在于不同科学领域之间的关系的集合,即知识型,它规定了一个时代的思想和行动。他要恢复和阐明人在身份、地位和作用等方面的具体的有限性,认为人是过渡的、暂时的存在,认为"人是这样一种存在方式,即总是开放的、从未一劳永逸地被界定的、但被从无限浏览这样一个维度能在人身上建立起来"③。由此表明,知识史和思想史的展开没有先验主体,存在的只有匿名的、无身份的思想、知识和理论。

德里达谈道,"海德格尔的时间性不必成为知识,它是一种神出体外,是

① [德]伽达默尔:《科学时代的理性》,薛华等译,国际文化出版公司1988年版,第127页。
② [德]伽达默尔:《美的现实性》,张志扬等译,生活·读书·新知三联书店1991年版,第97页。
③ [法]福柯:《词与物——人文科学考古学》,莫伟民译,生活·读书·新知三联书店2001年版,第420页。

'脱离自我的状态'。它不是对理论的超越,而已经就是一种朝向外在性的对内在性的脱离"。① 他也致力于对主体的消解,批判笛卡尔的"我思",要求反思意识的形而上学,主张语言没有主体,是语言决定人的意识而不是相反,认为主体的特性仅仅是一种具有代表性的剥夺活动。针对自我指涉问题,他捍卫被定义为"他者"的人们,提出了人的界限,认为主体的身份是"分延的"。

罗蒂认为,依照海德格尔,不管是将文化奠基于人的具体需要,还是先验的主体的计划,都不过是表明了,应该克服"先见"。在自由社会中,"我们只需要常识和社会科学,而在这些论说中很少出现'自我'一词"②。罗蒂批评一些哲学家,认为"他们肯定没有容纳一个世纪以前的、海德格尔批评为'主观主义'的任何东西。'认识论的主体'这整个概念或作为精神的人,无论是在他们的自我描述中,还是在他们的哲学中都没有任何地位"③。

哈贝马斯认为:"科学思维和研究方法正在急剧贬值,因为它们活跃在主体哲学所规定的现代存在理解之中。"④而海德格尔的批判具有颠覆性力量,其独创性就在于把现代的主体统治落实到形而上学历史当中。他深入分析了海德格尔的基础本体论,看到了此在的在世界中存在先于科学家可以采取客观立场加以对待的存在领域,看到了此在之为使存在变得澄明的地方,以对日常生存意义语境的解释取代了认知主体即自我意识的自我关系,肯定人的生存和实践,强调生活世界,并进一步以交往理论回答了此在是谁的问题。

3. 对表象的离弃

伽达默尔说:"在一般情况下,我们根本不准备倾听自在的事物,它们附

---

① [法]德里达:《书写与差异》,张宁译,生活·读书·新知三联书店 2001 年版,第148 页。

② [美]罗蒂:《后哲学文化》,黄勇编译,上海译文出版社 1992 年版,第 187 页。

③ [美]罗蒂:《哲学和自然之镜》,李幼蒸译,商务印书馆 2004 年版,第 68—69 页。

④ [德]哈贝马斯:《现代性的哲学话语》,曹卫东等译,译林出版社 2004 年版,第 158 页。

属于人的计算,服从于人凭借科学理性对自然的统治。"①他以理解、解释、视域融合反对表象性认识,认为"理解总是一种事件……理解根本不宜于被设想为对某些事物的意识,因为理解的整个过程自身包括着事件在内,它是由事件构成,并充满了事件"②。在他看来,"理论这个词的意思,并不像根据建立于自我意识上的理论结构的那种优越地位所意指的,指与存在物的距离,那种距离使得存在事物可以以一种无偏见的方式被认知,由此使之处于一种无名的支配下。与理论这种特有的距离相反,理论的距离指的是切近性和亲缘性……更确切地说,理论一词的最初意义是真正地参与一个事件,真正地出席现场"③。他肯定在意识中并不存在代表着对象的意象,主张意向性克服了对自我意识的内在性和人对世界认识的超验性之间那种独断地设定的分离。这些思想和海德格尔都如出一辙。

罗蒂认为,海德格尔是消解困扰前人问题的哲学家,抛弃了作为自然之镜的心,完全不相信柏拉图、笛卡尔和胡塞尔共有的视觉隐喻,"这样一种视觉隐喻与海德格尔所喜欢的听觉隐喻正好相反。后者作为隐喻是更好的隐喻,因为它们暗示,认识并非始终就是承认,获得真理并非始终就是把材料置于预设的框架中。"④"它不是把真理看作某种已在我们之中的东西……相反……把听觉隐喻,即一个来自远方的声音,一个发自良心的呼喊,一个发自黑暗的语词,合理化了。"⑤"海德格尔……为建立这样一种后哲学文化提出了纲领:认为认识是由特别的心理过程并通过一般的表象理论得到理解的精确表象的观念应予抛弃"⑥。他认为,"心的眼睛""呈现于意识"等来自自然之镜的最初形象,即把知识当作一系列表象,镜子比喻是认识论的"原罪",人们没必要

① [德]伽达默尔:《哲学解释学》,夏镇平、宋建平译,上海译文出版社2004年版,第73页。
② [德]伽达默尔:《哲学解释学》,夏镇平、宋建平译,上海译文出版社2004年版,第127页。
③ [德]伽达默尔:《科学时代的理性》,薛华等译,国际文化出版公司1988年版,第15页。
④ [美]罗蒂:《后哲学文化》,黄勇编译,上海译文出版社1992年版,第28页。
⑤ [美]罗蒂:《后哲学文化》,黄勇编译,上海译文出版社1992年版,第30页。
⑥ [美]罗蒂:《后哲学文化》,黄勇编译,上海译文出版社1992年版,"译者的话"第35页。

认为感官或心灵介于眼睛和其对象之间。他反对类似于镜子的心的观念,反对把知识看作表象的集合,放弃作为准确再现结果的知识观。他指出:"'与世界的符合'的'真理'⋯⋯这样的观念不能说明任何东西,因为每一个这样的观念都是'关于某个完全没有得到特别说明而且也不可能得到特别说明的东西的空洞的观念。'"①作为对实在的精确表象,符合论是论断和对象的存在方式之间的联系,是还原的物理主义,是从表象出发看待的真理。实际上,在新科学出现之前,人们就感觉到,心"远远不是一面明净平匀的镜子,在其中事物的光线应按其实际的入射角来反射⋯⋯而是像一面中了魔的镜子,满布着迷信和欺骗,如果它没有没解除魔法和被复原的话"②。

另外,德里达说:"海德格尔走得更远,对他来说,这个世界并非首先是被给予某种观看的,而是⋯⋯'作为某种行动中心、某种活动或牵挂场域,在其存在本身中被给予的'。"③他和海德格尔一样,批判柏拉图主义的观看要求,提出声音和意义的关系,强调并不转向对象物的听觉,认为意义虚无只能被听到,仅仅是聆听的事情。哈贝马斯认为,海德格尔的世界构成了意义的显现视界,"不是主体和世界中的事物建立联系,而是世界首先建立起了一种语境,为存在者提供了一种前理解。"④普特南从语言哲学出发,主张说话者会映现他们的环境,即对这一环境构造一个表象。他认为,实践并不能总是发现真理,实践具有可理解性,能制造意义,但不能完成自身的目标,因为它没有可靠性,不能符合世界存在的方式。海德格尔的回应是:谈论词语和事物之间的符合不能成功地解释我们实践的成功,是无意义的。普特南本人后来承认了这一点。福柯则批判起着表象作用的"话语"即古典语言。

---

① [美]罗蒂:《后哲学文化》,黄勇编译,上海译文出版社1992年版,第63页。
② [美]罗蒂:《哲学和自然之镜》,李幼蒸译,商务印书馆2004年版,第38页。
③ [法]德里达:《书写与差异》,张宁译,生活·读书·新知三联书店2001年版,第352页。
④ [德]哈贝马斯:《现代性的哲学话语》,曹卫东等译,译林出版社2004年版,第170页。

二、反科学主义思潮

海德格尔对现代科学予以批判性地反思,反对科学主义以科学的标准去衡量所谓"非科学",要求科学不得僭越自己的范围,不去干预不属于自身领域的东西。这一思想成为 20 世纪后期反科学思潮的重要思想资源。如后现代科学技术观的特征之一是强烈抵制科学的普适性和权威性,很大程度上是对海德格尔科学哲学思想的延伸和发挥,与海德格尔的思想可谓殊途同归。他们否定把科学技术作为绝对真理的化身,但并不是对科学技术进行全盘否定,而是认可其在一定范围内对世界的理解。也就是说,他们反对科学技术在世界中所处的特权和霸权地位,反对科学技术的工具性,但也认可其所发挥的积极作用。这些思想表达了对人的终极关怀,在根本上推动了人文主义思想的回归。这些都或多或少受到了海德格尔的影响。

伽达默尔沿着海德格尔的路线看到,"现代经验科学……进一步说明并指引出了各个领域的知识;最后,它甚至企图——并且这也是我们目前的状况——以科学控制的主张征服社会现实,并对它进行领导"。① "这是一个信仰科学的技术时代,它从根本上改变了一切自然关系。科学通过专家团体实行对社会的统治,它通过世界经济而成为全球工业化的后台,它支持电子战。"②这种情况就促使人们产生一种不断增长的希望,即科学最终有能力使人们生活的各个方面都服从于它的控制,将适合社会的生命中的一切不可预言性都排除掉。他对此予以分析,认为虽然科学逐步认识的知识存在着很难克服的特殊性,但人们依旧以某种新方式从日益增加的对自然的统治中求得满足,使事物附属于科学的计算,服从于人凭借科学理性对自然的统治,谈论对事物的尊重显得越来越荒唐。而且,值得注意的是,随着对自然的统治的日

① [德]伽达默尔:《科学时代的理性》,薛华等译,国际文化出版公司 1988 年版,第 20 页。
② [德]伽达默尔:《赞美理论》,夏镇平译,生活·读书·新知三联书店 1988 年版,第 89—90 页。

益增加,人对人的统治不但没有被消除,反而日益增强,在越来越强化的一统性社会中,科学干着这种铲平个人生活的形式的勾当。这一事实威胁着人的内在的自由,是人们所不希望看到的。他主张消除科学的神话,让科学意识到自身的界限。在《真理与方法》中,伽达默尔说:"本书探究的出发点在于这样一种对抗,即在现代科学范围内抵制对科学方法的普遍要求。"①他把科学认识看作人认识世界的诸多方式之一,认为人绝不能以自然科学的真理概念作为衡量一切其他认识方式的标准。他批判实证主义,反对把哲学看作以实证科学方式存在的科学,认为哲学不是以科学方式能够认识的东西。在《科学时代的理性》中,他指出:"科学越忠实越严格地理解自己,它对一切有关统一性的保证和有关终极有效性的要求就越是怀疑……从而就使我们更明确地认识到科学的范围和局限。"②科学没有能力也没有任何明确的需要去评估自己在人类的生存整体之中意味着什么,尤其是在自己被应用于自然与社会方面更是如此,因为社会—历史的世界经验不可能以自然科学的归纳程序被提升为科学。"前科学知识恰好构成了科学知识的特点,而且这种前科学知识远比人们通过人类联系不断理性化所能达到的甚而所想达到的东西更重要地规定了人们的实际生活和社会生活(包括推动科学的条件)。"③

罗蒂指出:"'科学合理性'是一个繁冗的语词,而不是对一种特别的、规范的、其本性可以有一个叫作'科学哲学'的学科澄清的理性的具体说明。如果暴力被用来改变信念,如果我们不能发现某种与我们的预见和控制能力之间的关系,我们就不再称之为科学。"④但是,很多科学哲学家如麦克马林、塞拉斯和法恩却错误地支持科学的工具论,以技术的进步去提高人们在某种文化上的预测和控制能力。在他看来,人们不应该将科学试图为自己划界并加

---

① [德]伽达默尔:《真理与方法》,洪汉鼎译,上海译文出版社1999年版,"导言"第17页。
② [德]伽达默尔:《科学时代的理性》,薛华等译,国际文化出版公司1988年版,第6页。
③ [德]伽达默尔:《真理与方法》,洪汉鼎译,上海译文出版社1999年版,第744—745页。
④ [美]罗蒂:《后哲学文化》,黄勇编译,上海译文出版社1992年版,第74页。

以神圣化的理想化,仅仅看作是追求形而上学的安慰而加以忽略。实际上,正是通过这一点,科学主义将道德德性与某种被称作"理性"的理智德性予以混淆,并使得自然科学家经常被作为某些道德德性的突出样板。他认为:"科学真理永远也不能对我们要求的一个论点、一个证明、一种认为我们关于应做什么的道德决定是基于对世界性质的知识的主张,提供一个解答。"①他阅读了《存在与时间》,认同海德格尔把"科学知识"看作源于对用具的操作,看作"存在于世界之中"的一种次要的、派生的形式。因此,他反对把科学看作"合理性"的典范,反对把人文学科科学化,反对把人文学科和艺术看作只能提供娱乐而非真理的东西。进一步说,在一定意义上说,希望将科学作为文化的其余部门的基础,和希望将哲学作为这样的基础一样久远。在现代,实证主义就坚持要求将哲学科学化,其中隐含着将科学作为一切文化的基础的要求。"胡塞尔相信可以把哲学看作是一个任务,就是说,可以有一种普遍的知识。海德格尔把胡塞尔的这种想法看作是对哲学传统之伟大性的科学主义的、数学化的误解"②,他坚决防止使谈话蜕化为研究,防止哲学走上牢靠的科学大道,而这得益于海德格尔。他说:"由于像海德格尔一样反对科学主义,实用主义者也拒绝科学主义的这样一个主张:……某个新的哲学观念,可以揭示永恒的、中性的研究母体,它现在只需要系统的梯队工作加以填补。"③"我们要力图避免科学主义的宣言,因为它不假思索地假定了,我们现在对社会的本质或善的本质已经有了一个牢固的把握。"④

法兰克福学派的科学思想和海德格尔也有渊源。哈贝马斯和海德格尔一样,认为科学与技术包含的技术理性具有一种支配的合理性,即从对自然之统治延伸到对人之统治的"统治"的合理性,因此,科技进步已经成为一种为社

---

① ［美］罗蒂:《哲学和自然之镜》,李幼蒸译,商务印书馆2004年版,第357—358页。
② ［美］罗蒂:《后哲学文化》,黄勇编译,上海译文出版社1992年版,第24页。
③ ［美］罗蒂:《后哲学文化》,黄勇编译,上海译文出版社1992年版,第36页。
④ ［美］罗蒂:《后哲学文化》,黄勇编译,上海译文出版社1992年版,第37—38页。

会制度辩护的意识形态力量。如被座架控制的思想启发了霍克海默在《工具理性批判》中的观点:对自然的统治蕴含着对社会的统治;技术实质上是对世界的观念构造,因而不是中立的。还有,在《存在与时间》中,海德格尔将科学描述为对被技术的兴趣所驱动的实在的解释,这也影响了哈贝马斯。哈贝马斯曾主张,自然科学以技术的工具旨趣为指导而产生了"技术上可应用的知识"。海德格尔的科学思想也成为马尔库塞批判实证主义与唯科学主义的一个重要出发点,对马尔库塞关于发达工业社会中意识形态的研究产生了重要的影响。海德格尔看到,科学在人的思想深处引发了一个致命的思想错位,即以真实性为前提和基础的正确性反过来取代了真实性,并上升到统治地位,以致工具理性取代了真理。现代科学使人类面临一种危险,人类思考、经验这种危险的可能性被封闭了,人类只处于科学所造就的单一可能性的世界,即订造、疯狂地攫取的状态中。人类失去了反思、批判的能力。他的科学思想是对人类中心主义的批判,是对现代科技观的超越,是对以统治、征服、控制和支配自然为中心的自然观的深刻批判,是要求人们在发展现代科学的时候要全面地考虑人类社会、道德和生态的需要,不能单一地服从经济利益。在海德格尔的科学反思的引领下,马尔库塞对深入到社会各领域的科学技术控制机制进行了揭示与批判。马尔库塞在《单向度的人》一书中,对技术造成的现代人的生活状态进行了全面的描述、分析与批判。在他看来,现代社会是一个足以剥夺批判理论的理论基础的社会,是一个遏制社会发生新的变化的可能性的社会,即单向度的社会。这个社会系统如此强大,将一切反抗性的意识、抗议性的行为和超越性的力量吞并同化掉。因此,发达工业社会中的人们,已失去了批判性和超越性,成为极度缺乏个性、权利与自由的人,成为被奴役、顺从的人——单向度的人。马尔库塞的《单向度的人》在某种程度上是对海德格尔的《技术的追问》的一个注解。他对现代技术所造成的状况即人类失去批判能力、否定能力、超越能力的单向度状况进行了更精心、更细致、更全面的揭示,从各个领域对生活在发达工业社会中的人的真实状态进行了刻画。另外,阿多诺认为,"对科学知识的工具性的反思早就不再触及科学的本质,它们只涉及可认识的东西,只涉及科学知识的有效性"。① "由于人文科学借来的实证性理想,它们便成了无数专门考察的不中肯性和非概念性的牺牲品。"②这一思想和海德格尔也是一脉相承的。

三、审美式拯救

海德格尔对科学所造成的危机进行反思,关心人的处境,提出一种具有前科学特性的审美式的拯救思想,力图借此求得诗意的栖居,为解决人类面临的日益严重的生态危机提供了重要的借鉴,由此而影响了很多人。

伽达默尔的艺术是对科学的反叛。在他看来,不管是哪门科学,都预先设定了自己的对象领域,而对这种对象领域的认识则意味着对它们的统治。而科学之路的终点应该是将存在物保护在其无蔽状态中,艺术恰恰就是这样一条道路。原因在于,艺术撇开了主体性,肯定人的有限性,表现为主体和客体的原始同一,克服了主体和客体的对立。相应地,艺术作品"不是一对象,它立足于自身之中。由于它立足于自身中,它不仅属于它的世界,而且世界就在它里面。艺术作品敞开它特有的世界。而物仅仅是这样一种东西,在那里,它本身已不再属于它的世界的构成部分,因为它所属于的那个世界崩溃了。"③进一步说,艺术是对科学最严重的挑战,要求科学承认其自身的局限性。它是存在的去蔽、揭示和显现,使存在的完美性或真理在揭示、发掘、启明与遮蔽、隐匿这两个方面的转化中得到审视。艺术的真理和意义是无法穷尽的,比以科学的方式作为意义来经验的含义更多。艺术可以产生启蒙意义,是对意义的拯救;可以唤回本真的真理,使其从异化中重返家园,摆脱科学模式。他主

---

① [德]阿多诺:《否定的辩证法》,张峰译,重庆出版社1993年版,第68—69页。

② [德]阿多诺:《否定的辩证法》,张峰译,重庆出版社1993年版,第70页。

③ [德]伽达默尔:《美的现实性》,张志扬等译,生活·读书·新知三联书店1991年版,第103页。

张,艺术和存在的整体相关联。他特别谈到了海德格尔作为用具的农鞋,认为它不是为了用于任何目的而被做成的,而是为使某种东西的存在被显露出来,是使人显露出来的东西。"这就是艺术的作品,在这儿关于存在物的真理显露出来。这种真理的显现来自作品,而绝对不是来自物的根基。"①他反对人们将科学仅仅看作能够增长自己的行动能力的延长的手,要求人们改变已经过时了的、会使人遭受厄运的思维方式。"要是存在者在这样一种完全的对象化中显露出来,存在者也许就是不再立足于自己的存在之中了。这样显现出来的东西,也许就只是存在者的可用性的机会,也就是说,突现出来的所有东西也许就是存在者造作自身的意志。相形之下,在艺术作品上的感受归于每一个人,它与上述占有意志在根本上是抵触的。"②"全面计算的现代科学招致了物的损失,这个'不再立足于自身的物'已消融到它的设计和变革的预算要素中去了。相反,艺术作品却意味着一个防止物的普遍丧失的主要保证。"③伽达默尔主张,"科学的重要性并不在于它能带来其他的利益,而仅仅因为科学是'美的'。美就在于自我满足、自我欣赏,而决不允许提出为什么会美和为什么会使人满足的问题。在希腊语中,比美这个词更宽泛的概念叫'卡隆',即幸福的意思。这个概念对一切理论科学都起作用。这是理论的幸福,是对于真理之认识的幸福,是科学本身要求的幸福"。④ 而艺术及其美本身没有丝毫目的性,也没有任何预期的功利,总是提醒人们必须改变生活方式,并洋溢着喜悦和欢乐。总之,"艺术的神奇和奥妙之处正在于:这种特定的要求对于我们的情绪来说不是一副枷锁,而是正确地为我们认识能力的活

---

① [德]伽达默尔:《美的现实性》,张志扬等译,生活·读书·新知三联书店1991年版,第103页。
② [德]伽达默尔:《美的现实性》,张志扬等译,生活·读书·新知三联书店1991年版,第110页。
③ [德]伽达默尔:《美的现实性》,张志扬等译,生活·读书·新知三联书店1991年版,第111页。
④ [德]伽达默尔:《赞美理论》,夏镇平译,生活·读书·新知三联书店1988年版,第87页。

动开启了自由的活动空间"。①

马尔库塞也继承了海德格尔的思路,要求在科学所及并且可以追问其合法性的一切地方,去探寻一种超出科学方法论控制范围的形式,即艺术。他反对把艺术看作单纯的模拟的手段,认为艺术作为一种认识或真理的表达,不仅仅是反映世界,更重要的是在于占有世界,不能把它还原成它的作者在作品中实际所想的内容。和海德格尔一样,他认为,在古希腊,艺术和技术具有姻亲关系,因此,"艺术的合理性及其'谋划'存在并确定尚未实现的可能性的能力,可以因而设想为由世界的科学技术改造来给予证明,并在那之中发挥作用。这样,艺术将不再是已确立机构的婢女,不再是美化其事业和不幸的技巧,相反,它将成为摧毁那一事业和不幸的技巧"。② 他说:"在其先进的位置上,艺术是大拒绝,即对现存事物的抗议。"③他批判发达工业社会下已失去其应该具有的批判与超越能力而沦落为现实的奴隶的艺术,批判作为商品形式的艺术,认为艺术具有使自身从现行的、压迫的现实中"异化"出来的能力,它脱离了受技术全面控制的生活形式,与已确立的生活形式相对立、批判、反抗,可以改造现实中现存的秩序,只有通过艺术而非别的形式,才能表现和传播思想和真理。"在美学各种形式中,人们开辟了一个崭新的领域,在那里,现实中被压抑的或被禁止的东西,即对人的生存和大自然的想象,不再禁闭在受压抑的现实原则标准之内,而是争取人类使命的完成和解放……艺术不仅是同既定的现实原则的一种决裂,同时还能描绘人类解放的图景。"④

阿多诺同样主张艺术具有真理性。他否定传统的思维,反对理性主导下科学艺术搞的虚假社会状态的反映、模仿和同一,认为艺术是唯一不能被绝对

---

①　[德]伽达默尔:《真理与方法》,洪汉鼎译,上海译文出版社 1999 年版,第 66 页。

②　[德]马尔库塞:《单向度的人》,刘继译,上海译文出版社 1989 年版,第 214 页。

③　[德]马尔库塞:《单向度的人》,刘继译,上海译文出版社 1989 年版,第 59 页。

④　俞吾金、陈学明:《国外马克思主义哲学流派新编》(西方马克思主义卷)上册,复旦大学出版社 2002 年版,第 322 页。

同一所征服的领地,由此批判传统艺术对现实的美化和对弊端的掩盖,坚持认知能力向艺术的臣服。在他看来,艺术体现的是一种反思形式,坚持艺术对现实之异化的批判职责,认为艺术的真理性就在于其批判性,"艺术只有具备抵抗社会的力量才会得以生存"①。他认为,艺术和科学有批判性的联系,艺术作品所展开的真理性恰恰就是哲学的真理性,真正的美学思考也就是领悟性的哲学反思,审美经验必须转入哲学,才能成为真正的审美经验。审美是对非同一性的追求,用不着顾忌客体性的对象存在,并有意地背离客体对象,可以从客体中解放出来。艺术是对现存事物的疏远和彻底否定,是非实在的"幻象",是对现实中尚未存在的事物的先行把握,代表的是一个疏离的、相异于现实的另一个世界。他认为,现代工业社会是一个压抑人、造成人性分裂、人格丧失的社会,处于异化的现实之中,急需一种东西来予以拯救。只有艺术才能满足人类的这一需要,具有拯救人性、拯救现实的功能。艺术能把人们在现实中丧失的希望、异化的人性重新展现在人们面前。艺术是幸福的允诺,一种常常被打破而不能实现的允诺。由此,他把审美看作救赎人类、回归自由的唯一途径。

另外,海德格尔诗化哲学的思想对后现代主义产生了深远影响。伽达默尔坚持,诗人忠实于对物的尊重,与诗的焕发生命的力量相应,在物性的普遍丧失中努力使物的本真焕发出诗意的光芒,使生命高扬起来。罗蒂本人一再指出,他倡导的"教化哲学""小写的哲学""后哲学文化"源于海德格尔的理论,认为海德格尔是教化型的哲学家,提供了讽语、谐语与警句,想为诗人可能产生的惊异感敞开地盘。针对科学技术的时代可能会导致合理的开放和自由失去的状况,罗蒂说:"海德格尔主义者认为,我们要重新利用哲学传统,把它看作是一系列诗意的成就,是思想家的产物。"②"实用主义者和海德格尔都一致认为,诗人和思想家……乃是社会世界的未被承认的立法者,但海德格尔认

---

① [德]阿多诺:《美学理论》,王柯平译,四川人民出版社1998年版,第18页。
② [美]罗蒂:《后哲学文化》,黄勇编译,上海译文出版社1992年版,第23页。

为社会世界是为诗人和思想家而存在的,而实用主义者则认为相反:诗人和思想家为社会世界而存在。"①"如果我们还有勇气抛弃科学主义的哲学模式,而又不像海德格尔那样重新陷于对一种神圣性的期望,那么不管这个时代多么黑暗,我们就不会像我们的前辈求救于牧师那样求救于哲学家。相反,我们将求救于诗人和工程师,他们是能为获得最大多数人的最大幸福提供崭新计划的人。"②深层生态学家阿伦·奈斯、德韦尔和塞欣斯等都提到海德格尔的贡献,甚至把海德格尔看成是其先驱。他们认为,海德格尔对生态学的贡献之一就在于,超越了与统治自然相联系的人类中心主义,构建了一种全新的人与人、人与自然之间的关系。他提出了人们应该诗意地栖居于大地,认为当人们居住在地球时,对自然不是破坏和促逼,而是爱护和营造,使自然界的事物在人的精心照料下能够自己展现和成长。这使得人类真正的居住成为可能,这种真正的居住是与"让事物作为事物所是的事物而出现"紧密相关的。概括深层生态学思想的话语"让河流尽情流淌"就直接继承了海德格尔"让事物作为事物所是的事物而出现"这一思想。在海德格尔的启发下,德里达提出了哲学与诗同源,并进一步要求消除哲学与诗的界限。

海德格尔科学思想的影响不止于此,如福柯在读了海德格尔的作品之后说:"这些笔记比我读黑格尔或马克思所做的笔记重要得多。阅读海德格尔决定了我全部哲学的发展道路。"③正是基于此,福柯展开了自己的科学史研究。德里达要求必须超越形而上学的实证主义,标出古典科学性的界限。"我们必须理解科学的这种无能,这种无能也是哲学的无能,是认识的终结。"④海德格尔开辟的技术科学思想同样影响了其他哲学家,如罗蒂把科学家称作善于为人们提供技术的人,福柯提出所谓的"生命权利"即技术科学被

---

① ［美］罗蒂:《后哲学文化》,黄勇编译,上海译文出版社1992年版,第36页。
② ［美］罗蒂:《后哲学文化》,黄勇编译,上海译文出版社1992年版,第48页。
③ ［法］福柯:《权力的眼睛——福柯访谈录》,严锋译,上海人民出版社1997年版,第116页。
④ ［法］德里达:《论文字学》,汪堂家译,上海译文出版社1999年版,第139页。

讨论的那种权利,利奥塔分析了服务于他讲的"复杂欲望"即海德格尔说的"集置"的运作的"作为自动复杂化的技术科学",等等,在此不一一枚举。

总之,海德格尔的科学哲学思想具有转向性和革命性,依然可以为现代科学哲学的发展提供直接的理论来源,也是未来科学哲学思想的重要内容。从理论层面看,海德格尔的科学哲学思想密切联系当代的思想文化语境,倡导科学的人文内涵和诗性内涵,为全面获得科学的意义提供理论支持;海德格尔超越经验科学,折射出科学哲学研究的新视域,提供了一种不同于传统科学哲学的思路,展示了新的向度和前景,是对科学哲学研究中未引起足够重视的问题的重要补充,也是对传统科学哲学薄弱环节的充实和深化;能用以考察一些重大科学问题,如量子力学、数学、科学方法等,因为就关注不确定性、相对性等而言,海德格尔的科学哲学思想和现代科学有很多契合之处;海德格尔对科学的追问反映了人们对科学反思的深化和发展,指引了以往科学哲学的演进;海德格尔的科学哲学是立足人文主义的发展观,会在将来继续发挥作用,对构建新型的科学观有重大的启示意义。从现实层面看,科学造成的多重危机全面爆发,威胁日益凸显。海德格尔反对在现代科学的强力下人们和自然、事物的紧张对立的两极关系,主张科学负起一定的社会责任。海德格尔在人们依然满目科学带来的繁荣和进步、无视科学造成的危机时,就已经预见到危机并探查其根源,显示出敏锐的洞察力。而现在,这些危机有增无减,甚至在未来也仍旧会困扰人类。在当代世界唯科学主义盛行、人文精神失落的情况下,海德格尔的科学哲学思想能够促使人们探讨现代文明的得失,反思现代隐藏着的价值取向,丰富和改变人们的价值观念,唤起人们对科学的重新认识和评价。而且,当前,存在着科学意志和人类生存的矛盾,科学知识的积累给人们的最佳生活带来了破坏性结果,海德格尔的科学哲学思想主张对科学适当控制,对那些不加鉴别地盲目庆祝科学成就的人来说是一剂解药,有利于人类清醒地认识自身的处境,反省自身行为,改变自己的行为,避免和克服现代科学的负面影响,进而改善人类的生存境况。

结束语　在途中

在海德格尔的哲学全集卷首有一句话"道路—而非著作",由此表明其哲学思想不是现成的东西,没有终结,永远走在途中。他的科学哲学思想也是如此。也就是说,他对科学的诠释并非哲学体系,而是对存在意义的理解,并非要给人们一个现成的结论或答案,而是要让人们去思想,换言之,要提出存在意义的问题,并对其进行思考。所以,海德格尔对科学的沉思是为人们提供一条道路,指引一个方向,为存在的降临做好准备。

海德格尔认为,科学不是永恒和固定的东西,并非完成后就处于某种形态中,而是始终在变化。因为真正的知识是追问存在所得的知识,"超出一种单纯的资料搜集,每一门科学只有就它——按照迄今为止的思想方式来讲——形而上学地进行思考而言,才是知识,亦即才是一种孕育决断并且共同创造历史的真正认识的保存。超出一种单纯的对某个领域的计算性掌握,每一门科学只是就它在形而上学上得到论证而言,或者,只是就它已经把这种论证理解为一种对其本质内涵来说不可废除的必然性而言,才是一种真正的知识"。①

而转变科学的思维方式、通过思从实证科学返回到真正的知识也可谓"路漫漫其修远兮",很难实现。胡塞尔认为,只有重建理性主义的哲学,重建

---

① ［德］海德格尔:《尼采》(上卷),孙周兴译,商务印书馆2003年版,第509页。

科学,现代科学才能恢复其对人的现实生活的意义,从自身的危机中解放出来。而在海德格尔看来,依赖人的理性去重建现代科学的方案是必定徒然无功,唯一的途径就是存在论。因为,"自然科学倒是以诸如生成、空间、时间、相同性、轮回之类的规定为前提的……自然科学必定把这些规定预设为永远对它的问题域和证明形式锁闭着的东西"①。然而,当现代科学将存在者带入存在中时,总是只关注存在者本身,关注存在者的效用。因此,对存在的追问在科学中受到了激烈的抗拒。他不要求人们停止科学的神话,因为他认为人们做不到。

但是,他并不过度悲观和颓废。在他看来,"化学之类的科学一味地听任自己耗尽自身。这样一种荒芜过程是不是需要十年或者百年时间,然后才能够为通常的眼睛所看见,这个问题对于本质性的事情来说是毫无意义的;而所谓本质性的事情就是:我们在这里必须从根本上防御什么"②。他借助存在的允诺和澄明示人以光明,转向存在之思。"本质性的思想关注着不可计算的东西的缓慢迹象,并且在不可计算的东西中认识到不可回避的东西的无法忆及的到达。"③从科学表象中走出,进而走进存在,需要人们的耐心等候,等候的目的在于将科学的本质派送到对存在的归属之中。这种等候和期待有所不同,期待总是涉及特定的对象,而等候则没有对象,不去进行表象。等候的东西让自身展现到敞开境域中,回归并逗留于存在本身的切近中,让存在本身切近人。它需要巨大的努力和精细的照料,必须恭候其恰当时间的到来。

与科学相比,思只有预备性而不无创建性,而且是暂时的、克制的和稀缺的。"即使人们一度通过一种特别的恩惠达到了沉思的最高阶段,这种沉思也不得不满足于为我们今天人类所需要的呼声(Zuspruch)作一种准备。"④只

---

① [德]海德格尔:《尼采》(上卷),孙周兴译,商务印书馆 2003 年版,第 362 页。
② [德]海德格尔:《尼采》(上卷),孙周兴译,商务印书馆 2003 年版,第 365 页。
③ [德]海德格尔:《路标》,孙周兴译,商务印书馆 2000 年版,第 363 页。
④ [德]海德格尔:《演讲与论文集》,孙周兴译,生活·读书·新知三联书店 2005 年版,第 66—67 页。

有在科学的本质得到完成时,思才能真正来临。当前,科学的极端危机正在使科学转向其本质的完成,存在展现出自身的消息,在向人们发出呼唤,人们应该进行回应,走向被遮蔽在科学中的存在本身。"人的未来天命就显示在:人要找到他进入存在之真理的道路,并且要动身去进行这种寻找。"①"我们正尝试着学习思。道路还长。我们敢采取的只是有限的几步。如果一切进展顺利,它们将把我们带到思想的山脚。"②他认为自己永远是寻求者,永远在途中。

---

① 〔德〕海德格尔:《路标》,孙周兴译,商务印书馆 2000 年版,第 402 页。
② 刘敬鲁:《海德格尔人学思想研究》,中国人民大学出版社 2001 年版,第 200 页。

参 考 文 献

一、中文参考文献

[德]阿多诺:《否定的辩证法》,张峰译,重庆出版社1993年版。

[德]阿多诺:《美学理论》,王柯平译,四川人民出版社1998年版。

[法]阿尔弗雷德·登克尔等主编:《海德格尔与其思想的开端》,商务印书馆2009年版。

[美]爱因斯坦:《爱因斯坦文集》(第一卷),许良英、范岱年译,商务印书馆1976年版。

[美]爱因斯坦:《爱因斯坦晚年文集》,方在庆、韩文博、何维国译,海南出版社2000年版。

[英]贝尔纳:《科学的社会功能》,陈体芳译,商务印书馆1982年版。

[丹麦]玻尔:《玻尔哲学文选》,戈革译,商务印书馆1999年版。

[英]波普尔:《客观知识———一个进化论的研究》,舒炜光、卓如飞、周柏乔等译,上海译文出版社1987年版。

曹纯俊:《科学理论思维之我见》,2014年9月12日,见 https://wenku.baidu.com/view/9a152ab25ef7ba0d4a733bel.html。

刘丽霞:《心物关系问题的解决:从胡塞尔到海德格尔》,《中南大学学报》(社会科学版)2013年第5期。

陈方正:《继承与叛逆:现代科学为何出现于西方》,生活·读书·新知三联书店2009年版。

陈嘉映:《海德格尔哲学概论》,生活·读书·新知三联书店1995年版。

陈荣华:《海德格存有与时间阐释》,国立台湾大学出版中心2006年版。

[英]戴维斯、布朗:《原子中的幽灵》,易心洁译,湖南科学技术出版社1992年版。

[英]丹皮尔:《科学史》,李珩译,商务印书馆1997年版。

[法]德里达:《论文字学》,汪堂家译,上海译文出版社1999年版。

[法]德里达:《马克思的幽灵》,何一译,中国人民大学出版社1999年版。

[法]德里达:《书写与差异》,张宁译,生活·读书·新知三联书店2001年版。

[法]德里达:《多重立场》,余碧平译,生活·读书·新知三联书店2004年版。

范玉刚:《睿思与歧误——一种对海德格尔技术之思的审美解读》,中央编译出版社2005年版。

[法]F.费迪耶等辑录:《晚期海德格尔的三天讨论班纪要》,丁耘译,《哲学译丛》2001年第3期。

[法]福柯:《权力的眼睛——福柯访谈录》,严锋译,上海人民出版社1997年版。

[法]福柯:《词与物——人文科学考古学》,莫伟民译,生活·读书·新知三联书店2001年版。

[德]冈特·绍伊博尔德:《海德格尔分析新时代的科技》,宋祖良译,中国社会科学出版社1993年版。

古海云:《海德格尔科技之思及其当代启示》,河南大学哲学与公共管理学院硕士学位论文,2009年。

郭洪水:《马克思与海德格尔:科学技术思想的比较》,首都师范大学政法学院哲学系硕士学位论文,2007年。

[德]哈贝马斯:《现代性的哲学话语》,曹卫东等译,译林出版社2004年版。

[德]海德格尔:《诗·语言·思》,彭富春译,文化艺术出版社1991年版。

[德]孙周兴选编:《海德格尔选集》(上),上海三联书店1996年版。

[德]孙周兴选编:《海德格尔选集》(下),上海三联书店1996年版。

[德]海德格尔:《形而上学导论》,熊伟、王庆节译,商务印书馆1996年版。

[德]海德格尔:《面向思的事情》,陈小文、孙周兴译,商务印书馆1996年版。

[德]海德格尔:《谢林论人类自由的本质》,薛华译,辽宁教育出版社1999年版。

[德]海德格尔:《海德格尔存在哲学》,孙周兴等译,九州出版社2004年版。

[德]海德格尔:《荷尔德林诗的阐释》,孙周兴译,商务印书馆2000年版。

[德]海德格尔:《人,诗意地栖居》,郜元宝译,广西师范大学出版社2000年版。

[德]海德格尔:《路标》,孙周兴译,商务印书馆2000年版。

[德]海德格尔:《尼采》(上卷),孙周兴译,商务印书馆2003年版。

［德］海德格尔：《尼采》（下卷），孙周兴译，商务印书馆2003年版。

［德］海德格尔：《形式显示的现象学》，孙周兴编译，同济大学出版社2004年版。

［德］海德格尔：《在通向语言的途中》，孙周兴译，商务印书馆2004年版。

［德］海德格尔：《演讲与论文集》，孙周兴译，生活·读书·新知三联书店，2005年版。

［德］海德格尔：《艺术的起源与思想的规定》，孙周兴译，《世界哲学》2006年第1期。

［德］海德格尔：《存在与时间》（修订译本），陈嘉映、王庆节合译，生活·读书·新知三联书店2006年版。

［德］海德格尔：《林中路》，孙周兴译，上海世纪出版集团2008年版。

［德］海德格尔：《现象学之基本问题》，丁耘译，上海译文出版社2008年版。

［德］海德格尔：《存在论—实际性的解释学》，何卫平译，人民出版社2009年版。

［德］海德格尔：《时间概念史导论》，欧东明译，商务印书馆2009年版。

［德］海德格尔：《物的追问：康德关于先验原理的学说》，赵卫国译，上海译文出版社2010年版。

［德］海德格尔：《论哲学的规定》，孙周兴译，商务印书馆2016年版。

［德］海森伯：《物理学和哲学》，范岱年译，商务印书馆1981年版。

［美］亨普尔：《自然科学的哲学》，张华夏等译，生活·读书·新知三联书店1987年版。

［德］胡塞尔：《欧洲科学危机和超验现象学》，张庆熊译，上海译文出版社1988年版。

［德］胡塞尔：《胡塞尔选集》（下），倪梁康选编，上海三联书店1997年版。

［德］胡塞尔：《欧洲科学的危机与超越论的现象学》，王炳文译，商务印书馆2001年版。

［德］胡塞尔：《笛卡尔式的沉思》，张廷国译，中国城市出版社2002年版。

［法］J.塔米尼奥：《论海德格尔的知觉现象学》，靳宝译，《世界哲学》2008年第6期。

［德］伽达默尔：《赞美理论》，夏镇平译，生活·读书·新知三联书店1988年版。

［德］伽达默尔：《科学时代的理性》，薛华等译，国际文化出版公司1988年版。

［德］伽达默尔：《美的现实性》，张志扬等译，生活·读书·新知三联书店1991年版。

伽达默尔：《真理与方法》，洪汉鼎译，商务印书馆1999年版。

［德］伽达默尔：《哲学解释学》，夏镇平、宋建平译，上海译文出版社2004年版。

［德］伽达默尔:《海德格尔后期哲学》,周伟驰译,载中国现象学网,www.cnphe-nomenology.com。

［美］卡尔纳普:《世界的逻辑构造》,陈启伟译,上海译文出版社 1999 年版。

［德］康德:《自然科学的形而上学基础》,邓晓芒译,上海人民出版社 2003 年版。

［德］康德:《逻辑学讲义》,许景行译,商务印书馆 2010 年版。

李蒙、吴玉平:《科学的逻辑与解释学的逻辑——评海德格尔逻辑思想》,《自然辩证法研究》2016 年第 1 期。

李章印:《海德格尔对科学与哲学关系的思考》,《自然辩证法研究》2001 年第 6 期。

李章印:《科学的本质与追思——海德格尔的历史性分析》,《哲学研究》2005 年第 8 期。

李章印:《经典现象学家对科学发生过程的考察》,《淮阴师范学院学报》2006 年第 1 期。

李章印:《解构—指引:海德格尔现象学及其神学意蕴》,山东大学哲学与社会发展学院博士学位论文,2009 年。

李章印:《跳出科学:自然辩证法研究的新需要》,《山东科技大学学报》2010 年第 8 期。

刘敬鲁:《论海德格尔的科学技术之思,《中国人民大学学报》1998 年第 3 期。

刘敬鲁:《海德格尔人学思想研究》,中国人民大学出版社 2001 年版。

［美］罗蒂:《后哲学文化》,黄勇编译,上海译文出版社 1992 年版。

［美］罗蒂:《哲学和自然之镜》,李幼蒸译,商务印书馆 2004 年版。

［英］罗素:《我们关于外间世界的知识》,陈启伟译,上海译文出版社 1990 年版。

［德］吕迪格尔·萨弗兰斯基:《海德格尔传——来自德国的大师》,靳希平译,商务印书馆 1999 年版。

［美］M.W.瓦托夫斯基:《科学思想的概念基础—科学哲学导论》,求实出版社 1989 年版。

［法］马里翁:《还原与给予——胡塞尔、海德格尔与现象学研究》,方向红译,上海译文出版社 2009 年版。

［德］尼采:《尼采美学文选》,周国平译,作家出版社 2012 年版。

［英］牛顿:《自然哲学之数学原理》,王克迪译,陕西人民出版社、武汉出版社 2001 年版。

彭富春:《无之无化》,上海三联书店 2000 年版。

[法]彭加勒:《科学与假设》,叶蕴理译,商务印书馆 1989 年版。

[法]彭加勒:《科学的价值》,李醒民译,辽宁教育出版社 2000 年版。

[比利时]普利高津:《确定性的终结》,湛敏译,上海科技教育出版社 1998 年版。

[斯洛文尼亚]齐泽克:《敏感的主体》,应奇、陈丽微、孟军等译,江苏人民出报社 2006 年版。

唐有伯:《海德格尔论世界的实在性》,《华中师范大学学报》(哲社版)1987 年第 2 期。

王伯鲁、徐文杨:《追问科学与技术——海德格尔科技思想解析》,《北京科技大学学报》(社会科学版)2014 年第 1 期。

王刚:《前科学、科学及数学因素——浅析海德格尔对科学的追问和沉思》,山东大学哲学与社会发展学院硕士学位论文,2007 年。

王贵友:《科学技术哲学导论》,人民出版社 2005 年版。

王晋生:《海德格尔的认识思想探讨》,《山东大学学报》(哲学社会科学版)1994 年第 4 期。

[美]威廉·巴雷特:《非理性的人》,商务印书馆 1995 年版。

吴国盛:《第二种科学哲学》,见 http://blog.Sina.cn/s/blog_51fdc06201009sjr.html。

吴炜:《海德格尔的科学诠释学思想》,《科学·经济·社会》2007 年第 1 期。

吴增定:《自因的悖谬——笛卡尔、斯宾诺莎与早期现代形而上学的革命,《世界哲学》2018 年第 2 期。

徐竹:《因果知识的德性转向:重审休谟主义与反休谟主义之争》,《学术月刊》2018 年第 2 期。

[古希腊]亚里士多德:《形而上学》,吴寿彭译,商务印书馆 1995 年版。

[古希腊]亚里士多德:《亚里士多德全集》(第八卷),苗力田主编,中国人民大学出版社 1991 年版。

[古希腊]亚里士多德:《亚里士多德全集》(第一卷),苗力田主编,中国人民大学出版社 1990 年版。

俞吾金、陈学明:《国外马克思主义哲学流派新编》(西方马克思主义卷)上册,复旦大学出版社 2002 年版。

张高宇:《从系统科学的视角论海德格尔的技术思想》,《系统科学学报》2019 年第 1 期。

张汝伦:《海德格尔对科学本质的反思》,《求是学刊》1994 年第 1 期。

张汝伦:《近代科学与近代形而上学——海德格尔的观察和批判》,《复旦学报》

1994 年第 1 期。

　　张汝伦:《历史与实践》,上海人民出版社 1995 年版。

　　张汝伦:《海德格尔与现代哲学》,复旦大学出版社 1995 年版。

　　张汝伦:《二十世纪德国哲学》,人民出版社 2008 年版。

　　张贤根:《科学、艺术与真理——走向现象学的科学哲学》,《科学技术与辩证法》2003 年第 4 期。

　　张志伟、冯俊等:《西方哲学问题研究》,中国人民大学出版社 1999 年版。

　　张志伟主编:《西方哲学史》(第 2 版),中国人民大学出版社 2010 年版。

　　赵昇:《康德、马克思、海德格尔实践与认识关系思想比较研究》,吉林大学哲学社会学院博士学位论文,2011 年。

　　朱耀平:《科学之根与危机之源——胡塞尔与海德格尔的"危机哲学"的不同旨趣》,《常德师范学院学报》(社会科学版)2003 年第 1 期。

二、英文参考文献

Babette E. Babich, " ' The Problem of Science ' in Nietzche and Heidegger", *Fordham University Digital Research*, 1-1-2007.

Burtt, *The Metaphysical Foundations of Modern Physical Science*, London: Kegan Paul, Trench, Trubner & CO., LTD., New York: Harcourt, Brace & Company, INC., 1925.

D. Frede, "Beyond Realism and anti-Realism: Rorty on Heidegger and Davidson", *The Review of Metaphysics*, 1987-JSTOR.

Dobromir G. Dotov, Lin Nie, Anthony Chemero, "A Demonstration of Transition from Ready-to-Hand to Unready-to-Hand", www.plosone, March 2010/Volume 5/Issue 3/e9433.

DR. William Wilkerson, "Scientific Realism and Anti-Realism in Martin Heidegger's Philosophy of Science", http://honors.uah.edu/uahr/v1n1-spring-2010.php.

Gadamer, Frederick G. Lawrence (trans), *Reason in Age Science*, Cambridge: The MIT Press, 1983.

Frederic L. Bender, "Heidegger's Hermeneutical Grounding of Science", *Philosophy Research Archives*, No.10, 1984.

Heidegger, John Macquarrie and Edward Robinson(trans), *Being and Time*, New York: Hagerstown, San Francisco, London: Harper & Row, Publishers, 1962.

Heideggeer, David Farrell Krell (eds), *Basic Writings*, New York: Harper & Row, 1977.

Heidegger, *The Question Concerning Technology and Other Essays*, New York: Harper &

Row, 1977.

Heidegger, Albert Hofstadter (trans), *The Basic Problems of Phenomenology*, Bloomington, Indiana: Indiana University Press, 1982.

Heidegger, Parvis Emad and Kenneth Maly (trans), *Phenomenological Interpretation of Kant's Critique of Pure Reason*, Indiana University Press, 1997.

Heidegger, William McNeill (trans), *Pathmarks*, Cambridge; New York: Cambridge University Press, 1998.

Heidegger, Gregory Fried and Richard Polt (trans), *Introduction to Metaphysics*, New Haven & Lodon: Yale University Press, 2000.

Heidegger, Wanda Torres Gregory and Yvonne Unna (trans), *Logic as the Question Concerning the Essence of Language*, New York: State University of New York Press, 2009.

Heidegger, Andrew J. Mitcheltr (trans), *Bremeand Freiburg Lectures*, Bloomington and Indianapolis: Indiana University Press, 2012.

Hempel C., *Aspects of Scientific Explanation*, New York: The Free Press, 1965.

Ilya Prigogine, *The End of Certainty: Time, Chaos and the New Laws of Nature*, New York: The Free Press, 1997.

Lyotard, *The Postmodern Condition*, Manchester: Manchester University Press, 1992.

Jacques Derrida, Alan Bass (trans), *Positions*, Chicago: University of Chicago Press, 1981.

John Richardson, *Existential Epistemology——A Heideggerian Critique of the Cartesian Project*, Oxford: Clarendon Press, 1991.

Joseph J., *Kockelmans: Heidegger and Science*, Washington, D. C.: Center for Advanced Research in Phenomenology, 1985.

Joseph Rouse, *Heidegger on Science and Naturalism*, Wesleyan University, 2005.

Joseph Rouse, "Heidegger's Later Philosophy of Science", *The Southern Journal of Philosophy*, Vol. 23, No. 1, 1985.

Larry Laudan, *Progress and Its Problem: Toward a Theory of Scientific Growth*, Berkley: University of Berkley Press, 1977.

Masrhall Walker, *The Nature of Scientific Thoughts*, New Jersey: Englewoods Cliffs, 1963.

Max Horkheimer, Edmund Jephcott (trans), *Theodor W. Adorno: Dialectic of Enlightenment*, Stanford, California: Stanford University Press, 2002.

McManus, Denis, "Heidegger, Measurement and the 'Intelligibility' of Science",

European Journal of Philosophy, Vol.15, No.1, 2007.

Paul R. Gross, Norman Levitt, *Higher Superstition : The Academic Left and Its Quarrels with Science*, Maryland : The Johns Hopkins University Press, 1998.

R. Philip Buckey, *Husserl, Heidegger and the Crisis of Philosophical Responsibility*, London : Kluwer Academic Publishers, 1992.

Richard Rojcewicz, *The Gods and Technology, A Reading of Heidegger*, Albany : State University of New York Press, 2006.

Rom Harre, *The Philosophies of Science*, Oxford : Oxford University Press, 1989.

Sartre, Hazel E. Barnes (trans) , *Being and Nothingness*, Beijing : China Social Sciences Publishing House Chengcheng Books Ltd. , 1993.

Shannon Dea, "Heidegger and Galileo's Slope", *Dialogue* , No.48, 2009.

Thomas S. Kuhn, *The Structure of Scientific Revolution*, Chicago : University of Chicago Press, 1970.

Trish Glazebrook, *Heidegger's Philosophy of Science*, New York : Fordham University Press, 2000.

Weatherston, Martin, *Heidegger's Interpretation of Kant : Categories, Imagination and Temporality*, New York : Palgrave Macmillan, 2002.

Wheeler Michael, *Reconstructing the Cognitive World*, Cambridge : The MIT Press, 2005.

三、德文参考文献

Gadamer, *Wahrheit und Method*, Tübingen : J.C.B. Mohr (Paul Siebeck) , 1975.

Heidegger, *Holzwege*, Frankfurt am Main : Vittorio Klostermann Auflage, 1957.

Heidegger, *Nietzsche* (Volume 3) , San Francisco : Harper& Row Publishers Inc. , 1987.

Heidegger, *Sein Und Zeit*, Frankfurt am Main : Vittorio Klostermann Verlag, 1977.

Heidegger, *Vorträge und Aufsätze*, Frankfurt am Main : Vittorio Klostermann GmbH, 2000.

Husserl, *Die Krisis der Europaischen Wissenschften und die Transzendentale Phanomenologie*, Holland : Kluwer Academic Publisher B.v. , 1976.

Husserl, *Die Krisisder Europaeischen Wissenschatten und die Transzendentale Phaenomenologie*, Hamburg : Felix Meiner Verlag, 1982.

Roman Ingarden, *Schriften zur Phänomenologie Edmund Husserls*, Tübingen : Max Niemeyer Verlag, 1998.